학교가 큰일났다! 선생이 위험하다!

선생님도 수업전략 있어야 성공한다

②실천편

한국칼비테학습연구소 한성자 지음

동서문화사

선생님은 공부의 신이다
무엇으로 가르쳐야 하는가

　행동의 씨를 뿌리면 습관의 열매가 달리고, 습관의 씨를 뿌리면 성격의 열매가 달리며, 성격의 씨를 뿌리면 운명의 열매가 달린다. 그러므로 교육이란 이 씨앗들을 키워내는 옥토가 되어야 한다. 그런데 지금 대한민국의 교사들은 씨앗주머니를 안고 뿌릴 곳을 찾지 못해 방황하고 있다. 한국의 교육은 정체성을 잃어버리고, 폭풍우 만난 배처럼 이리저리 흔들리며 끝없이 표류하고 있다.

　서울 강서구 B초등학교 유모 교사는 얼마 전 5학년 학생의 컴퓨터 모니터를 보다가 경악했다. 인터넷 게시판에 자신과 동료 교사들을 모욕한 글들이 가득했다. 아예 교사별로 게시판이 따로 구분돼 있었다. 올린 글 대부분은 사실도 아닌 거짓 험담이었다. 거기서 아이들은 선생님들을 희화화해 이야기를 꾸며대거나 만화영화 광고지의 패러디 대상으로 삼고 있었다. "이게 뭐냐?"고 묻자 아이는 "그냥 재미로 하는 것"이라며 시큰둥하게 대답했다. 10년째 공립중학교에서 근무해 온 최모 여교사. 그는 넉넉한 가정에서 초중고등학교 내내 1등을 하며 순탄하게 자랐다. 일찍부터 여성으로 당당하게 설 수 있는 전문직을 생각하던 터에, 보수는 많지 않지만 여유를 즐길 수 있는 선생님이 돼야겠다고 결심했다. 이제 최 교사는 이렇게 자탄한다. "착하고 온유한 심성이 교직에서는 무능하고 무시되는 단점으로 전락했어요. 친절하고 따뜻한, 무엇보다 행복한 교사가 되고 싶은데 하루하루가 우울합니다."

무너져 가는 교권에 당혹스러운 것은 평교사뿐만이 아니다.

인천 삼량고등학교 황영남 교감에 따르면 5년 전부터 교직을 그만두겠다며 힘들어하는 교사들을 달래는 일이 잦아지고, 학생부를 서로 맡으려 하지 않아 교사들을 독려하는 데도 애를 먹는다고 한다. 사정이 이렇다 보니 많은 선생님들이 최소한의 본분에만 충실하자는 소극적인 자세로 돌아선다. 분란을 일으키지 않기 위해 꾸중을 받아들일 만한 아이에게만 생활지도를 한다는 것이다.

경기도 일산의 한 중학교 여교사는 이렇게 솔직히 털어놨다.

"처음엔 수업준비는 물론 아이 하나하나의 인성지도에도 열성을 기울였지요. 그런데 아무리 노력해도 먹혀들지 않는 거예요. 이젠 아예 지쳐버렸어요. 지금은 건드려서 시끄러워질 반항아들은 아예 못 본 척 지내고 있어요."

무슨 일을 시작할 때는 누구나 그렇지만, 교사들 역시 가슴

가득 부푼 꿈을 안고 교단에 선다. 학생들에게 사랑받는 교사, 인정받는 교사가 되고 싶다는 꿈이다. 그러나 시간이 흐를수록 꿈은 바람 빠진 풍선마냥 서서히 쪼그라들고 마는 것이다. 물론 '요즘 아이들'은 다루기 어렵다. 조금만 제 마음에 들지 않으면 삐딱한 눈길로 선생님을 노려본다. 하지만 우리가 먼저 생각해야 할 것은 '아이들이 왜 그렇게 되었는가'이다.

아이들은 저절로 자라지 않는다. 누군가 따스한 햇볕을 쬐어주고 산뜻한 바람을 불어주며 시원한 비를 내려주어야 한다. 그러면 좋은 양분을 바탕으로 연둣빛 여린 움을 틔우고 꼼지락꼼지락 자기들의 이파리를 펼쳐 보일 것이다.

버트런드 러셀은 《행복의 정복》에서 말한다.

"아이를 기를 때 가장 중요한 것은, 자기 자신을 멋진 인간이라고 생각하도록 자긍심을 길러주는 일이다."

그렇다면 어떻게 가르쳐야 할까? 러셀의 말처럼 긍정적인 가치관과 참다운 꿈을 아이들의 마음에 심어주는 것이 올바른 해답이 아닐까. 하지만 무엇보다 성적에 매달려야 하는 현실에서는 결코 쉽지만은 않은 일이리라. 이제 칼비테 수업전략에서 답을 찾아야 할 때가 되었다. 교사 스스로 갖가지 전략을 마련해야 할 시기가 왔다. 운동경기를 보면, 한 팀 안에서 지도자의 역할이 얼마나 중요한지 알 수 있다. '한 마리 양이 이끄는 늑대 떼보다 한 마리 늑대가 이끄는 양 떼가 더 강하다'고 하지 않던가. 무엇보다도 교사가 참 힘이 있어야 한다.

학교가 큰일났다! 선생이 위험하다!

선생님도 수업전략 있어야 성공한다

②실천편 차례

선생님은 공부의 신이다. 무엇으로 가르쳐야 하는가

✳ 칼비테 마법 학급경영

전략수업의 연금술

교무실에서도 인기 높은 선생님

학부모를 설득하는 선생님의 지혜

1장 교사에게 학부모는 어떤 존재인가

2장 학부모와의 의사소통

3장 극성 학부모의 요구사례 그 대응법

감각있는 선생님의 학습능력 놀이지도

칼비테 마법 학급경영

만일 당신이 황금 3일을 멋지게 장식하고 싶다면,
만일 아이들의 애드벌룬을 터뜨리고자 맘먹었다면
당신은 맨 먼저 무엇부터 해야 할까.

1장 학급경영의 첫걸음

▶ 황금학급은 최초 3일에 결정된다

"황금학급을 만들기 위해 최초 3일에 전심전력을 기울이는 것은 전문 교사의 기본이다."

교사의 1년은 최초 '황금 3일'이 결정한다. 그 황금 3일은 앞으로 1년 동안 아이들과의 수업생활을 좌우할 정도로 중요하고 결정적인 시간이다.

(1) 웃는 얼굴과 진지한 표정

아이들은 싱긋 미소지어 주는 교사에게 그 순수한 마음을 활짝 연다. 교실에서 처음 만나는 아이들에게 최고의 미소를 선물하자. 미소짓는 데에도 연습이 필요하다. 거울 앞에서 입꼬리를 올리고 눈가를 살짝 내리는 느낌으로 '빙긋' 미소짓는 연습을 해보자.

이러한 미소를 지을 수 있게 되면 진지한 표정의 위력은 배로 늘어난다. 엄격하게 지도해야 할 때는 진지한 표정이 필요하다. 아이들은 '선생님의 표정이 바뀌었다!' 느끼고 잠잠히 귀를 기울인다. 눈을 흘기거나 화를 낼 필요는 전혀 없다. 반면에 평소 찌푸린 얼굴의 선생님(웃지 않는 선생님)이라면 막상 지도가 필요할 때는 더 무서운 표정을 지어야 하는 어려움이 따른다.

(2) 칭찬하기

황금 3일 동안은 칭찬이 매우 중요하다. 물론 성의 없는 칭찬이 아니라, 아이들이 이해하고 가슴에 와 닿는 칭찬이어야 한다. 이따금 이렇게 말하는 교사들을 본다.

"칭찬도 좋지만, 항상 칭찬만 했다간 아이들이 교사를 얕봐요. 아이들은 엄격히 지도해야죠."

"칭찬할 게 있어야 하죠."

앞은 칭찬이 서툰 선생님의 말이고, 뒤는 교사훈련을 받지 않은 선생님의 말이다.

(3) 애드벌룬

아이들은 '이 선생님은 어디까지 허용해 줄까?' 하고 탐색작
전을 편다. 황금 3일 동안 특히 많이 일어나는 이것을 애드벌
룬이라고 한다.

- 옆자리의 아이와 책상을 떼어놓고 있다.
- 교사가 말하는데 그것과 관계없는 이야기를 한다.

이런 행동이 모두 애드벌룬이다.

'오늘은 첫날이니 봐줄까' 생각하면 다음 날은 더 늘어난다.
맨 처음 띄운 애드벌룬을 공격하는 것이 교사의 권위를 확립
하는 핵심이다.

애드벌룬을 터뜨릴 때는 반드시 취지를 설명한다.

예를 들면 '책상을 떼어놓은 아이'가 있을 때는 이렇게 말한
다. "책상이 반듯하게 줄 맞춰져 있으면 기분이 좋고 공부도 잘
된단다. 책상 줄을 반듯하게 맞추거라." 이것으로 정돈되면 문
제가 없지만 이때 거역하는 아이가 있으면 이렇게 말한다. "철
수야! 어째서 책상을 맞추지 않지?" 그러면 어떤 아이는 "높이
가 달라서 그래요"라고 하거나, 아무 말도 없이 무뚝뚝한 표정
을 짓기도 한다. 여기에도 적극 대응해야 한다. "높이가 달라
서 못 맞췄구나. 일어나서 다시 한 번 해보자. 됐니? 앞으로는
잘 맞추도록 해라. 알았지?" 말없이 있는 아이도 그냥 두어선
안 된다. "일어나 봐. 지금 어째서 가만히 있지? 교실은 공부
를 하기 위해 있는 곳이란다. 다 함께 성장하기 위해서 있는 거

야. 너만 책상을 맞추지 않아도 된다면 그건 너를 차별하는 것이 된단다. 자, 다시 똑바로 맞춰 보자." 이런 식으로 지도하여 처음 3일 동안은 어떻게든 자잘한 일도 꼼꼼히 이끌어 나가는 것이 중요하다.

맨 처음 애드벌룬을 띄운 아이는 교사의 말을 듣지 않아도 된다고 생각하는 아이(학급의 대장 같은 존재)가 많다. 그러므로 확실하게 다잡아 애드벌룬을 터뜨려야 한다. 교사의 그런 언행은 다른 아이들에게도 '이번 선생님은 뭔가 달라!'라는 좋은 영향을 끼치는 것이다.

애드벌룬을 터뜨릴 때는 절대로 멈칫멈칫 말하지 말라. 시작부터 '말이 많고 성가신 선생님'이라는 인상을 주면 돌이키는 데 한참 걸린다. 유능한 교사는 짧고 간결하게 대응한다.

(4) 손으로 사물을 보게 한다

1학년 담임을 맡으면, 무엇보다도 학습소재를 찾아내는 작업이 중요하다. 이를테면 '악수를 하자'라는 주제를 내걸자.

친구나 선생님들과 악수를 나누고 서명을 받는다. 선배학년, 주변 사람, 지하철역에서 일하는 사람, 경찰 아저씨 등으로 악수할 대상을 넓혀간다. 나무나 꽃·벌레·물건 등으로도 넓힌다. 서명받을 수 없는 것은 느낌을 적도록 한다. 한 아이가 나무와 악수를 하고 나서 정말 참신하고 좋은 글을 적어냈다.

'나무와 악수를 하니 나무는 살아 있는데도 심장소리가 들리

지 않는다.'

이런 실천을 통해서 아이들은 손으로 사물을 볼 수 있는 힘을 기른다. 눈으로 보는 게 아니라 꼭 손으로 본다. 이 버릇은 어른이 되어도 남는다.

(5) 버스 운전기사를 수업의 주인공으로

재료 하나 없이도 재미있는 수업을 할 수 있다. 바로 '버스 운전기사' 수업 같은 것이다.

버스가 안 다니는 곳은 없으니 재료는 필요 없다. 아이들의 경험만 있으면 무척 하기 쉽다.

"버스가 뭔지 알고 있나요?"

"우리가 뭐 바보인가요? 버스도 모르게요." 아이들은 화가 난 듯 말한다. 교사의 의도에 걸려든 것이다. 교사는 아이들이 자신감을 가졌으리라 믿고 다시 묻는다.

"그러면 버스에는 바퀴가 몇 개 있지요?"

모두 다 손을 든다. 놀랍게도 3개라는 답이 나오기도 한다. 여분의 바퀴도 생각하고, 신형버스도 생각해서 3개에서 10개까지 다양한 답이 나오니 재미있다.

2학년 아이들은 숫자에 흥미를 갖는다. 정확한 숫자가 아니면 말하지 않는다. 약이나 대략은 '모른다'는 말과 다를 바 없다. 이런 심리를 이용하여, 바퀴·손잡이·벨 따위의 수를 묻는다. 그러면 아이들은 달아오른다. 모두 쉬운 질문인데도 정확

하게 모르는 것들이다.

이번에는 운전놀이를 한다. 준비물은 따로 필요 없이 교실에 있는 의자면 충분하다. 운전하고 있을 때 모두에게 묻는다.

"버스 운전기사 아저씨는 운전할 때 어디를 보고 운전할까요?"

모두 다 손을 든다. "앞을 보는 게 당연하죠." 교사는 이렇게 되묻는다. "그럼 뒷거울은 무엇 때문에 있을까?" 아이들은 이제 버스 운전기사가 앞만 보는 게 아니라 옆이나 뒤도 본다는 걸 깨닫는다.

수업은 미리 생각했던 대로 진행하면 그다지 벗어나지 않고 할 수 있다. 아이들 능력에 따라 다른 수업도 가능하다. 교사는 하나하나 새로운 수업을 만들어 나가야 한다. 그때마다 '이 정도면 괜찮은가' 하고 반성도 곁들여야 한다. 아이들에게 미치는 영향이 클수록 깊이 생각해서 고안해 내야 한다.

▶ 자리바꾸기도 마법이 될 수 있다

(1) 어떤 방법으로 바꾸든 아이들은 기뻐한다

자리 바꾸는 것 자체가 아이들에게는 즐거운 행사이다. 어떤

방법으로 하든 아이들은 기뻐한다. 다만 반드시 남학생과 여학생이 짝이 되도록 모든 장면에 설정한다. 다음은 자리 바꾸는 몇 가지 방법이다.

① 남학생들을 복도로 내보낸다. 여학생들만 먼저 자기가 앉을 자리를 직접 정하게 한다. 이어 여학생들을 복도로 내보내고 남학생들에게 자기가 앉을 자리를 스스로 결정하게 한다. 그런 뒤에 남녀 학생들을 함께 교실로 들어오게 하여 자기가 정한 자리에 앉게 한다.

② 남학생 이름을 적은 표를 교탁 위에 전부 뒤집어 놓는다. 교사가 그것을 섞는다. 남학생에게 뒤집어져 있는 이름표를 집게 한다. 집은 표가 'A'의 것이라면 현재 'A'가 앉아 있는 자리가 그의 자리가 된다. 여학생도 마찬가지로 한다.

③ 나무젓가락 한쪽에 반 아이들 수만큼 번호를 매긴다. 그것을 빈 통 속에 넣는다. 모두 일어나게 한 다음, 교실 주위에 서게 한다. 교사가 빈 통 속에서 나무젓가락을 꺼낸다. '5'가 씌어 있으면 출석번호 5번인 아이가 맨 앞에 앉는다. 이때 그가 남학생이라면 남자 줄에, 여학생이라면 여자 줄에 앉는다.

이 과정을 반복한다.

④ 이 방법은 시간이 좀 걸리지만 아이들이 정말 재미있어 한다. 먼저 아이들을 모두 복도로 나가게 한 다음, 칠판에 사다리를 크게 그린다. 그것을 모조지로 가린다. 그리고 남학생들만 들어오게 해, 사다리 위쪽에 이름을 적게 한다. 다음으로 여학생들만 들어오게 해, 사다리 아래쪽에 이름을 적게 한다. 이 과정이 끝나면 아이들을 모두 교실로 들어오게 하고 모조지를 떼어낸다. 그리고 하나씩 사다리타기를 하는 것이다.

⑤ 졸업하기 한 달쯤 전에 특별 행사로 하면 좋은 방법이 있다. 아침에 등교한 순서대로 자기 자리를 결정하게 하는 것이다. 다만 친구의 자리를 미리 맡아놓지는 못한다. 매일 아침 자기 자리는 자신이 정한다.

단, 이 방법들을 쓰기 전에 해야 할 일이 있다. 반드시 '해봐서 뭔가 문제가 생기면 즉각 중단한다'는 조건을 붙여두는 것이다.

(2) '자리바꾸기'는 아이들의 당연한 권리가 아니다

아이들은 자리바꾸기를 당연한 권리라고 생각한다. 1학년 때부터 줄곧 어떤 선생님이든 당연한 듯이 자리바꾸기를 해왔기 때문이다.

그러나 자리바꾸기는 아이들의 당연한 권리가 아니다. 이를 아이들에게 먼저 주지시켜라. 그런 다음에 자리바꾸기에 관한 여러 가지 조건을 제시한다. 그러면 문제가 생겼을 때 부드럽게 해결할 수 있다.

(3) 자리바꾸기의 조건을 제시한다

"자리는 바꾸지 않는다"고 말했지만, 이윽고 "자리 안 바꿔요?"라는 아이들의 질문이 수없이 터져 나온다. 그때는 모두에게 다음과 같이 말한다.

"선생님은 자리바꾸기를 하지 않아도 된다고 생각해. 하지만 여러분이 꼭 자리를 바꾸고 싶다면 그렇게 해도 좋아. 단, 세 가지 조건이 있어. 첫째로, 자리를 바꾸는 도중에 '싫다'고 한다든지 그런 표정을 짓는 사람이 있으면 즉시 그만둔다. 그래도 좋다는 사람은 손 들어. (모두 손 드는 것을 확인한 다음) 둘째로, 시력이 나쁜 사람이 뒤로 가서 칠판 글씨가 보이지 않을 때는 그 줄의 맨 앞사람과 바꾸기로 한다. 그래도 좋다고 생각하는 사람은 손 들어. (모두 손 드는 것을 확인한 뒤) 마지막으로, 자리를 바꾼 뒤 수업 중에 떠든다거나 하여 선생님의 이야기를 듣지 않는 사람은 자리를 맨 앞으로 옮긴다. 그래도 좋은 사람은 손 들어. (모두 손 드는 것을 확인하고) 알았다. 그럼 자리를 바꾸도록 하자."

위의 세 가지 조건을 반드시 맨 먼저 제시한다. 자리바꿈이 끝난 뒤에는 아무리 말해도 효력이 없다. 만약 한 사람이라도 조건에 동의하지 않는 아이가 있으면 자리를 바꾸지 않는다. 또한 자리바꿈하는 도중에 한 사람이라도 싫다는 아이가 있으면 그 즉시 자리바꿈을 중지한다.

교사가 한 말은 반드시 지켜져야 한다. 그러지 않으면 아이들이 '선생님은 어차피 말뿐이다' 원망하게 된다. 그 때문에 학부모에게서 문의가 올 수도 있다. 그럴 때는 "자리를 바꿀 건데 시기를 기다리고 있다"는 식으로 설명한다.

▶ 학급운영의 기술

많은 아이들을 대상으로 가르칠 때는 가르치는 기술 이상으로 필요한 것이 학급 통솔 기술이다.

아무리 설명을 잘해도 학급을 제대로 통솔하지 못하면 아이들의 잡담에 싸여 교사의 목소리가 아이들 귀에까지 다다르지 못한다. 아이들은 설명을 듣기도 전에 들을 기력이 없어지는 것이다.

많은 아이들을 대상으로 할 때 다음과 같은 마음가짐을 가질 필요가 있다.

(1) 학급을 통솔하는 것이 먼저

교사 중에는 "되도록 자유를 주고 싶다. 관리하고 싶지 않다"고 말하는 사람이 있다. 텔레비전의 학교 드라마에 나오는 교사도 대부분 그런 인물이다. 하지만 그것은 학습에 도움이 되지 않는다.

교사는 어찌됐거나 학급을 장악하지 않으면 안 된다. 그것이 의무이다. 학생 전원이 의욕에 넘치고 순수하면 관리는 필요치 않다. 하지만 현실적으로는 그렇지가 못하다. 교실에는 다양한 아이들이 모여 있다. 아이들의 자주성을 중시하다 보면 통솔이 이루어지지 않는다. 그보다는 학생의 자유를 제한하고, 전체를 통솔하는 것이 낫다.

물론 통솔하는 방법은 일률적이지 않다. 다양한 통솔방법이 있어야 한다. 엄격한 통솔방법도 있을 테고, 느슨한 방법도 있을 것이다. 하지만 어쨌거나 빈틈없이 통제하지 않으면 안 된다.

"여길 보세요"라고 교사가 말하면 전원 그 방향을 보아야 한다. "시작해 주세요"라고 말하면 일제히 시작하지 않으면 안 된다. 그에 따르지 않는 아이들이 없도록 세세히 살펴야만 한다.

(2) 모두에게 호감을 줄 생각은 하지 않는다

모든 아이에게서 사랑과 존경을 받는 것이 훌륭한 교사라는 믿음이 만연해 있는 것 같다. 텔레비전 드라마에 나오는 교사도 모두에게 존경을 받고, 호감을 주는 교사다. 그래서인지 교사 중에는 모든 아이에게 좋은 인상을 주려고 애쓰는 사람이 있다. 하지만 그것은 큰 착각이다.

만약 대상이 초등 저학년이라면 모든 아이들이 좋아하게 만드는 것도 가능할지 모른다. 그러나 대상이 확고한 자아와 가치관을 지녔다면 모든 아이로부터 호감을 받는 일은 있을 수 없다. 아무리 알아듣기 쉽게 설명을 해도 그것을 "모르겠다" "어렵다"고 생각하는 아이들이 있다. 아이 한 사람 한 사람에게 아무리 세심하게 대응하고, 질문에 성실하게 답해도 그것을 불충분하다고 판단하는 학생은 반드시 있다. 반대로 그런 성의를 '성가시다'고 생각하는 아이들도 있다. 80퍼센트의 아이들에게 공감을 받아도 나머지 20퍼센트와는 수업이 원활하게 이루어지지 않는다.

그것이 당연하다. 일반적인 인간관계에서도 80퍼센트의 사람들과 원만하게 지낼 수 있으면 인간관계가 경이적으로 좋은 사람이라고 할 수 있다. 교사도 마찬가지다. 80퍼센트의 아이들과 수업이 원활하게 진행된다면 그것으로 족해야 한다.

그런데도 100퍼센트를 목표로 하는 교사가 있다. 그러면 아무래도 심한 말을 할 수가 없게 된다. 싫어하지 않을까 두려워서 야단을 쳐야 할 때에도 치지 못한다. 아이들의 비위를 맞추는 말을 하게 된다. 그러면 아이들이 교사를 얕잡아 보기 쉽다. 결국 자기를 싫어하는 사람에게 신경이 쓰여서 올바른 지도가 이루어지지 않는 것이다.

모든 아이에게 호감을 줄 만한 이도저도 아닌 교습방법을 쓰기보다는 자기의 교습방법을 확실하게 세우는 것이 중요하다. 그래야 압도적 다수의 능력을 신장시킬 수가 있다.

(3) 어딘가에 조준을 했으면 다른 것은 버린다

무릇 교사란 아이들을 단 한 사람이라도 버려선 안 된다고 생각하는 사람이 많다. 하지만 그것 또한 커다란 착각이다.

집단을 가르칠 때, 반드시 따라오지 못하는 사람이 나온다. 모두가 열심히 공부할 수는 없다. 누구나 우수할 수도 없다. 이른바 '따라오지 못하는 사람'이 반드시 생긴다. 아이들 사이에 어떠한 차이가 발생하는 것은 당연하다.

이 경우에 모든 아이들을 잘하게 만들려 해서는 안 된다. 어딘가에 조준을 하고 그것에 도달하지 못한 사람과 반대로 훨씬 수준이 높은 아이는 버릴 수밖에 없다. 모든 아이에게 수준을 맞추면 아무도 이해하지 못하는 설명이 되고 만다. 또는 이미 다 아는 얘기만 되풀이하여 쓸데없이 시간을 흘려보내는 설명이 될 수 있다. 능력이 뒤떨어지는 학생을 상대로 시간을 보내면 잘하는 아이는 딴짓을 하게 되고, 따분하여 교사를 신뢰하지 않게 된다.

그렇지만 물론 잘하는 아이와 못하는 아이를 완전히 무시해서는 안 된다. 그런 아이들에 대해서는 전원을 대상으로 가르친 뒤에 개별적으로 지도를 하는 등의 대응이 바람직하다. 물론 교사가 배움의 기회를 주었는데도 아이들이 거부한다면 어쩔 수 없다. 지도방침이 아이들에게 맞지 않았다고 보는 수밖에 없다.

(4) 아이들에게 열정의 손짓을 한다

학급 전체를 상대로 가르칠 때, 교과서를 읽는 듯한 수업으론 따분하여 조는 학생이 속출하게 된다.

그러므로 학급 전체를 통솔하며 수업을 진행해야 할 때는 내용의 중요성과 재미를 뜨겁게 호소할 필요가 있다. 아이들의 마음에 전달되도록 호소하고 감동을 주어야만 아이들 머릿속에 지식이 남기 때문이다.

교사는 일방적으로 진실을 말하는 존재가 아니다. 교사가 말하는 내용이 아이들의 머릿속과 마음속을 파고들어야 그것은 비로소 진실이 된다. 그러므로 가르쳐야 할 진실이 성립하고 의사소통이 이루어지도록 아이들에게 어떻게든 호소할 필요가 있다.

(5) 편애하거나 까닭 없이 싫어하지 않는다

학급을 통솔하고 수업을 진행할 때, 편애하지 않는 것이 대원칙이다.

학생 시절에 편애하는 교사를 경험한 사람이 많을 것이다. 대부분의 아이들에게 이보다 더 불유쾌한 일은 없다.

다른 아이가 이야기할 때는 전혀 칭찬하지 않던 교사가 마음에 드는 아이가 똑같은 말을 하자 입에 침이 마르게 칭찬을 한다. 마음에 드는 아이만 학급 대표로 뽑거나, 눈에 잘 띄는 역을 맡긴다. 다른 아이들은 등한히 한다.

반대로 교사는 까닭 없이 어떤 아이를 미워하기도 한다. 다른 아이와 똑같은 말을 해도 그 아이에게만은 왠지 트집을 잡으며 인정하려 들지 않는다. 유난히 혹독하게 야단을 많이 치고, 눈을 흘기기도 한다.

말할 필요도 없는 얘기지만, 특정 아이를 편애해선 안 된다. 까닭 없이 싫어해서도 안 된다. 하물며 교사가 아이를 괴롭혀선 절대로 안 된다.

편애나 미워하는 마음이 생기면 학급 분위기가 어색해진다. 아이들은 공평하게 대해 주기를 바라는데 그 원칙이 무너진다. 의욕상실로 이어지기 십상이다.

상황에 따라서는 특별취급을 해야만 하는 경우도 있다. 그러나 그것은 필요한 최소한의 범위에 그쳐야 한다.

(6) 분위기메이커를 내 편으로 만든다

어느 집단에나 분위기메이커가 반드시 존재하기 마련이다. 교실의 앞자리에 앉아서 교사가 무슨 말을 하면 큰 소리로 맨 먼저 대답한다. 움직임이 크고 남의 눈에 띄는 것을 좋아한다.

이런 아이는 본인의 의식 여부를 떠나 학급 전체의 분위기를 만든다. 모두가 그 학생을 신뢰하는가 아닌가는 별개의 문제이다. 신뢰하지 않는 경우라도 그 학생이 흐트러진 모습을 보이면 전체가 그렇게 된다.

그러므로 학급을 제대로 통솔하고 효과적인 수업을 진행하기 위해서는 분위기메이커부터 잘 조종해야 한다.

분위기메이커는 교사의 눈에 띄기를 좋아하는 경향이 강하다. 그러므로 교사가 말을 걸어주어야 한다. "지난 시간에 어디까지 했지?" "○○야, 숙제는 해왔니?" "오늘 배운 내용은 좀 어려웠나?" 등등 수업진행에 대해 묻거나, 느낌을 들어본다.

또한 본인이 발표하고 싶어할 때는 의견이나 성과를 발표하게 한다. 만약 분위기메이커가 수업에 따분한 태도를 보인다면 경우에 따라서는 주의를 주거나, 기운을 내게 하는 방법을 쓰는 것도 좋다.

분위기메이커를 내 편으로 만들지 못하면 때로는 적이 되는 수가 있다. 큰 소리로 "아, 재미없어" 외친다든지, 여봐란듯이 졸기도 한다. 그렇게 되고 나면 학급 전체의 분위기가 무너진다.

그런 의미에서 분위기메이커를 세심하게 의식할 필요가 있다. 다만 분위기메이커를 내 편으로 만들고 중요시하는 것은 좋지만 그것이 '편애'로 보이지 않도록 조심해야 한다. 교사로선 절대로 편애할 마음이 없는데도 아이들에겐 그렇게 보일 수 있다.

어디까지나 분위기메이커로서 이용(?)해야지 사실 이상으로 높은 평가를 부여하지 않도록 유의해야 한다.

(ㄱ) '단 한 번뿐'이라는 원칙을 지킨다

여러 상황에서 다음 기회로까지 이월되지 않게 하기 위해 '단 한 번뿐'이라는 원칙을 지켜야 한다.

예컨대 태도가 좋지 않은 아이가 있다. 잡담을 하거나 딴짓을 한다. 그럴 때는 호되게 야단을 치거나 때로는 화를 내기도 하지만, 그것이 다음 시간까지 이어지지 않게 해야 한다. 다음 수업에선 전 시간에 있었던 일을 곱씹지 말고 아무 일도 없었다는 듯이 대한다.

나빴던 때만이 아니라 칭찬한 것도, 다음 시간이 되면 리셋을 시켜서 0으로 되돌려야 한다. 그러므로 지난번에 좋은 성적을 올렸다고 해서 다음 시간에 성적이 약간 나빠져도 너그럽게 봐줘선 안 된다. 지금까지의 선입견을 버리고 매번 새롭게 출발하는 것이 수업의 원칙이라고 생각해야 한다.

물론 실제로는 이렇게 구획을 짓기가 어렵다. 그리고 평소 우수한 학생과 그렇지 않은 아이를 염두에 두고 설명할 필요가 있다. 그러므로 교사로선 아이의 과거 상황을 잊어선 안 된다.

그러나 되도록 매회마다 그날의 수업이 완결되도록 노력해야 한다. 그렇지 않으면 지난 시간에 큰 실수를 한 아이, 호되게 야단을 맞은 아이가 전 시간의 상황이 마음에 걸려서 즐겁게 공부할 수가 없게 될 것이다.

▶ 이름을 기억하는 것도 교사의 직업적 능력

아이들의 이름을 빠르고 정확하게 외우는 것은 교사의 직업적 필요이자 의무이다.

2학기가 되어서도 여전히 아이들의 이름을 기억하지 못한 채 지명할 때마다 이렇게 말하는 교사가 있다. "거기, 세 번째" "응. 너, 그래그래, 너, 말해 봐." 이 정도면 그나마 괜찮다. 개중에는 "응, 아니, 너 말야, 네가 진호였지? 발표해 봐. 응? 아니라고? 아, 준영이였구나. 뭐? 아냐? 미안, 미안. 그럼…… 음, 누구였더라." 이런 식이어서는 교사로서 자격상실이라고까진 않더라도 직업인으로서의 적성이 의심스러워진다.

초등학교에서야 자연의 흐름에 맡겨도 곧 모두의 이름을 외울 수 있지만 중·고등학교에선 그렇지가 않다.

국어·사회·수학·과학·영어 교과담임이라면 최대 160여 명정도, 음악·미술·기술·가정·체육교사는 5백여 명 이상의 이름을 외워야 한다. 그것도 일주일에 한두 번밖에는 수업이 없다. 그러면 시간이 흐른다고 자연히 외워지는 일은 절대 없다.

그러나 마음만 먹으면 못할 것이 무엇인가. 좌석표를 만들든지 학급사진을 보면서 비교하든지 해서 얼마든지 외울 수 있다. 두 번째 만났을 때는 이름을 부르자.

학생의 이름을 빠르고 정확하게 외우는 능력은 교사로서 반드시 갖추어야 할 직업적 능력의 하나이다.

▶ 아이들이 떠들어대면 어떻게 할까

(1) 소극적인 대처 방법

아이들이 수업 중에 너무 떠든다는 고민을 교사들로부터 많이 듣는다.

그러나 아이들이 무엇을 주제로 떠드는지 조사했다는 이야기는 듣지 못했다. 단지 많이 떠든다고 힘들어만 하는 것이다. "조사 없이는 발언권도 없다"는 유명한 말이 있다. 아무리 잡담이라도 조사해 보지 않으면 어떻게 지도해야 하는지 어찌 알겠는가. 그렇다면 그저 억누르는 도리밖에 없다. 그것조차도 뜻대로 되지 않는다면 아이들이 떠드는 소리를 웃도는 커다란 목소리로 수업을 하는 수밖에 없다.

하지만 '시끄러운데도 태연히 수업을 하는 선생님'은 아이들이 기피하는 교사상이다.

(2) 어째서 떠들까

원인의 하나는 쉬는 시간에 있다.

수업에 들어가면, 쉬는 시간의 흥분이 채 가시지 않아서 뭔가 어수선한 광경과 자주 마주친다. 선생님에 대한 인사가 끝난 뒤에도 아직 아이들은 와글와글 떠든다. 쉬는 시간에 친구들과의 대화·접촉에 따른 작은 사건과 이야기의 여운이 남아서 어떤 특별한 감정적 세계를 만들고 있다. 이때는 몸만 앉아 있을 뿐 정신은 온통 쉬는 시간의 관심과 감정에 쏠려 있다고 보아야 한다.

보통 때 같으면 거기서 일단 벗어나 수업에 임할 마음의 준비에 들어갔을 텐데 오늘은 좀처럼 그럴 기미가 보이질 않는다. 그렇기는커녕 수업이 시작되었는데도 교사가 만들어 내려 하는 지적 공간을 쉬는 시간 때부터 지속시켜 온 자기들의 흥미와 관심과 감정의 수준으로 끌어내리려 한다.

여기서 교사와 학생들의 치열한 심리전, 밀고 당기기가 전개된다.

만약 교사가 지면 이 수업은 한 시간 내내 느슨하고 긴장감 없게, 그것도 끊임없이 아이들의 저속한 관심에 끌려다니다가 끝나버린다.

그게 싫은 교사는 자기의 수업 페이스를 찾지 못하면, "시끄러, 조용히 해!" 별안간 소리를 치거나, 때로는 주먹을 휘두르거나, 복도에 끌어내 앉히는 등 강권을 발동하여 힘으로 제압하려 한다. 물론 이것도 제압이 될 때의 이야기이다.

그러나 강권을 발동시킬 수밖에 없게 된 교사의 불쾌함은 가시지를 않아 한 시간 내내 찜찜하게 남고, 서로가 재미없는 수업으로 끝나게 된다.

이런 교사의 돌발적 흥분은 아이들에게 훨씬 더 불쾌하다. 수업이 시작되었을 때는 자기들을 웃으면서 대하던 선생님이 느닷없이 "시끄러, 조용히 하라니까!"라고 화를 내기 시작했기 때문이다.

수업이 시작된 뒤에도 여전히 떠들 때는 이렇게 해보자. '묵상'을 시키는 것이다.

교실에 들어가는 순간 아이들의 분위기를 살피고 '소란스럽구나. 들떠 있어' 생각되면 인사를 나눈 뒤에 즉각 엄숙한 얼굴로 "묵상", 이어 "자세를 바르게 해!"라고 지시한다.

시간이 흘러 조용해지면 잠깐 더 있다가 "이제 그만"이라는

말로 눈을 뜨게 하면, 아이들의 떠들썩하고 들떠 있던 감정은 가라앉고, '마침내 공부가 시작되었구나'라며 집중할 것이다.

묵상은 눈을 감게 함으로써 아직도 쉬는 시간의 분위기에 이끌리는 아이들의 잡다한 감정을 단절시킬 수 있다. 소극적인 방법이면서도 학생들의 자세를 수업 시간 체제로 바꾸는 효과적인 기술인 것이다.

수업 시간에 떠드는 태도가 쉬는 시간의 감정 때문에 발생하는 것이라면 어떤 방법으로든 쉬는 시간의 영향을 단절해야 한다. 여러 가지 방법 가운데 하나로서 묵상을 써보면 어떨까?

(3) 적극적인 대처 방법

묵상보다 적극적인 방법이 있다.

그것은 쉬는 시간부터 이어져 온 아이들의 페이스에 일단 따라가 주는 것이다.

체육시간 뒤의 수업도 하기가 힘들다. 관성의 법칙이 작용하기 때문에 왠지 떠들썩하고 차분하지가 못하다. 교복 속에 입은 옷을 비평하기도 하고 머리칼을 만지작거리기도 한다.

그럴 때면, 인사가 끝난 뒤에 일부러 선생님 자신의 넥타이를 가리키면서 "넥타이 멋있지?"라고 한다. "주운 걸 거야" "부모님이 사주셨죠?" "마트에서 산 것 같아" "백화점 세일" "천 원짜리 넥타이" 등등 아이들은 일제히 놀리기 시작한다. 웅성거림은 사라지고 아이들의 관심은 넥타이로 집중된다.

이런 놀림은 교사에 대한 친밀감의 표현이다. 교사가 교실에 들어와서 수업을 시작해도 전혀 주목하지 않고 여전히 떠들거나 장난을 치는 예도 있기 때문이다. 즉 거들떠보지도 않는 것에 비하면 그나마 놀리는 것은 훨씬 나은 셈이다. 놀림당했다며 화내는 것은 오늘날의 교사에게 어울리지 않는 태도이다. 놀림당하는 것 자체는 아이들을 교사에게 집중시키는 계기이기 때문이다.

"이건 천 원 주고 산 건데 중국제품이란다"라고 한 뒤, "의외로 중국제품은 우리 주위에 많아. 연필·공책·교복, 그리고 신발까지 다양하다. 그런데 중국은 어디에 있는 나라일까? 그래, 지도를 꺼내서 펴보자. 옳지, 짚어봐. 1분단이 빠른걸. 모두 맞췄어. 6분단은 어떨까? 오늘은 중국에 대해 공부하자꾸나."

이렇게 하여 수업으로 들어가는 것이다.

이것은 아이들의 세속적 관심에서 출발하여 교사의 페이스로 끌고 나가는 전술이다.

언제나 마음먹은 대로 수업 분위기가 흘러가 주지는 않는다. 때로는 의표를 찔러서 도리어 아이들의 분위기로 끌려가야 할 때도 생긴다. 그런 것 또한 하나의 수업이라고 생각하자.

어쨌든 일단 아이들의 수준에 맞춰주고, 거기서 교사의 수준으로 끌고 올라가야 한다. 그러지 않고 언제나 자기 페이스로만 나아가려 하고 아이들을 무시하기 때문에, "전혀 수업에 집중하지 않는구나. 도대체 언제까지 떠들 거야? 그만 떠들

어!"라고 화를 내봤자 생기는 것은 아무것도 없는 것이다.

▶ 표정 연습과 수업언어 사용

(1) 풍부한 표정으로 아이들을 움직여라

교실에 들어간다. 인사를 한 뒤에 '소란스럽구나. 많이 떠드는 걸' 하는 생각이 들거든 턱을 치켜들고 입을 꽉 다물어 한 일자가 되게 한다. 눈은 번득인다.

사실 교사는 이 표정 하나로 아이들을 집중시킨다. 표정 하나로 아이들을 움직이는 것이다.

많은 지식과 기술을 토대로 교재연구를 축적하면 수업을 잘할 수 있다고 생각한다면 큰 착각이다. 그런 생각을 하는 교사는 수업이 제대로 되지 않음을 고민하다가 교직을 그만두게 된다.

표정으로 집중시키는 것이다. 그것도 체벌이나 폭력 없이. 이일이 가능해지면 매우 훌륭한 교사라고 할 수 있다. 아울러 고수는 눈빛 하나로 아이들을 집중시키는 교사이다.

"조용히 해! 시끄러워! 떠들지 마! 빨리 책 꺼내란 말야! 거기, 뭘 하고 있지? 빨리 해! 입 다물어! 자세를 바르게 하고!

손을 무릎에 올려! 여길 봐!" 등등 큰 소리를 쳐서 조용히 시키는 교사는 하수에 속한다. 개중에는 떠드는 아이의 입에 테이프를 붙여 사회적으로 물의를 일으킨 교사도 있다. 이것은 하수 중에서도 하수에 속한다.

그러한 지도의 말은 되도록 적게, 가능하다면 한 마디도 하지 않고 수업을 진행하는 것이 이상적이다.

교사는 무대 위의 연기자와 같다. 다양한 표정을 지을 줄 알아야 한다.

어떤 교사는 이를 위해 아침마다 이를 닦을 때 거울 앞에서 '친근하고 온화한 미소를 짓는다, 호되게 꾸짖는 표정을 지어본다, 칭찬과 감동이 담긴 표정을 짓는다, 나아가 개인이나 전체를 향해 그 말을 해본다, 두 팔을 써서 표현해 본다'는 등의 연습을 한다고 한다. 훌륭한 마음가짐이다.

교육현장에는 표정이 다양한 교사보다는 표정이 단순한 교사가 압도적으로 많다.

얼굴은 표정만으로 이루어져 있지 않다. 머리칼·안경·화장 등도 얼굴을 만드는 도구의 하나이다.

스스로 표정이 없다는 생각이 들거든 머리 모양을 바꾸고 표정연습을 한다. 신경질적인 표정이었다면 안경테를 굵고 검은 것으로 바꿔 본다.

여교사라면 화장으로 다양하게 변신할 수도 있다.

그러나 이런 것들은 모두 일시적인 눈속임에 불과하다. 교사가 아무리 연기자라고 하지만 그런 소도구에 매달려서는 중급자 수준에 속할 뿐이다. '맨 얼굴의 연기자'여야만 한다. 그러면 약간의 표정만으로도 아이들을 움직이게 되고, 자연스런 감정이 저절로 표정에 나타나게 된다.

동시에 손짓이나 몸짓도 연구해야 한다. 딱딱하게 굳은 채로 똑바로 서서 몸을 쓰지 않는 교사, 표현한다 해도 전기로 움직이는 인형처럼 어색한 교사 등은 모두 아이들의 마음을 사로잡지 못한다.

'크게 숨을 들이마셨다가 토해 낸다, 눈을 크게 뜬다, 고개를 크게 끄덕인다, 고개를 가로젓는다, 두 팔도 크게 펼쳐 본다, 거기서 힘을 빼고 어깨를 으쓱한다, 팔짱을 낀다, 가슴에 손을 얹는다, 눈가를 훔친다, 턱에 손을 갖다 댄다, 머리를 긁는다, 한쪽 팔을 휘두른다, 양쪽 허리에 손을 댄다, 두 손을 펼쳐 위로 향하게 한다', 이렇게 여러 가지 동작을 연습해 보자.

상황을 설정하고 거기에 말까지 곁들여 연습한다면 더할 나위 없이 좋다.

(ㄹ) 수업언어를 사용한다

수업을 하는 교사는 일상에서와는 다른 '수업언어'를 사용할 줄 알아야 한다.

수업언어란 일상적인 언어와는 다른, 독특한 수업용 언어를 말한다.

수업이 그러한 독특한 언어에 의해 진행되기 때문에 아이들은 일상과 동떨어진 지적 공간을 만들어 낼 수가 있는 것이다. 교사가 그것을 자각하지 못하고, 세상언어의 연속으로 수업을 하면 아이들의 수업공간을 세속적·신변적·통속적인 관심과 감정에서 떼어놓지 못한다.

사실 교사라면 누구나 무의식중에 수업언어를 사용하여 아이들의 학습을 이끌 것이다. 그러나 자신이 그렇다는 사실은 좀처럼 깨닫지 못한다. 이는 주위의 교사도 다들 그렇기 때문이다. 이른바 초보수업, 예를 들면 교생수업을 보면 즉각 그 차이를 알 수 있다. 교생이 하는 수업언어를 보면 무척 가볍다는 것이 금세 느껴진다.

초보자의 수업언어에 있는 어떤 가벼움은 서툰 피아노 연주 소리처럼 소리가 자기만의 버릇에서 완전히 벗어나지 못한다. 게다가 말이 거품처럼 순식간에 사라져 버린다. 형상을 만들어 내지 못하는 것이다. 그것은 일상적인 세상 이야기를 하는 투로 말할 뿐, 수업언어로 승화되지 않았기 때문이다.

뛰어난 교사의 수업을 보면 말투가 세속으로부터 순화되어 격조와 품위가 느껴진다. 그 말은 하나하나가 매끄럽게 조각된 구슬이 되어 아이들의 가슴속으로 스며들고, 어느 때는 뜨거운 구슬이 되어 아이들의 머리를 때리기도 한다.

거기까지 금방 갈 수는 없더라도 수업언어를 만들기 위해 일상과는 다른 말투를 쓰려 노력하면 누구든지 금세 할 수는 있다.

그러나 사실 엄밀히 말하면 수업언어라는 일반적 형태는 없으며, '교과언어'로 수업을 진행하는 것이다. 국어는 국어의 언어로, 수학은 수학의 언어로 말하는 것처럼 각 교사 고유의 언어로 수업을 진행하며 교과 특유의 세계를 만들어 내야만 한다.

교과언어라고 하면 교사의 말뿐이 아니다. 체육의 준비체조, 음악이라면 노래로 이끄는 교사의 피아노 전주 등도 그 하나이다. 전주를 어떻게 연주하는가는 고스란히 노래를 어떻게 불러야 하는지를 말해 준다.

그러한 교과 특유의 언어는 있지만 대부분은 역시 교사의 어투에 달려 있다.

흔히 '저 선생님은 국어선생님답다'고 할 때의 그 '다움'이 중요하다. 요즘은 이 '다움'을 지닌 교사가 적다. 사실은 그 '다움' 속에 교과의 특성을 새겨 넣은 교육문화 능력이 자라고, 그것이 국어선생님다운 말투를 결정짓는다.

▶ 아이들과 함께 식사를

(1) 식사예절을 지도한다

예의범절이 가장 눈에 잘 띄는 때는 식사 시간이라고 한다.

부모의 예절교육이 좋고 나쁨은 식사예절을 보면 알 수 있다.

그러나 오늘날 서양의 생활문화가 들어와서 그런지 전통적 식사예절 따위에는 그다지 신경을 쓰지 않게 되었다. 가정에서의 예절교육도 무너지고 있다.

걷거나 서서 먹는 것이 일상화되고 있다. 과거 그런 행동은 아주 어린아이에게만 허용되었지만 요즘은 어른들도 그런 습성에 휩쓸리게 되었다.

그런 만큼 식사예절을 어떻게 지도해야 할지도 방향을 잃고 말았다.

어떤 교사는 점심시간에 극단적인 자유를 준다. 좋아하는 아이들끼리 무리지어서 질서 없이 떠들면서 여기저기 돌아다니는데도 그냥 내버려 둔다. 그들 뒤로는 음식물이 여기저기 떨어져서 책상과 의자가 엉망이 된다.

어떤 교사는 자기 자리에만 꼼짝 말고 앉아 앞을 향한 채로 말없이 먹으라고 한다. 그러나 아이들에게 식사시간은 매우 즐거운 시간이다. 말없이 앉아 먹다니 너무하다. 함께 먹는다는 것은 사람끼리 사귀는 문화의 하나이고, 그에 따른 대화가 있음으로써 친밀감이 증대되는 기회이다. 연회나 회식 등은 그것이 형식화된 것이다.

본디는 식당이 있어서 공부와 식사가 분리되어야 한다. 그렇게 하면 지금과 같은 문제의 대부분은 해결이 된다.

그러면 어떻게 해야 할까? 소외되는 아이가 없도록 각 분단의 아이들끼리 책상을 모아놓고 즐겁게 먹는 정도는 허용해도 좋다. 민족의 대이동처럼 움직이는 것이 아니므로 혼란도 일어나지 않는다. 책상을 살짝 붙이기만 하면 되니 간단하다.

이야기를 하면서 식사하게 해도 좋다. 다만 입속에 음식을 잔뜩 문 채로 말을 하거나 팔꿈치를 괴고 먹지 않는 정도의 예의는 가르친다.

식사가 끝난 뒤에는 각자 자리로 돌아가게 하고 책상 위와 바닥에 떨어진 음식물 찌꺼기를 줍게 해라. 그래도 지저분하면 아이들에게 청소를 시킨다. 이런 것은 반드시 하게 해야 한다.

(ㄹ) 편식하지 않고 먹는 힘을 키워 준다

식사예절 이상으로 중요한 것이 '먹는 힘'이다.

뭐든지 먹는 힘, 그것은 씩씩하게 살아가는 힘이므로 요즘같이 편식이 심한 시대에는 더욱 신경 써야 할 부분이다.

친구들과 잘 친해지지 못하는 아이, 학습능력이 낮은 아이, 남을 괴롭히는 아이, 따돌림을 당하는 아이와 쉬 피곤해하는 아이 등을 조사하면 의외로 가리는 음식이 많다. 먹지 않는 음식의 영양분 부족이 성격과 학습능력, 신체 발달을 저해하기 때문이다. 이것은 가정의 협력과, 역시 본인의 자각적 노력이 없으면 성공을 거둘 수 없다.

아이들과 함께 점심을 먹자. 유능한 교사라면 밥을 먹으면서도 아이들의 생활을 변화시킬 수 있어야 한다.

함께 식사를 하면 무엇보다 친밀감을 높일 수 있고, 식사예절과 편식 지도까지 겸할 수 있는 이점이 있다.

▶ 전문적 역량으로 멋진 발상을

(1) 전문가의 요건

교사는 전문가이다. 따라서 수업에서는 전문적 역량을 발휘해야 한다.

이런 음악선생님이 있었다.

그의 음악적 역량은 매우 뛰어났다.

① 모든 악기를 연주했다. 못 다루는 악기가 없었다.
② 악보를 보지 않고 피아노를 연주했다.
③ 즉흥적으로 어떤 곡이든 그 자리에서 연주했다.
④ 음악을 들으면서 숫자음보를 사용하여 채보하고, 곧장 정확히 재생했다.
⑤ 작곡, 편곡을 자유자재로 했다.
⑥ 오케스트라 연주곡도 작곡했다. 악기의 수와 종류, 단원의 능력에 맞게 곡을 만들었다. 브라스밴드에서 전문 오케스트라까지 작곡할 수 있었다.
⑦ 오페라 작곡도 했다.

⑧ 지휘도 할 수 있었다. 노래하기가 매우 편했다.

⑨ 클래식 음악의 일부분만 듣고도 곡명을 맞췄다.

⑩ 오디오에 까다롭고, 신시사이저에도 해박했다.

⑪ 교사악단을 만들어서 이끌었다.

⑫ 노래도 잘하여 시의 음악회에서 자주 독창을 했다.

⑬ 음악의 범위도 유행가에서 재즈·록·맘보·클래식으로 그 폭이 넓었다.

⑭ 레코드에 대해서도 어느 곡은 누구의 지휘와 연주가 최고 인지 식견을 드러냈다.

⑮ 물론 수업도 잘해서 아이들은 음악수업을 좋아했다.

교사는 전문직이다. 적어도 중고등학교 교사는 전공과목이 있기 때문에 자신의 분야에서만큼은 타의 추종을 불허하는 역량을 지녀야만 한다. 과학교과에는 생물·물리·화학·지구과학이 있지만 '과학' 교사는 어느 한 과목에서도 '이것은 모르겠다'는 말을 해선 안 된다.

오늘날 학교가 사회에 비해 지적 우위를 차지하지 못하는 이유는 그러한 교사의 전문적 역량과 무관하지 않다.

확실히 사회의 달성도가 높아지고 있다. 그러나 학교는 항상 지역사회와 가정에는 없는 지적 우위성으로써 교육을 해야 마땅하다. 그 이하라면 학교의 존재 의미는 없다. "그건 학원에서 배웠어요" "에이, 텔레비전에서 본걸요" "신문에 났었어요" "하하, 만화에서 봤는데." 이런 식이어선 곤란하다.

학교는 매력 있는 지적 세계를 제공할 수 있는 곳이어야 한다. 그 열쇠는 수업에서 보여주는 교사의 전문적 역량에 있다. 이로써 아이들은 '굉장한 곳'에서 지역과 가정에서 맛볼 수 없는 학문·예술·기술을 배울 수 있는 것이다.

전문 선생님은 자기의 전문적 역량을 길러서 아이들을 정신이 번쩍 들도록 일깨우고, '멋지다'며 감탄하게 해야 한다.

(ㄹ) 발상을 바꿔서 멋진 수업을 하자

교과교사는 전문가이지만 사회에서 몇십 년이나 그 분야에 깊이 몰두해 온 전문가를 당하지는 못한다.

예를 들면 조리실습에서 칼을 다루는 것은 일류식당의 요리사를 따르지 못한다. 재단을 가르칠 때에도 수십 년을 그것으로 먹고살아 온 양복기술자를 이기지 못한다. 학교는 기초를

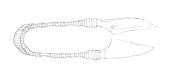

가르치는 곳이므로 그런 고도의 전문성은 필요 없다고 생각한다면 큰 오산이다. 고도의 기술성이 흔들림 없는 기초를 가르치는 것이다.

대적할 수가 없다면 어떻게 해야 할까?

첫째는, 그 사람에게서 배우는 것이다.

일단은 그런 사람을 초빙하여 특별수업을 받아도 괜찮다. 어떤 학교에서는 그렇게 하고 있다. 아이들은 "역시! 멋지다!"며 감탄하고 집중한다. 그렇다고 해서 교사의 체면이 망가지는 것은 아니다.

학교는 지역과 사회로부터 좀 더 많이 배워야만 한다. 발상을 전환하자. 그러지 않으면 학교가 가장 뒤떨어진 곳이 되고 만다.

발상을 전환하는 다른 한 가지 방법은 현대 사회의 문화적 달성도를 도입해 나가는 것이다.

예를 들어 음악시간에 가끔 기타·아코디언·트럼펫·플루트 등을 써보면 어떨까? 전기기타도 괜찮다. 아이들은 환호하고, 음악수업은 단숨에 재미있어진다.

우리나라에 현대음악이 들어온 뒤로 음악시간에는 거의 오르간·피아노만을 쓴다. 물론 학교는 기초를 가르치는 곳이다. 그렇지만 이 곡이 아니면 안 된다, 반드시 이 반주여야 한다는 법은 없다. 피아노로만 가르쳐야 한다고 정해져 있는 것이 아니다.

때로는 교사도 아이들이 자주 듣는 유행가를 능숙하게 연주해 주면 어떨까? 유행가를 '대중의 정형적인 감정을 노래한 저속한 노래'라며 무시해선 안 된다.

과거 비틀즈가 부른 록은 그 시절 많은 음악교사들의 빈축을 샀다. 그러나 아이들은 전기기타에 환호하며 그것을 치고 싶다고 했다. 전기기타가 "비싸다"는 교사들의 반대에 "피아노도 비싸지 않느냐"고 반격했다. 답이 궁한 교사들이 선택한 태도는 "어쨌든 난 싫다"면서 귀를 닫아버리는 것이었다. 그런데 지금은 어떤가. 비틀즈의 곡이 버젓이 음악교과서에 나오지 않는가.

음악의 세계는 크게 바뀌고 있다. 작곡의 개념도 달라졌다. 클래식만이 음악은 아니다. 지금까지의 교양문화·대중문화는 섞이고 다양해져 왔다. 문화향수·창조의 변화도 일으키고 있다. 아이들의 음악 체험은 넓어지고, 음악을 좋아하는 아이들이 늘고 있다. 어른들 또한 노래방에서 노래를 즐기게 되었다. 그런데도 제대로 된 수업이 이루어지지 않는 까닭은 무엇일까?

한 마디로 음악수업이 낡았기 때문이다. 새로운 맛이 없다.

음악문화의 변화를 음악교사는 왜 수업에 도입하지 않을까? 단순히 예산 문제도 아니고, 교사의 전문적 역량의 문제도 아니다. '문화'에 대한 안테나가 무딘 것이다.

이런 사정은 비단 음악뿐만이 아니다. 모든 교과가 다 그렇다. 또 수업만이 아니다. 복장과 두발 규정도 그렇다. 옛 규율로 언제까지나 억누를 수 있다고 생각하면 오산이다.

이 때문에 아이들은 점점 학교를 떠나간다. '솔직히 학교에 가고 싶지 않다'고 하는 아이들이 80퍼센트에 이른다고 한다. 이웃나라 일본은 학생들의 '등교거부'로 골머리를 앓고 있다. 우리나라도 곧 그런 사태가 오지 않으리란 보장이 없다.

저속한 문화에 아첨을 하라는 얘기가 아니다. 오늘날의 변화 속에는 충분히 교육에 받아들일 만한 것이 많다.

'기초' 또한 바뀌고 있다. 자기표현의 기초는 글짓기만이 아니라 작곡도 되는 것이다. 교사들이여, 변화를 감지하여 현대적이고 멋진 수업, 참신한 수업을 하자.

▶ 불만으로 가득 찬 아이에게

[게임은 잘되고 있니?]

말다툼이 벌어져 잔뜩 흥분한 아이에게 일부러 관심 있어 하는 화제를 던져서 마음을 돌리게 한다.

말다툼을 하여 졌을 때의 분함이나 누군가에 대한 불만 등 도저히 어디론가 풀 길이 없는 감정을 아이들이 교사에게 들이밀 때가 있다. 내용이 중대하고 진지하게 대처해야 하는 경우도 있지만, 당장 지금만 그런 감정인 경우도 많다.

그럴 때는 아무튼 이야기를 잘 들어주어야 한다. 그러면 아이들도 만족하여 화가 풀리고 아무 일도 아니라는 듯 이내 평온한 표정으로 돌아간다.

이야기를 잘 들어주는 대처방법 말고 그 아이가 가장 흥미 있어 하는 화제를 툭 던져서 그 아이를 불만의 감정으로부터 끌어내는 방법도 있다.

남자아이라면 컴퓨터게임이라든지 좋아하는 운동경기를 화제로, 여자아이라면 유행하는 문구나 옷, 반려동물이나 캐릭터, 연예인 등을 화제로 권한다.

관심 있는 화제에 대해 교사에게 마음껏 이야기하다 보면 어느새 그때의 분노가 가라앉기 시작한다.

아이들이 흥미를 갖고 있는 분야에 대해 깊이 이야기를 나누는 기회도 되므로 일석이조이다.

다만, 아이에겐 심각한 문제를 "알았어, 알았다니까. 나중에 들을게"라는 말로 별것 아니라는 듯 무시한다든지, "그래? 학급회의에서 해결해야겠구나" 하고 일을 크게 벌이는 것은 좋지 않다.

▶ 마음을 열게 하는 말

실패를 겪지 않는 아이는 없다. 굳어진 마음을 풀고, 실패를 명랑하게 극복하게 하는 요령은 세련되고 긍정적인 말이다.

[좋은 실패야]

있는 힘을 다했지만 결국은 실패하여 잔뜩 우울해하는 아이를 밝게 격려한다.

착실한 노력가인 아이는 실패를 하지 않으려고 여러 차례 연습을 되풀이한다. 그런 노력은 때로는 눈물겹기까지 하다.

그렇지만 이상하게도 실패를 하지 않으려고 지나치게 골몰하다 보면 실패의 이미지가 머릿속에 강하게 남아서 오히려 실패하는 경우가 있다. 그러므로 성실한 노력가인 아이는 실패했다는 사실에서 쉽게 벗어나지 못하고 언제까지나 울적해한다.

실패하지 않도록 몇 번이고 연습을 거듭했지만 어쩔 수 없는 실패이므로 어떻게든 힘을 북돋아 주고 싶은 것은 인지상정이다.

먼저 실패한 것을 심각하게 받아들이지 말고 애써 밝고 가볍게 반응한다. 웃는 얼굴과 경쾌한 동작과 함께 한 마디 건네는 정도면 된다.

그리고 그런 실패가 다른 사람을 위해 도움이 되었음을 전달한다.

이렇게 하면 실패를 한 아이도 필요 이상으로 절망하거나 좌절감에 사로잡히지 않게 된다. 그러면 마음이 편안해져 다음번에 성공할 가능성도 높아진다.

그렇지만 "중요한 데서 그런 실수를 하면 어떻게 하니?" 말하여 불난 집에 부채질을 한다든지, "그토록 연습을 했건만 대체 뭐가 잘못된 거지?" 탄식하여 실패한 사실 자체에 더욱 매달리게 만드는 말은 하지 않아야 한다.

[선생님이 일할 수 있는 것은 실패 덕분이란다]

성실하고 노력을 아끼지 않는 아이가 실패를 거듭했을 때, 그 실패를 고맙게 여기도록 격려한다.

실패를 극단적으로 두려워하는 아이가 있다. 주로 성실한 노력가에 비교적 실패의 경험이 적은 아이들이다. 이런 아이들은 실패가 두려워 지나칠 정도로 연습을 계속하거나 준비하여 그것이 다시 부담이 된다. 나아가 적극적으로 도전하려는 의욕도 낮아지기 쉽다.

이런 아이가 크고 작은 실패에 구애되지 않고 활동할 수 있게 되면, 본디 지니고 있는 성실함과 순수함이 더욱 효과적으로 발휘되어 두드러진 성장을 보이는 경우가 있다.

그러나 실패 자체를 무서워하고 있으므로, 단순히 "실패해도 괜찮아" 말해 봤자 효과는 없다. 실패 자체에 새로운 가치를 부여하는 것이 필요하다.

자신의 실패가 다른 어떤 사람에게 도움이 되었다고 생각하면, 얼마쯤 실패를 하더라도 스스로를 이해시킬 수가 있다.

아이들의 실패를 줄여주는 것도 교사가 해야 하는 일이다. 아이들이 실패를 하기 때문에 교사에게 할 일이 있는 것이라고 해도 과언이 아니다. 아이들의 실패는 교사에게 큰 도움이 된다. 그런 것을 밝게 전달함으로써 실패가 지닌 새로운 가치를 깨닫게 할 수 있다.

그렇다고 실패가 차라리 잘된 일이라는 듯이 "노력가인 너도 실패를 하는구나"라고 한다든지, "지금까지 거의 실패한 적이 없는데 어떻게 하지?"라고 하여 아동을 더욱 우울하게 만드는 말은 삼가야 한다.

[점수가 나빴으면 기뻐하자]
성실하게 수업에 임했건만 시험점수가 좀처럼 나오지 않아

우울해하는 아이를 격려한다.

아이들 중에는 시험점수에만 골몰하는 아이가 있다. 부모의 기대를 지나치게 의식한다든지, 시험을 못 보면 자기의 가치가 낮다고 생각한다든지, 다른 아이에게 지는 것을 도저히 받아들이지 못하는 아이이다.

시험점수가 나오지 않은 것을 분하게 여기고 다음에는 더욱 열심히 노력해야겠다고 진취적으로 생각하면 좋지만, 반대로 의욕을 잃거나 점수를 올리겠다는 일념에 부정을 저지르는 아이도 있다.

그렇게 되면 시험을 치르는 의미가 반감된다.

아이들에게는 먼저 시험은 왜 치르는가에 대해 충분히 설명할 필요가 있다. 시험은 학습내용을 어느 정도 이해했는지를 평가하고 더욱 확실하게 이해하기 위해서 시행한다. 그러므로 점수가 중요한 것이 아니라 어느 것을 이해하고 있으며, 어떤 것을 모르는지를 아는 것이 중요하다.

점수가 나쁘다는 것은 충분히 이해하지 못한 부분을 많이 발견했다는 뜻이므로 실력을 향상시킬 매우 바람직한 기회인 것이다. 그것을 아이들에게 전달해 주어야 한다.

"힘들여 공부했는데 어쩌지?"라든지 "엄마가 크게 실망하시겠구나"라는 말은 금물이다.

[늘 백점 만점은 피곤하지]

실수는 누구나 한다. 아이들에게 그것을 깨닫게 하고 어깨의 힘을 빼게 함으로써 실수를 순수하게 인정하고 배우게 하자.

백점 만점을 맞는 것에 필요 이상으로 매달리는 아이들은 목표가 높고, 매사에 열심히 노력하는 훌륭한 측면도 있다. 그렇지만 완벽해야 한다는 것에 지나치게 연연하여 자기의 잘못에 등을 돌려버리는 아이도 있다. 그 결과 자기 잘못을 되돌아보고, 그로부터 성장할 절호의 기회를 잃게 되기도 한다. 이것은 매우 유감스런 일이다.

그러므로 아이들이 잘못에 정면으로 맞서고, 거기서 깨달음을 얻도록 하기 위해서는 늘 완벽해야 한다는 강박관념에 사로잡히지 않도록 교사가 곁에서 조절해 주어야 한다.

실수에 대한 부정적 이미지를 털어내고, 실수한 것에 대해 긍정적 가치를 부여하는 것이다.

그러면 아이들은 잘못을 냉정하게 받아들일 수 있게 되고, 잘못으로부터 순수하게 배우게 된다.

놀이나 운동경기에서 졌을 때에도 마찬가지로 그런 말을 건네면 순수한 마음으로 패배로부터 배울 수 있게 된다.

다만, "잘못은 네가 한 거잖아. 반성해"라고 하여 더욱 자책하고 풀이 죽게 만드는 말이라든가, "시험지를 버리는 건 백점을 맞지 못해서 그런 거냐?" 같은 말은 하지 말아야 한다.

[서투르다는 건 좋은 거야]

아무도 도전하고 싶어하지 않을 때, 자신은 없지만 적극적으로 도전한 아이가 실패했을 때 이 말을 건넨다.

자신이 없어도 적극적으로 도전하는 것은 매우 바람직하다. 거기서 많은 것들을 배울 수가 있기 때문이다. 그러므로 교사라면 누구나 아이들에게 적극적으로 도전하도록 권하는 것이다.

도전한 결과가 생각했던 것보다 좋았을 때, 또는 실패하기는 했지만 다음 기회에 도움이 되는 많은 것들을 배웠을 때에는 그 도전은 바람직한 것이 된다. 그러나 그렇지 않은 경우에는 모처럼의 도전도 소용없게 되어버리고, 이것이 지속되면 도전 자체를 싫어하게 된다.

아이들이 적극적으로 도전했는데 실패했을 때는 교사가 의도적으로 그것을 살려주지 않으면 안 된다.

불가능했던 것이 도움이 된다는 시각에서 실패를 적극적으로 평가한다.

못한 것이 좋은 것이다, 못했으니까 좋았다, 이와 같은 역설적인 시각으로 평가한다.

그러면 아이들에게 실패 또한 중요한 재산이 된다.

"역시 못했구나. 그럴 줄 알았다"라는 말은 절대 해서는 안 된다.

[지더라도 잔치를 하자꾸나]

이겼으면 학급 차원의 어떤 행사를 할 생각에 잔뜩 부풀어 있을 때, 승부를 가르기 전에 긴장해 있는 아이들에게 이 말을 건넨다.

긴장감이란 전혀 없어도 능력을 충분히 발휘하지 못하지만, 지나쳐도 능력 발휘를 제대로 하지 못한다.

아이들 중에는 경기나 발표 전이 되면 극단적으로 긴장한 탓에 연습한 성과를 제대로 발휘하지 못하는 아이가 있다.

또 결과를 지나치게 의식한 나머지 나쁜 결과가 나오면 어떻게 하나 걱정하느라 연습한 만큼의 실력 발휘를 못하는 아이도 있다.

이런 아이들에게 충분한 실력 발휘를 하게 하기 위해서는 실패해도 괜찮다, 실패가 성공보다 오히려 좋은 점도 있다는 사실을 알리도록 한다.

이기고 싶다, 훌륭한 발표를 하고 싶다는 마음은 가만히 있어도 용솟음친다. 거기에 비록 지더라도, 설령 훌륭한 발표를 하지 못하더라도 그 나름대로 좋은 점이 있음을 알면 아이들은 결과를 두려워하지 않고 행동할 수가 있다.

결과를 의식하지 않게 되면 마음이 편안해져서 제대로 실력 발휘를 할 수가 있다.

다만, "반드시 우승해야 한다!" 또는 "지면 안 돼!"라는 말은 좋지 않다.

▶ 아이들의 존재에 감사한다

아이들이 너무나 좋다. 함께 있어주기만 해도 기쁘다, 고맙다. 말로 표현함으로써 아이들도 행복해지는 말.

[우연이 아니란다]

학년이 시작되는 날 또는 수업이 시작되는 날처럼 아이들과 처음으로 얼굴을 맞대었을 때 교사는 감개무량함을 담아서 말한다.

아이들로서도 선생님과 처음으로 대면하는 특별한 날이다. 입학은 물론이고 학년이 바뀌었을 때의 첫날이나 수업이 처음 시작되는 날에도 보통 때와는 다른 느낌이 서로에게 있기 마련이다.

아이들 전체가 똑같은 출발점에 서서, 이제부터 1년 동안 어떤 공부를 할 것인지, 어떤 행사가 있는지, 어떤 학급이 되기를 바라는지 등등에 대해 많은 생각을 하고 있을 것이다. 조금은 불안해할지도 모른다.

이런 특별한 날에는 아이들의 마음에 남을 특별한 말을 했으면 한다. 특히 아이들과 처음으로 얼굴을 마주하는 날에는 이 만남이 얼마나 특별한 것인지를 교사의 마음을 담아서 전달하자.

그러면 아이들은 선생님과 자신은 특별하게 만난 것이므로 앞으로 특별히 좋은 일이 일어날 것이 틀림없으리라고 기대하며 가슴 설렐 것이다.

첫날 아이들이 설레는 기분을 느끼게 되면 그해의 출발은 성공이다.

아울러 "지금까지와 별로 다르지 않겠지만 잘 부탁한다" 또는 "신선한 맛이 없구나"처럼 김이 새는 말은 하지 않는 것이 좋다.

[너를 만나서 기쁘구나]

아이들을 소중히 여기는 말을 구체적으로 하면 아이들의 마음을 안정시키고, 편안한 느낌을 줄 수 있다.

아침에 교실로 들어오는 아이들을 보면 환한 표정의 아이도 있는가 하면 어두운 표정의 아이도 있다.

생기가 넘치고 명랑한 표정으로 교실로 들어오는 아이들은 학교생활에도, 가정생활에도 만족하는 아이가 대부분이다.

반면에 뚱한 표정으로 교실로 들어오는 아이들은 아침부터 부모님에게 야단을 맞았거나, 어제 친구와 싸웠는데 아직 화해를 하지 못했다든지, 배가 아파서 숙제를 끝내지 못했거나 등등 뭔가 이유를 안고 있는 경우가 많다.

이런 아이들은 마음속에 응어리가 진 상태에서 학교생활을 시작하게 된다. 이래서는 편안한 마음으로 지내기가 어려울 것이다.

따라서 그 아이의 존재를 인정하고 소중히 여기고 있음을 구체적으로 나타내는 말을 해보자.

그러면 아이들은 자기의 존재를 인정받고, 가치를 부여받음으로써 응어리진 마음이 풀려 편안한 마음으로 학교생활을 할 수 있게 된다.

다만, 이런 말은 하지 않도록 한다. "인사 좀 제대로 할 수 없니?" "왜 이렇게 일찍 왔니? 친구들과 함께 와야지"와 같은, 아이의 속마음도 모른 채 엉뚱한 지적을 해서는 안 된다.

[너희들이 무척 좋아]

아이들과 보내는 매일의 생활 속에서 문득 교사로서의 행복감을 느낄 때가 있다. 그럴 때는 직접적으로 말로 표현하도록 한다.

교사는 아이들을 좋아한다. 그렇지만 평소에는 그것을 막연하게 느끼고만 있을 뿐, 분명하게 의식할 기회는 별로 없다. 아이들도 선생님이 자기들을 좋아해 준다는 것을 어렴풋하게 느끼기는 한다. 그렇지만 확실하게 실감할 수 있는 기회는 많지 않다.

당연한 얘기지만 생각만으로는 속마음이 전달되지 않는다.

아이들에게 "네가 무척 좋아"라고 거리낌 없이 말하자.

말로 전달함으로써 교사도 아이들을 좋아한다는 것을 또렷하게 의식할 수 있고, 아이들이 점점 더 좋아지게 된다. 또한 아이들도 교사가 자기들을 아끼고 사랑해 준다는 것을 실감할 수 있으므로 교사를 더욱 좋아하게 된다.

그럴 때, 아이들에게 할 좋은 말은 얼마든지 있다. "훌륭하구나" "멋져" "대단한데" "잘했어" "놀랐는걸" "감동했어" 등등. 그렇지만 "네가 좋아"라는 말은 특별하다. 아이들을 평가하지 않고, 아이들을 무조건 수용하는 말이기 때문이다.

"네가 무척 좋아"는 마법의 말이다.

[다치지 않았니? 괜찮아?]

몸이 다칠 만한 실수나 잘못이 일어났을 때, 가장 중요한 것은 '아동의 신체'임을 잊어선 안 된다.

예를 들면 아이가 부주의로 꽃병을 깨뜨렸다 하자.

이때, 교사가,

"아유, 이를 어째. 그래서 조심하라고 했잖아!"

라고 말하느냐, 아니면

"다치지는 않았니, 괜찮아?"

하고 말하는가에 따라 아이의 마음에 남는 것엔 큰 차이가 난다.

전자는 서로에게 어딘가 응어리진 인상이 남는다. 반면에 후자는 어떤가? 아이에게는 교사가 자기를 끔찍이 아껴주었다는 느낌이 강하게 남는다.

이런 상황이 닥쳤으면 교사는 무엇이 가장 중요한지를 냉정하게 생각해야 한다.

그러면 아이들의 신체가 무엇보다 중요하다는 것을 알게 된다. 중요한 것이 무엇인지 파악되면 해야 할 말은 저절로 결정된다.

자기 자신을 가장 중요하게 생각해 주는 교사의 말 한 마디는 아이의 마음에 또렷한 울림을 남긴다.

▶ 등을 팍팍 밀어주어 기를 살린다

학교생활에는 불안과 걱정, 혼돈이 가득하다. 아주 조금이라도 자신감이 있으면 아이들은 반드시 달라진다. 그런 아이에게 용기를 주는 말이다.

[약간의 무리는 너의 능력을 올려준단다]

조금 무리를 하여 도전하면 사람은 성장한다. 아이들에게 조금은 버거운 도전과 노력을 권장하고 싶을 때 쓰는 말에는 어떤 것이 있을까?

"아이들을 너무 힘들게 하지 맙시다."

"이것은 아이들에게 조금 버거울 것 같으니까 그만둡시다."

요즘은 아이들에게 되도록 무리하게 시키지 않으려는 교육을 하는 것 같다. 그 결과 조금 힘든 일, 약간 귀찮은 일, 약간의 무리를 하지 않으면 불가능한 일에 애초부터 도전해 보려고도 않는 아이들이 생겨난다.

그러나 능력의 수준을 넘는 약간의 무리가 아이들을 성장시키는 경우는 많다. 지나친 무리는 경계해야 하겠지만, 약간의 무리에 겁내지 않고 도전하는 아이들로 기르는 것이 교육이다.

아이들에게 조금의 무리를 요구할 때는 이런저런 말을 길게 하지 말고, "약간의 무리가 너희의 능력을 올려준단다" 하고 직접적으로 격려하는 것이 효과적이다.

지금 하고 있는 약간의 무리가 결코 쓸모없지 않으며, 언젠가 아이들 자신의 능력이 될 것임을 분명히 전달하도록 한다.

그렇지만 "굳이 무리하지 않아도 돼"라고 한다든지 "무리해 봤자 다치기만 할 거야" 등의 말은 하지 않는 것이 좋다.

[가끔은 바보가 되어도 괜찮아]

운동회의 표현활동이나 학예회의 율동 등, 아이들은 학년이 올라감에 따라 과감한 연기를 기피하게 된다. 교사가 "창피하게 생각하지 말고 연기하라"고 입에 침이 마르도록 말해 봤자 연기의 개선에 도움이 되지 않는다.

그럴 때 교사는 정면으로 말을 할 것이 아니라 조금은 비껴서서, 아이들이 자기도 모르게 실소를 터뜨릴 만한 그런 말을 해보자.

예를 들면 부끄러워서 과감하게 행동을 보이지 못하는 아이들에게 홀가분한 마음으로 '바보'가 되기를 권한다. 갑자기 "바보가 되어라"라는 말을 들은 아이들은 어리둥절하다. 그렇지만 왠지 재미가 있어서 웃음이 나오고, 그러다 보면 마음이 훨씬 가벼워진다.

유머가 듬뿍 담긴 교사의 말은 아이들 어깨에 힘을 빼고 용감하게 행동해 볼까 하는 의욕을 이끌어 낸다.

물론 '바보'라는 말은 결코 좋은 것은 아니다. 다만, 아이들을 '바보 취급'하는 말투가 아니라 긴장되고 닫혀 있는 마음을 누그러뜨리는 방법으로 사용하면 효과적이다.

[안경 낀 모습도 멋지구나]

안경을 쓰지 않던 아이가 처음으로 안경을 쓰고 조금은 불안한 마음으로 교실에 들어왔을 때 이런 말을 한다.

시력이 나빠져 처음으로 안경을 쓰고 등교하여 교실로 들어왔을 때, 아동이나 보호자에 따라서는 "놀림당하지 않을까?" 또는 "잘 보일까?" 걱정을 하기도 한다. 자녀가 교실에서 안경을 쓰는 것을 걱정하여 알림장에 그런 취지의 글을 써서 보내는 보호자도 더러 있을 정도이다.

그러므로 교사는 아이들이 안심하고 안경을 쓸 수 있도록 배려해야 한다.

먼저 안경을 끼는 것을 학급의 다른 아이들에게 소개한다. 담임이 먼저 계기를 만들어 주는 것이다. 그리고 "안경 낀 모습도 멋지구나" 하고 실제로 안경 낀 모습을 자연스럽게 칭찬한다.

아울러 시력에 맞는 안경을 끼는 것은 건강에도 좋고, 공부에도 매우 바람직하다는 것을 모두에게 설명하고, 마지막으로 안경을 처음 착용한 용기를 칭찬한다.

이렇게 하면 안경을 쓰기 시작한 아이가 그것을 자랑스럽게 여기게 되어 적극적으로 안경을 끼게 된다.

동시에 이미 안경을 착용하는 다른 아이에게 말을 건네는 것도 중요하다.

조심해야 할 말도 있는데, 예를 들면 "뭐야, 너 안경을 썼었니?"와 같은 말은 하지 않도록 한다.

[우아, 잘 어울리는데]

사소한 변화에 남들이 뭐라고 하면 어쩌나 하는 불안한 마음이 들어 잔뜩 웅크리고 있는 아이도 '담임의 칭찬의 말 한마디'면 싹 누그러진다.

머리 모양을 바꾸거나 새 옷을 입고 오는 사소한 변화에도 아이들의 심정은 복잡하다. 그곳엔 남들이 무슨 말을 하면 어쩌나 하는 '불안한 마음'과 주위에서 잘 어울린다는 말을 들었으면 하는 '기대감'이 공존하고 있다.

교사는 아이들의 그런 불안한 마음을 없애고, 기대감에 부응하는 중요한 역할도 맡고 있다. 그러나 이것은 교사 혼자만으론 되지 않는다. 아이들의 협조가 필요하다.

그럴 때, 교사는 긍정적인 말을 자꾸 써서 학급의 아이들이 온화하고 부드러운 말씨를 자연스럽게 따라 하도록 세심한 주의를 기울여야 한다.

"오늘 급식 맛있지?" "청소를 했더니 기분이 상쾌하구나." "그 옷은 잘 어울리는걸."

이런 말을 담임이 기회가 있을 때마다 하도록 한다. 그러면 어느새 학급 안에 똑같은 말을 하는 아이들이 나타난다. 이렇게 되면 긍정적인 말이 학급에 넘치게 된다.

긍정적인 말이 학급에 넘치게 되면 머리 모양을 바꾸는 등의 사소한 변화에 대해 아이들이 '불안한 마음'을 갖는 일이 없어진다.

아이가 머리 모양에 잔뜩 신경을 곤두세우고 있을 때, "네 머리 모양엔 아무도 신경 쓰지 않으니까 걱정하지 말아라"고

한다든지, "머리 모양을 갖고 뭘 그렇게 전전긍긍하니"라고 하면 아이들은 쥐구멍에라도 들어가고 싶을지 모른다.

특히 머리 모양을 바꾼 초등 고학년의 여자아이가 스스로 담임에게 불안함을 호소하는 경우라면 "오, 잘 어울리는데"와 같은 대응을 할 수가 있다.

상대가 남자교사이기 때문에 여자아이는 자기가 어떻게 보이는지 매우 걱정을 하는 것이다. 고학년의 여학생은 남자교사를 매우 의식한다.

반대로 아이에 따라서는 머리 모양 바꾼 것을 아무도 화제로 삼지 말았으면 하고 바라는 아이도 있다. 그럴 때는 아무 일도 없다는 듯이 자연스럽게 행동해 주는 것도 필요하다.

교사는 언제나 그때그때 아이들의 심정을 읽어내는 노력을 하지 않으면 안 된다.

여자아이의 경우, 여선생님이 "선생님도 그 머리 모양으로 해보고 싶은데"라고 말을 하면 미용실을 가르쳐 주기도 한다.

옷차림에도 관심을 갖고, "선생님도 입어보고 싶다" 말한다든지, "그 옷을 잠깐 입어봐도 되겠니?" 하고 실제로 소매에 팔을 넣는다든지 하면 아이들은 매우 기뻐한다.

교사와 아이들의 거리가 한층 가까워지는 순간이다.

▶ 규칙을 가르친다

학교는 학교다. 공동생활의 장에서 배우고, 자기 발로 굳게 버티고 서서 걸어가야 한다. 의연한 태도를 가르치고 자율성을 기르는 말을 알아보자.

[네가 그 사람이 되어라]

가치 있는 일을 추진하도록 아이들을 촉구하고 싶을 때, 용기를 북돋아 주기 위하여 하는 말이다.

복도에 떨어져 있는 쓰레기를 줍고, 게시물이 떨어져 있으면 바로잡고, 학교에 손님이 오시면 쾌활하게 인사를 하는 등 아이들이 자발적으로 해나갔으면 하는 일들이 많다. 그런 것을 나서서 할 수 있게 하려고 교사는 기회가 있을 때마다 그 중요성을 이야기한다. 그렇지만 아이들을 자발적으로 움직이게 하기란 그리 쉬운 일이 아니다.

이유는 자기 혼자서만 하자니 왠지 쑥스럽고, 창피한 것 같기도 하고, 자기 한 사람쯤은 하지 않아도 될 것 같기도 하고, 또 나 혼자만 그런다고 뭐가 될 것 같지도 않다는 생각에 아이들이 집단 속에 자기 자신을 파묻어 버리기 때문이다.

그럴 때, 아이들에게 나 혼자라도 해야 한다는 용기를 갖게 할 필요가 있다.

그러려면 전체에게 이야기를 하면서도 한 사람 한 사람을 의식하고 "너에게" 이야기한다는 언어구사법을 써야 한다.

이렇게 하면 '나 혼자라도 해볼까' 생각하는 아이들이 몇 사람쯤 나타난다. 그 아이들을 인정하고 격려하면 활동하는 아이들이 차츰 늘어난다.

하지만 "아무리 말해도 하지 않는 사람이 많아!"라고 하여 모두를 부정적으로 몰아가는 말을 한다든지, "어차피 시켜봤자 하지 않을 사람은 하지 않아!"라는 말은 삼가야 한다.

[선생님은 너희의 친구가 아니야]

엄격함 속에서 애정을 느낄 수 있도록 교사와 학생의 '위치 차이'를 의식하게 한다.

젊은 교사가 새로운 학급을 맡아 2개월쯤 지나면 교사를 마치 자기 친구인 것처럼 대하는 아이들이 꼭 있다. 친근감도 있고 귀엽기도 하지만 자칫하면 말투에 질서가 없어지고, 태도가 건방져지기도 한다.

그것이 계속되면 학급은 이런 아이들의 분위기에 휩쓸려서 담임의 목소리가 아이들 귀에 들어오지 않게 된다.

이런 상황에 빠지지 않기 위해서 교사는 서로의 위치 차이를 확실하게 선언하는 것이 중요하다.

교사는 학생들을 보다 높은 차원으로 이끌어야 할 임무가 있다. 나쁜 행동을 하면 바로잡고, 때로는 엄격함 속에서 아이들의 성장을 촉구해야 한다. 편한 분위기에 휩쓸리고, 즐거움을 공유하기만 하는 친구 같은 교사가 되어선 결코 안 되는 것이다.

"선생님은 너희의 친구가 아니란다. 그러니까 잘못된 것은 잘못되었다고 분명히 말하겠어."

때때로 아이들은 엄격한 선생님의 말에서 자기들을 생각하는 깊은 사랑을 느끼고 존경하는 마음을 가질 수가 있다.

주의해야 할 말도 있다. "선생님은 여러분의 친구예요" 또는 "선생님도 여러분과 친구처럼 친하게 지내고 싶어요" 등의 말을 함부로 해서는 안 된다.

[나머진 너희가 알아서 하거라]

가르치는 것은 교사가 가르치되 나머지는 아이들에게 맡겨야 한다. 맡겼으면 교사는 아이들의 변화를 칭찬한다.

학예회나 학습발표회 등의 행사에서 아이들이 자기들끼리 머리를 싸매고 생각해 낸 연극을 발표하는 것은 교사로선 꿈의 하나이다. 그렇지만 너희들끼리 생각해 보라고 던져주기만 하면 만족스런 결과가 나오기란 거의 불가능하다.

그럴 때는 교사가 극의 줄거리만 지도하고, 세세한 동작이나 대사, 오밀조밀한 이야기 등은 아이들에게 '모두 맡기는' 것이 효과적이다.

"여기서부터는 너희들이 생각해 보렴. 너희라면 틀림없이 잘할 수 있을 거라고 선생님은 믿어."

이 말 한 마디가 아이들에게 용기를 준다. 책임을 맡은 아이들은 그간 배운 것을 바탕으로 하여 자기들끼리 연기를 짜내기 시작한다.

나아가 교사는 아이들이 고안해 낸 것을 발견하면 칭찬해야 한다.

열심히 노력한 것에 대해 칭찬받았다는 경험이 아이들의 주체성을 이끌어 낸다. 또한 고안해 낸 것을 교사가 칭찬해 주므로 아이들은 마음 놓고 연습에 몰두할 수 있게 되고 참신한 생각들도 나온다.

신뢰하고 완전히 맡기면 아이들은 자기들끼리 생각해 낸 것을 충분히 행동으로 옮길 수가 있다.

다만 "너희들 좋은 대로 하면 돼"라고 말하여 방치하는 인상을 주거나, "그런 연기론 아무것도 전달되지 않아"라고 하여 기를 죽이지 않도록 조심해야 한다.

[열심히 하는 모습은 늘 감동을 준단다]

특기 분야에선 대강대강 해도 1등을 할 수가 있다는 그런 자만심을 가진 아이를 깨우쳐 줄 때 쓴다.

아이들은 여러 가지 것들을 배운다. 축구나 야구·수영·농구 등의 운동을 비롯하여 피아노나 플루트·바이올린 같은 악기, 발레나 춤·체조 등의 신체표현처럼 매우 다양하다.

그런 것들의 대부분은 학교에서의 학습에 직접적으로 관계되진 않지만, 개중에는 학습내용과 직결되는 것도 있다. 당연히 미리 배웠거나 배우고 있는 아이의 실력은 다른 아이에 비하여 상당히 높은 수준에 있다. 그럴 때, 아이에 따라서는 모르는 사이에 자만하는 경우가 있다.

자만심은 때로 교우관계를 악화시키기도 하고, 성장에 방해가 되기도 한다. 그러므로 아이들이 자만하고 있다는 느낌을 주는 말이나 행동을 했을 때는 교사가 그것을 지적하고 자만심을 깨닫게 해줄 필요가 있다.

또한 단순히 자만심을 깨닫게 해줄 뿐만 아니라, 자만심을 없애고 더한층 노력하는 자세를 보이면, 아이들도 교사도 그 아이의 빼어난 기능을 새삼 느끼고 그 아이의 평가가 더욱 높아진다는 것도 알게 해야 한다.

▶ 성장에 주목한다

일상생활 속에 있는 성장의 기회를 놓치지 않아야 한다. 아이들이 크게 성장하는 '그 순간'에 해야 할 말이다.

[최선을 다하는 모습이 아름답다]

운동회의 집단체조 등 연습을 거듭하여 진지하게 임했건만 본무대에서 실패를 한 아이들의 노력을 인정하고 위로하는 말이다.

연습 때 아무리 잘했어도 본무대에서 실수를 하는 경우는 얼마든지 있다. 연습에 진지하게 임할수록, 연습 때 잘했을수록 실패를 했을 때의 아이들의 낙담 또한 커진다.

이것은 본무대에서 잘했나 못했나 하는 결과에만 주목하기 때문이다.

결과가 아니라 결과를 내려고 열심히 노력하는 모습에 초점을 맞춤으로써 비록 결과가 잘 나오지 않았더라도 성과를 확인할 수가 있다.

그러려면 평소 교사도 결과에만 연연하지 말고, 좋은 결과를 내려고 있는 힘을 다하는 아이들의 자세를 의식적으로 바라볼 필요가 있다. 그리고 기회가 있을 때마다 그것의 중요성을 아이들에게 전달하도록 한다.

물론 좋은 결과가 나왔으면 그것도 칭찬한다. 이 경우에도 그런 결과를 내려고 열심히 노력한 것을 동시에 칭찬해야 한다.

이렇게 함으로써 앞으로 더욱 노력해야겠다는 의욕도 높일 수가 있다.

하지만 "넌 꼭 끝에 가서 실수를 하더라"처럼 별로 기대하지 않았다는 투의 말이나, "연습 때는 그렇게 잘하더니 안됐다"는 말은 금물이다.

[멋지게 더러워진 걸레로구나]

검은색이 나도록 더러워진 걸레는 아이가 열심히 청소를 했다는 증거이다. 구체적인 사실을 평가하면 아이들은 쑥쑥 자란다.

청소가 끝날 때쯤 아이들을 유심히 관찰해 본다. 그러면 유난히 더러워진 걸레를 들고 있는 아이들이 있다. 그런 아이들의 대부분은 지저분한 곳을 자기 나름대로 구석구석 찾아서 교실을 깨끗하게 하기 위하여 열심히 노력한 아이들이다.

이런 경우에 교사는 걸레의 더러움이라는, 구체적으로 눈에 보이는 사실을 통하여 열심히 청소한 아이들을 크게 칭찬하고 평가하는 것이 중요하다.

평가를 받은 아이들은 지저분한 곳을 찾아내 가면서 청소에 임하게 된다.

조심해야 할 말도 있다. "평소에 깨끗이 하면 이렇게 지저분하지 않을 텐데"의 식으로 핀잔을 준다든지 "걸레니까 더러운

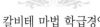

것은 당연해" 등의 말이다.

[인격의 평가가 아니란다]

생활통지표(성적표)는 인격의 평가가 아니다. 그것을 알면 '자기긍정감'을 떨어뜨리지 않으면서 스스로를 되돌아볼 수가 있다.

성적표를 건네면 일희일비하는 것이 아이들이다. 그러나 개중에는 비관적이 되어 자기는 해도 안 된다고 고민하는 아이가 있다.

그 원인은 아이들이 성적표를 인격의 평가와 결부짓는 경우가 많기 때문이다.

하지만 성적표는 인격을 평가하는 것이 아니다. 어디까지나 몇 개월 동안의 지도내용을 얼마만큼 이해했는지, 몸에 익혔는지를 평가하는 것이다.

그러므로 교사는 성적표를 건넬 때, 인격을 평가한 것이 아님을 확실하게 전달해야 한다.

그렇게 함으로써 아이들은 성적표의 내용을 냉정하게 받아들이고 자신을 되돌아볼 수가 있게 된다.

또한 아이들은 인격이라는 것은 모조리 평가할 수도 없는 것임을 알게 되고, 자기는 해도 안 된다는 마음을 갖지 않으면서 긍정적으로 성적표를 대하게 된다.

마찬가지로 일상의 행동에서도 주의를 줄 때는 인격을 부정하지 않아야 교사의 지도가 아이들의 가슴에 울림을 줄 수가 있다.

[○○도 분명 행복했을 거야]

귀여워하던 반려동물이 죽어서 침울한 상태로 학교에 오는 아이가 있다. 그토록 사랑하던 반려동물의 죽음을 목격한 아이로선 수업을 듣는 것조차 괴롭다.

그런 아이에게 어떻게든 기운을 북돋아 주고 싶을 때, 살며시 다가가서 아이를 격려하고 기운을 차리게 해주는 말이 있다.

그것은 침울해하는 아이에게 교사가 반려동물의 심정을 대신 전하는, 고마운 심정을 표현하는 말이다.

우울해하는 아이의 대부분은 '더 잘 보살펴 주었더라면 좋았을 것을' 하는 생각을 갖는다. 자기가 세심하게 보살펴 주지 못했기 때문에 사랑하는 반려동물이 행복한 최후를 맞이하지 못했다고 후회하는 것이다. 교사의 따뜻한 말로 이런 심정을 털어내 주면 아이는 기운을 차릴 수가 있다.

물론 반려동물은 말을 하지 못한다. 그것은 아이도 안다. 그렇지만 교사에게서 들은 말은 반려동물과의 즐거웠던 추억과 오버랩되어 아이의 마음을 따뜻하게 한다.

아이를 생각한답시고 "불쌍하게 됐구나. 하지만 어쩔 수 없어" 또는 "동물이란 다 죽기 마련인 거란다"라는, 아이의 슬픔을 대수롭지 않게 여기는 듯한 말은 삼가는 것이 좋다.

▶ 스스로 깨닫게 한다

하나에서 열까지 일일이 가르쳐 주는 것이 아니라 아동이 깨닫기를 기다려야 한다. 스스로 답을 획득하게 하기 위한 말을 알아보자.

[빗소리를 들어보렴]

왠지 어수선하고 분위기가 가라앉지 않아 학급 아이들을 집중시키고 싶을 때 이 말을 건넨다.

요즘 아이들은 과거에 비해 말을 많이 한다. 수업 중에는 떠들면 안 된다, 선생님의 말씀은 잠자코 귀 기울여 들어야 한다는 예전의 상식과는 점점 멀어지고 있다. 반대로 아이들이 느낌이나 감상을 자유롭게 이야기하는 수업, 생각난 것을 계속해서 말로 할 수 있는 수업이 바람직한 수업이고, 그런 학급이 분위기 좋은 학급이라는 소리도 들리게 되었다.

그런 가운데서 수업을 진행하는 경우, 중요한 지시나 질문, 설명을 할 때는 먼저 아이들을 조용하게 할 필요가 있다.

그렇다고 "조용히 해라!"라는 말로 조용히 시키려 해본들 아이들은 점점 더 집중을 하지 않는다.

아이들을 조용하게 만들 여러 가지 방법을 알고 있으면 좋다.

내리고 있는 빗소리처럼 조용히 하고 마음을 집중시키지 않으면 들리지 않을 만한 작은 소리를 듣게 하는 것도 그런 방법의 하나이다. 조용히 하는 것과 관련이 있는 말을 한 마디도 하지 않으면서 조용하게 만드는 고도의 지시이다.

하지만 "시끄러워서 하나도 들리지가 않아" 또는 "가끔은 좀 조용히 하고 공부를 하면 어떻겠니"라는 말은 삼가는 것이 좋다.

[지금은 좀 지켜보자]

지금은 아직 능숙하게 해내지 못하는 아이의 '생각하는 능력'을 길러주려면, 주변 아이들의 참을성을 기르는 것도 필요하다.

학급에는 어떤 일에 서툰 친구들을 보면 발 벗고 나서서 도와주는 고운 마음씨의 아이가 있다. 이런 아이 덕분에 능숙하게 해내지 못하는 아이는 크게 안도한다.

이것은 나름대로 학급 분위기가 좋아지고, 아이들 간의 유대가 깊어져 매우 바람직한 일이다. 그러나 하나에서 열까지 지나치게 관여하고 챙겨주면, 능숙하게 해내지 못하는 아이가 주변 아이들에게 쉽게 기대게 되므로 생각하는 능력을 충분히 기를 수가 없게 된다.

잘 해내지 못하는 아이도 자기의 힘만으로 노력할 수 있게 하는 것은 교육의 커다란 목표 가운데 하나이기도 하다.

그러려면 호의로 도와주는 아이들에게 때로는 돕고 싶은 마음을 참고 살며시 지켜보고 있다가 이젠 한계에 다다랐다고 판단하는 순간에 도와주면 좋겠다는 뜻을 전달해 둔다.

더 이상은 도저히 해낼 수 없는 순간까지 친구가 기다려 주는 환경 속에서 서툰 아이는 스스로 할 수 있는 데까지 열심히 해본다. 그 결과 과제를 스스로 해낼 수 있는 기회도 생기게 되어 보다 만족감을 가질 수가 있으며, 스스로 생각하는 능력도 훨씬 신장된다.

이런 상황에서 교사가 삼가야 하는 말도 있다. "일일이 도와주지 않아도 돼"라든지 "수업에 방해가 되니까 어서 도와줘라" 등의 말이다.

[숨을 잠깐 멈추어라]

높은 집중력이 필요한 순간이 있다. 그럴 때는 숨을 잠깐 멈추고 작업을 하게 하라. 아이들의 집중력이 훨씬 높아진다.

그림을 그릴 때 붓질을 세밀하게 해야 한다든지, 판화를 만들 때 가느다란 선을 꼼꼼하게 조각해야 한다든지, 비디오의 중요한 영상을 주의 깊게 시청해야 할 경우가 있다. 이런 때에 교사가 "정성을 들여서 파거라" "주의 깊게 보아라"는 등의 지시를 해도 아이들은 구체적으로 어떻게 해야 좋을지 잘 모른다.

이때는 구체적인 말을 사용하여 간접적으로 전달되게 하면 쉽다. 집중하게 하고 싶은 상황에서 아이들에게 "숨을 잠깐 멈추고 써라(조각해라, 보아라……)" 말하면 효과적이다.

숨을 잠깐 멈춤으로써 집중력이 증가한다.

숨을 잠깐 멈추게 하면 청각과 시각으로 의식을 집중할 수가 있어 세밀한 부분을 놓치지 않고 보거나, 작은 소리를 들을 수가 있기 때문이다.

이렇게 "숨을 멈추고"라는 말은 서두르지 않고 꼼꼼하게 작업할 필요가 있는 경우 또는 아주 조금의 변화나 차이를 느끼게 하고 싶은 경우 등에 사용하면 효과적이다. 그 밖에도 조용하게 하고 싶을 때, 어수선한 분위기를 가라앉히고 싶을 때 등에도 유효하다.

[분하다, 몹시 분해]

아무리 애를 써도 도무지 이해가 가지 않아서 어쩔 줄 모르는 아이의 심정을 대변해 줌으로써 차분하게 만들 수가 있다.

불만을 호소하거나, 분한 나머지 울어버리는 아이가 있다. 대부분의 경우, 그런 아이는 자기 기분을 남이 알아주지 않아서 슬퍼하고 있는 것이다. 그러므로 그 아이의 심정을 알아주면 자연스럽게 불만과 분노가 가라앉는다.

다음 두 가지를 아이에게 전달하면 아이들은 자기의 심정을 알아준다고 여겨 안심한다.

하나는 그 아이가 어떤 것을 불만스럽게 생각하는가 하는 점이다. 그 아이 자신이 불만스럽게 여기고 있는 사실을 교사의 말로 전달한다.

다른 하나는 그 아이가 당시에 어떤 심정이었는지, 지금은 기분이 어떤가 하는 것이다. 그 아이가 생각하는 것과 느낀 점을 말로 해준다.

이 두 가지가 전달되면 아이는, 선생님이 자기의 심정을 잘 이해해 준다고 생각한다.

아이들은 자기 스스로도 무엇이 불만인지, 무엇에 화가 나 있는지 확실히 알지 못할 때가 있다. 그것을 교사가 말로 하여 알려주면 아이들은 선생님이 자기 심정에 공감해 주었다고 여긴다.

그런 상황에서 교사가 "언제까지나 불평만 한다고 되는 건 아니야" "뭐가 잘못되었는지 잘 생각해 보아라"와 같은 말을 하는 것은 도움이 되지 않으므로 삼가야 한다.

[누군지 말은 하지 않겠지만……]

남에게 알려지지 않도록 살며시 착한 일을 하는 아이가 있다. 그런 아이에게 고마운 마음을 전달한다.

고학년 중에는 자기가 한 착한 일이 친구들에게 공개되는 것을 겸연쩍어하는 아이가 있다.

그러므로 선행을 소개하는 것이 반드시, 그리고 언제나 좋은 것만은 아니다. 아무 말도 하지 않고, 알지만 모르는 체해 주는 편이 나을 때도 있다.

그렇기는 하지만 선행은 아무래도 알리고 싶어지기 마련이다. 널리 알림으로써 다른 아이들의 의욕을 북돋는 효과가 있기 때문이다.

그럴 때는 이름을 밝히지 않고 소개한다. 즉 착한 일을 한 사실만을 소개하는 것이다.

듣고 있는 아이들 중에 선행을 한 아이도 있다. 하지만 그 아이가 했다는 것은 아무도 모른다. 자기가 한 행동만이 평가를 받고 급우들에게 소개된다. 그것으로 만족한다.

세상에는 '음덕(陰德)'이라는 멋진 말이 있다. 착한 일을 소개할 때 함께 가르쳐 주면 좋다.

자기가 한 행동임이 밝혀지기를 원치 않는데도 "착한 일이니까 부끄러워하지 말고 어서 손을 들어라" 또는 "잠자코 있는 것은 좋지 않아"라고 하여 아동이 몸 둘 바를 모르게 하는 것은 좋지 않다.

[감동해서 눈물이 났단다]

평소 칭찬을 해도 실감하지 못하고, 별로 좋아하지 않는 아이에게는 과장되게 칭찬하여 명랑함을 더해 준다.

일반적으로 칭찬하는 것은 매우 바람직하다. 칭찬을 받으면 자기 자신에 대한 평가가 높아져서 다음에도 더욱 잘하려는 의욕이 솟기 때문이다.

그러나 아이들이 아무 때나 칭찬만 받으면 만족스러워하고, 의욕적이 되는가 하면 그렇지는 않다. 칭찬받아도 그다지 기쁘게 생각하지 않을 때도 있다. 예를 들면 아이가 스스로 자신이 한 행동이 별로 칭찬받을 만한 가치가 없다고 생각한다든지,

결과는 나름대로 만족스럽지만 그것 때문에 노력을 더 하지는 않는다고 생각할 때 등이다.

이럴 때는 평소 칭찬을 한 다음에 약간 과장된 표현을 덧붙이도록 한다. 과장된 표현임을 알기 때문에 자연스레 유머러스한 표현이 된다. 그러면 아이의 표정도 유머에 이끌려서 밝고 명랑해진다.

처음엔 칭찬을 받아도 어딘지 모르게 만족스러워하지 않던 아이도 웃음으로써 기분이 밝아지고 만족감이 높아진다. 또 이런 웃음은 교실 안으로 퍼져 나가 모두가 칭찬하고 있다는 그런 분위기가 된다.

[꿈을 가져야 한다]

"요즘 아이들은 도통 꿈이 없다"는 말을 자주 듣는다. 초등학교 때부터 계획적으로 직업 교육을 하고, 고학년이 되면 자기의 꿈을 구체적으로 말할 수 있는 아이가 되었으면 한다.

중학교 진학을 앞두고 "꿈을 갖자. 그 꿈의 실현을 위해 지금 내가 해야 할 것들을 생각해 보자"는 주제로 수업을 전개하고 있다.

그런데 희원이는 구체적인 꿈을 만들지 못하고 "저는 꿈이 없어요"라는 말만 한다. 평소 많은 책을 읽어 지식이 풍부하고, 해야 할 일을 빠짐없이 해내는 희원이지만 어떤 일에 열중하는 모습은 거의 볼 수가 없다. 사물을 냉정하게 바라보고, 친구와 다투거나 하는 경우도 없다.

그런 희원이는 "꿈을 가져라" 말해도 "제가 말처럼 쉽게 운동선수나 연예인이 될 리는 없어요. 힘든 일 하기는 싫고, 생계를 위해선 돈을 많이 벌 수 있는 일을 하고 싶어요"라면서 매우 현실적으로 대답한다.

교사는 희원이에게 직업목록과 유명인의 저서 등을 소개했다. 꿈이 있는 아이에게는 "꿈을 목표로 구체적으로 노력하면 꿈은 이루어진다"고 말할 수 있다. 그렇지만 꿈이 없는 아이에게는 남의 이야기인 것이다.

요즘은 희원이처럼 꿈이 없거나 꿈을 말하려 하지 않는 아이가 매우 많다. "운동선수가 되고 싶다" "의사가 되겠다" "연예인이 되겠다"는 것은 대부분 운동신경이 뛰어나거나, 공부를 잘하거나, 예능에 소질이 있는 아이이다. 이런 아동에게는 "어떤 종목의 운동선수가 되고 싶니?"라든가 "의사에도 여러 분야가 있단다" 등 꿈을 구체화하기 위한 동기부여가 중요하다.

반면에 희원이처럼 꿈이 없는 아이에게는 먼저 자기 자신부터 돌아보는 지도가 필요하다. 예를 들면 "좋아하는 게 뭐니?" 물어보면 "저는 여럿이 있는 것보다 혼자 있는 게 좋아요"라든가 "글을 쓰는 것보다 읽는 게 좋아요"라고 대답한다. 거기서 "네가 원하는 작품이 책이 되어 나오면 좋겠구나" 하고 발전시키면, "책을 편집하는 사람이 나한테 맞을지도 몰라"라며 꿈으로 연결할지도 모른다.

아이들은 저마다 다양한 가능성을 감추고 있다. 그것을 스스로 의식하게 하는 동기부여가 중요하다. 희원이 같은 아이에게 "왜 꿈이 없니?" 물어서 주눅이 들게 하기보다는 "너 자신에 대해 잘 생각해 보고, 네가 좋아하는 것, 또는 하고 싶은 것을 써보자꾸나. 그렇게 하다 보면 네 꿈이 무엇인지 조금씩 보일지도 몰라" 말해 보면 어떨까?

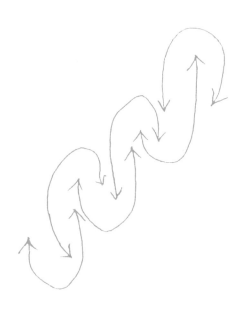

4장 훌륭한 교사는 이것이 다르다

▶ 아이가 학교에서 다쳤을 때

체육시간에 매트에서 앞구르기를 하던 아이가 균형을 잃어 목을 다쳤다. 교사는 그것을 보지 못했다. 아이는 두 번째 앞구르기를 하다가 교사에게 통증을 호소해 왔다. 담임은 그 자리에서 아이의 목을 확인했지만 특별한 증상을 발견하지 못하자 보건교사에게 보이기로 했다. 보건교사는 목을 움직이게 한 다음 비교적 아프다고 하는 곳에 습포를 대는 처치를 해주었다. 그다음은 무리하지 않도록 하라기에 견학 형태로 체육수업에 참가시켰다.

오후가 되어 아이는 '점점 더 아프다'고 말했지만 친구들에게 장난으로 엄살부리는 듯한 몸짓이었으므로, 교사는 심각하게 생각하지 않고 귀가시켰다.

그날, 집으로 돌아온 자녀에게 상황을 들은 보호자가 즉각 학교로 연락하여 담임에게 설명을 요구했다. "목을 다친 사고는 곧바로 알려야 하는 것 아닙니까?"

진단 결과 아이는 목을 가볍게 삔 것이었지만 대응에 대해서는 반성할 점이 많았다.

기술 ① 어떤 상황에서든 보고와 연락을 하라. 대처가 어려워지기 전에 의논을 해야 한다.

학교에서 병원으로 이송할 정도는 아닌 상처의 경우에는 가장 먼저 보건교사에게 보인다. 그리고 보건교사와 의논하여 아이의 집에는 언제 무어라고 알릴지 결정한다.

이때에는 다음과 같이 여러 경우가 있다.

- 언제 — 지금 바로
  - 증상이 더 심해지면
  - 학교에서 병원으로 이송하기로 결정한 시점에
  - 종례가 끝나고 아이가 집으로 돌아가려 할 때
- 내용 — 가정에서 상태를 살피기 바란다
  - 가정에서의 판단으로 진찰을 받게 하기 바란다
  - 집에 돌아가면 진찰을 받게 하기 바란다

결정에 따라 아이 가정에 연락하여 상황을 자세히 알린다.

일단 일이 마무리되었더라도 시간을 두었다가 다시 가정에 연락하여 경과에 대해 듣도록 하자.

기술 ② 가정에 보고가 늦었을 경우 심려를 끼친 것을 진지하게 인정하라.

학년주임에게 상황을 자세히 보고한 다음 대응방법에 대해 의논한다. 지시에 따라 담임교사는 학부모에게 사고상황, 담임이 파악하고 있는 것, 보건교사에게 처치받은 것 등을 전달한다.

이때에는 시간을 들여서라도 학부모의 이야기를 귀담아듣고, 담임의 말을 받아들이도록 상황을 만든다.

(1) 사고가 났을 때 즉시 연락체제를 활용하자

담임은 날마다 함께 지내기 때문에 '분명 이러할 것이다'라고 암묵적 이해를 할 때가 있다. 틀림없이 이러리라는 담임의 억측은 가장 위험하다.

각 학교에 정해져 있는 규정에 따라, 사고가 났을 때의 연락체제를 기본으로 하여 예외 없이 수행해 나가는 것이 중요하다.

기본을 수행하는 것은 결코 지나친 일이 아니며, 기본을 수행하지 않는 것을 절대 담임 혼자 판단해서는 안 된다. 그 판단은 많은 아이들에게 저마다 과제를 주어 활동시킬 때나, 다른 사건의 대응에 쫓길 때 허술해지기 쉽다.

사고가 났을 때는 보건교사와 상의하고 기본대응을 떠올려 언제든지 올바른 대처를 하자.

(2) 잘못된 대응은 더욱 큰 사태

잘못된 대응을 했을 때는 사고가 일어난 것보다 더욱 큰 사태라고 인식해야 한다. 잘못됨으로써 담임 자신도 옳은 판단을 할 수 없는 불안한 심정이기 때문에 혼자서 수습책을 세우지 않도록 한다.

먼저 가정으로부터의 불만을 공손하게 받아들인다. 그런 다음 학년주임에게 보고하고 대응방법에 대한 지시를 차분하게 기다린다.

▶ 몸이 아픈 아이를 조퇴시킬 때

평소보다 얼굴빛이 나빠 보이는 A. 물어보니 "머리가 아프고 오한이 난다"고 한다. 그래서 짝을 시켜 보건실로 데려가게 했다. 함께 간 짝은 보건교사의 소견이 적힌 카드를 받아 왔다. 그래서 보건실에 간 A의 상태를 학급아동 전체에게 알렸다.

기술 ① 학급 전체가 몸이 아픈 친구를 생각하는 분위기를 만든다.

"A는 보건실 침대에서 쉬고 있어요. 열을 재어보았더니 38도나 되었답니다. 보건 선생님이 집으로 돌아가는 것이 좋겠다고 했어요. 보건 선생님이 그 친구의 집으로 전화해 주신답니다. 주위 친구들은 A가 집으로 돌아갈 수 있도록 준비를 해주세요."

반 친구들은 내일 준비물을 알림장에 적는 등 아픈 친구가 안심하고 집에 돌아갈 수 있도록 준비를 해준다.

담임교사는 가방을 가져다줄 친구에게 말한다. "선생님도 곧 보건실로 문병을 갈 거라고 A와 보건 선생님께 전해 주렴."

기술 ② 학급의 안전을 확보하고, 담임이 직접 상태를 보러 간다.

가방을 갖고 갔던 친구가 돌아오면 아이들에게 말한다. "선생님은 이제부터 보건실로 A의 문병을 갔다 오겠어요. 그동안 지금 하던 활동을 계속합니다. 대충 15분 안에는 돌아올 거예요."

(1) 아픈 친구를 서로 걱정하는 학급 분위기를 만든다

보건실에는 몸이 아픈 친구 혼자서는 보내지 않는 것이 기본이다. 함께 보내는 짝에게는 '학급 대표로 A를 보호하여 보건실로 데려간다'는 의식을 심어준다.

그러자면 몸이 아픈 친구를 보건실로 데려가는 일은 학급 전체의 일임을 주지시켜야 한다.

반 친구들은 항상 서로 돕는다는 학급의 약속이 있으므로 친구가 아플 때에도 나서서 돕는다. 함께 가는 친구는 A의 상태와 보건 선생님의 말을 학급 전체에 보고할 사명이 있다. 그러므로 보건실에서의 일을 잘 보고 들었다가 학급으로 돌아와서 모두에게 알리는 체제를 만든다.

(2) 담임교사로서의 상황 파악

담임에게는 A의 상황을 직접 보기, 보건교사에게 이야기 듣기, 보호자와 연락 취하기 등 중요한 일들이 있다.

아이들이 자기들끼리 일을 진행할 수 있는 상황이 되면, 그

들의 능숙한 보고만으로도 보건실의 상황을 자세히 알 수가 있다.

그러나 담임으로서 아이의 상태를 직접 보고 파악하는 것이 가장 중요하다.

(3) 교사의 안전 확보와 불안 해소

담임이 교실을 뒤로하고 보건실로 간 사이에 다른 사건이 일어나기도 한다. 따라서 교실의 안전 확보에 만전을 기해야 한다. 반드시 다음과 같이 하여 교실에서 기다리는 아이들이 안심할 수 있게 하자.

① 옆 반 교사에게 얼마 동안 반을 떠난다는 사실을 알린다.
② 돌아오는 시간을 명확히 하여 그때까지 무엇을 해야 하는지 과제를 분명히 제시한다. 가능하면 칠판에 쓴다.
③ 보건실에서 돌아왔을 때는 아픈 아이의 상태를 정확히 전달한다.

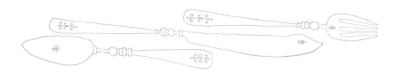

▶ 아이들이 기어오른다고 느꼈을 때

처음 부임한 새내기 선생님은 아이들을 이해하기 위해 될 수 있는 대로 부드럽게 대하고, 귀 기울여 이야기를 듣는 등 열심을 보인다. 덕분에 초기에는 수업과 학급운영 모두 원만하게 이끌어 나간다. 그러나 서서히 익숙해지면서 해야 하는 것과 하지 말아야 할 것의 구분이 가지 않는 상황을 맞을 수 있다.

이런 상황은 어떤 과정에서 생겨나며, 어떻게 바꿔 나가야 하는지에 대해 생각해 본다.

(1) 익숙한 상황이 생겨나는 배경

어린 시절부터 '교사가 되고 싶다'는 꿈을 안고, 대학에서도 열심히 공부하여 드디어 교사가 되었다는 젊은 선생님도 많을 것이다. 그리고 실제 교사가 되고 보면 관리에 능숙한 선배교사의 방식에 위화감을 느끼기도 한다.

그래서 아이들과 나이 차가 적다는 이점을 살려서 아이들 한 명 한 명과 되도록 거리를 가깝게 하고, 이해심 많은 선생님이 되려고 노력한다. 지나치게 엄격한 지도는 피하고, 친구 같은 느낌으로 대하면서 아이들의 기호에 맞는 화제도 열심히 꺼내고,

뭐랄까 '선생님답지 않은 선생님'을 지향한다. 그렇게 하면 잠깐은 수업도 학급운영도 화기애애한 분위기가 될지도 모른다.

그러나 얼마 안 가서 자신의 지시에 대해 "에이, 뭐 그런 걸 해요"라며 적당히 넘어가려는 아이들이 나오기 시작한다. 다른 교과 시간에는 조용히 수업을 받으면서도 자신의 교과 때는 왠지 질서가 없고 수선스럽다.

사실 이런 경우는 정도의 차이는 있어도 대부분의 새내기 선생님들이 하는 고민이다. 아이들이 볼 때는 '이 선생님은 친구 같아서 우리를 이해해 줄 것 같다'는 느낌으로 출발했지만, 차츰 익숙해져서 지시가 지시로 통하지 않게 된다.

그런데도 교사가 "그래? 그럼 그럴까?" 이렇게 넘어가는 사이에 점점 상황은 악화되어 '친구 같고 상냥해서 좋은 선생님'이 어느 사이엔가 '왠지 의지가 되지 않는 선생님' '어딘가 적당히 넘어가는 듯한 선생님' '친구의 연장으로서의 선생님'으로 바뀌고 만다.

또한 관리가 싫어서 애초부터 엄격한 규칙을 설정하지 않았기에 적당히 얼버무리는 분위기가 강해져 최소한의 규칙도 사라지고, 결국엔 아이들과 교사 사이의 신뢰관계가 무너지기도 한다.

(ㄹ) 아이들과의 거리감을 재구축하라

그럼 이런 문제가 생겼을 경우에 어떻게 대처해 나가야 할까? 지도방침을 갑작스레 바꾸는 것은 무리가 있다. 그보다는 가깝고 사소한 일을 바꿔보는 것이다.

이런 고민을 안고 있는 선생님의 경우, 학생 한 명 한 명과의 인간관계는 비교적 좋다. 그러나 학생과의 거리감이 어떤 상황에서나 똑같이 지나치게 가깝다는 것이 문제이다.

이럴 때 맨 먼저 약간의 거리감을 두는 의미에서 '평소'와 '수업상황'에서 아이를 부르는 방식부터 바꿔보자. 평소에는 그냥 이름만 "지훈아!" 불렀다면 수업시간에는 "김지훈 어린이!"처럼 성까지 붙여서 불러본다. 그것만으로도 아이의 태도는 상당히 달라질 것이다.

다만 아이에 따라서는 수업 중이라도 쉬는 시간에 하던 태도를 계속하는 아이도 있다. 그럴 때는 아이를 혼내지 말고 냉정하게 용건만 말하여 거리감을 두도록 한다.

(3) 학급 내의 규칙을 재구축하라

두 번째로 학급 내에서 지켜야 할 규칙을 다시 한 번 설정하도록 한다. 그렇다고 하기 힘든 것을, 여러 가지를 단번에 설정할 필요는 없다. 중요한 것은 '누구나' '무리 없이' 지킬 수 있을 만한 최소한의 규칙을 만드는 것이다.

학급에서 대화가 가능한 상황이라면 다 함께 규칙에 대해 이야기하는 시간을 갖는다. 또는 '학급생활을 돌아보는 점검표' 같은 것을 만들어서 현재 학급 안에서 자기들이 문제로 느끼는 것, 모두가 지켜야 한다고 생각하는 것 등을 쓰게 해보는 것도 좋다.

그런 가운데서 최소한 지켜야 할 간단한 규칙을 추려(예를 들면 '상대의 말을 끝까지 듣는다.' '종소리가 나면 자리에 앉는다.' '발언할 때는 손을 들고 말한다' 등) 다함께 확인한다.

그런 다음 교사 자신도 수업 시작시간을 반드시 지키고, 누군가 말하는 도중에 말을 가로막지 않고 끝까지 듣는 등 아이들과 하나가 되어 지키는 자세를 보인다. 일방적으로 교사가 시켜서 하는 것이 아니라, 아이들과 교사 모두 하나가 되어 규칙을 정하고 지킨다는 느낌을 갖게 해야 한다.

또한 잘한 일은 적극적으로 칭찬하고, 학급 전체가 잘 지켰는지 여부를 종례나 학급활동 시간 등을 이용하여 날마다 돌아본다.

지키지 못한 것에 대해서는 어떻게 하면 지킬 수 있을지를 생각하게 하는 것도 중요하다. 당연히 아이들이 지킬 수 없는, 지키려 하지 않는 행동에 대하여 "오늘은 어쩔 수 없지 뭐." "그냥 넘어가자"는 식으로 적당히 얼버무리는 예외는 만들지 않아야 한다.

▶ 학원에서 배웠다며 학습에 적극적이지 않는 아이

"오늘은 35쪽 연습문제를 풀겠어요." 선생님이 이렇게 말했
는데도 A는 공책을 편 채로 아무것도 하지 않는 것 같다. 이유
를 묻자 "이건 학원에서 이미 다 했는걸요" 대답한다. 펼쳐놓은
공책을 보니 그 문제를 풀었고 채점까지 되어 있다. "한 번 더
해보면 어떨까?" 부추겨 보지만 A는 하지 않으려 한다. "이미
했기 때문에 의미가 없어요." 그러고는 큰 소리로 말한다. "선
생님, 이다음 거 해도 되나요?"

기술 ① A의 현재 상황을 받아들이고 무엇을 하면 좋을지
생각해 본다.

학원에서 이 문제는 다 풀었고 채점도 한 사실을 교사가 인
지했다. 그러고 나서 시간을 어떻게 쓸 것인지 A 나름대로 생
각하게 한다.

기술 ② 학급의 규칙을 만들어 놓는다.

'학원에서 했다'고 하는 아이뿐만 아니라 어느새 '다했다' '끝

났다'고 하는 아이도 있다. 마쳤으면 무엇을 해야 하는지 학급 규칙으로 정착시켜 둔다.

다 했다며 개별적으로 지시를 바라는 데 대해, 다음 문제를 준비한다든지 독서나 다른 활동의 지시를 생각할 수 있다. 그러나 다음으로 나가버리면 학급 전체의 학습 진도가 무너지고, 충실한 대응이 이루어지지 않아 많은 아이들의 불만상황이 되기도 한다. 또한 다른 활동을 시킴으로써 학습과제의 가치가 떨어지고 학습에 대한 의욕이 저하된다.

그러므로 오늘의 학습과제를 이미 끝낸 아이는 그 시간의 학습을 다시 한 번 정리하게 한다. 예를 들어 공책에 푸는 방법에 대해 자세한 해설과 함께 정리하게 한다든지, 비슷한 문제를 만들어서 친구들끼리 바꿔서 풀어보게 한다. 이런 규칙은 어떤 시간에나 적용할 수 있게 해둔다.

▶ 생활지도에 많은 시간을 빼앗길 때

열심히 하면 할수록 시간이 부족한 것처럼 느껴진다. 게다가 예기치 않은 생활지도가 끼어들면 모든 것을 중단하고 거기에 매달려야 한다. 톱니바퀴 하나가 잘못되면 점점 더 쫓기는 처지가 되어 자기 페이스를 잃고 초조함으로 인해 함정에 빠지게 된다. 시간적으로나 정신적으로도 여유가 없는 학교에는 이런 상황이 되어도 자신이 얼마나 힘든지 알아채지 못하는 교사도 많다.

이럴 때 중요한 것은 주위 교사들에게 "힘들다"고 소리내어 말하는 용기이다. 둘이 대화하면 2인분의, 셋이서 나누면 3인분의 조언과 협력을 얻을 수 있기 때문이다. 그렇게 받은 조언 가운데서 할 수 있겠다 싶은 것부터 시작해 나간다.

(1) 혼자서 감당할 수 없으면

먼저 중요한 점은 혼자서 모든 일을 감당할 수는 없다는 것이다. 같은 학년의 선생님이나 부서활동의 고문선생님에게 도움을 구한다. 물론 조직으로서의 생활지도부가 있으므로 학년 생활지도 선생님이나 학년주임 선생님과도 연락을 취하면서 진행해 나간다.

다만 그런 때에도 시간이 걸리기는 마찬가지이다. 그러므로 한정된 시간 안에 구체적으로 무엇을 할 수 있는지, 무엇을 해야만 하는지 결정한다.

그리고 구체적인 방법이 정해지면 '누가' '언제' '어떻게' 움직일지를 명확히 한다.

여기까지 이루어지면 나머지는 실행에 옮기면 된다. 이때 주의할 일은 우선순위를 매기는 것이다. 다만, 상황에 따라서 도중에 변경하는 유연성도 필요하다.

(ㄹ) 차선의 목표를 정한다

생활지도를 한 결과, 모든 것이 명쾌하게 해결되는 것보다 나은 일은 없지만 그리 쉽게 아이들의 행동을 바꾸기는 어렵다. 대부분의 교사가 최종 목적지는 잘 보아도, 도중에 지나는 지점을 어디로 설정해야 할지는 잘 모른다. 어중간한 노력은 여간해선 주위의 평가를 받기도 어려운 것이 현실이다.

그러므로 현재 맡고 있는 생활지도의 차선 목표를 설정하자. 또한 그것을 아이들과 주위 선생님들에게도 알려두어야 한다. 그것이 지금 실행 중인 생활지도가 바람직한 방향으로 향하고 있다는 증거도 된다.

초조해하지 말고, 당황하지 말고, 포기하지 말고 한 걸음씩 나아간다는 마음가짐으로 임하자.

(ㄷ) 죄는 미워하되 사람은 미워하지 말자

교사의 기본자세의 하나로서 '죄는 미워해도 사람은 미워하지 말라'가 있다. 즉 '너를 부정하는 것은 아니다. 네 행동이 좋지 않다는 이야기를 하고 있다'고 해야 한다.

아마도 현장에선 생활지도 주임이나 학년주임이 중심이 되어 생활지도를 하는 학교가 많을 것이다. 그럼에도 생활지도에 시간을 빼앗기고 있다면 대응하는 기본자세를 바로잡아야 한다.

문제행동을 일으킨 학생이나 보호자에 대한 대응의 기본자세는 '고치려 하지 말고 이해하려 하라'는 것이다.

교사의 대응에 대해 학생이, 예컨대 '나는 나쁜 아이라는 낙인이 찍혔다'고 느껴 마음의 문을 닫아버리는 것과 같은 감정적 저항을 일으키면 일이 꼬인다. 한번 꼬이기 시작하면 회복에 상당한 시간이 걸린다. 감정적인 저항은 마침내 '교사는 모두 믿을 것이 못 된다'는 사고로 고착된다.

이런 이유들로 생활지도에 많은 시간을 빼앗기는 경우가 많다. 학생이나 보호자와의 관계가 회복되지 않은 채로 문제가 생각지도 않은 방향으로 발전하여 수습이 어려워지기도 한다. 그렇게 생각하면 문제를 일으킨 학생이나 그 보호자와 유대가 있고 없고는 매우 큰 차이가 난다.

뒤집어 말하면 기본자세만 고집하면 그만큼 오래 끄는 경우가 많다는 것이다.

사람은 자기를 이해해 주는 사람에게는 솔직해진다. 생활지도나 교육상담에서 학생을 대할 때는 항상 다음과 같은 삼위일체를 떠올리도록 한다.

무엇보다 먼저 상대의 말을 귀담아들어야 한다. 듣는 동안에 상대와의 유대가 만들어진다. 유대가 생기면 다음은 어떤 어려움이 있는지 문제를 찾아낸다. 그리고 마지막으로 그것을 어떻게 하면 좋을지, 그를 위해 무엇을 할 수 있는지 구체적 방법을 서로 이야기한다.

(4) 두더지잡기가 되지 않으려면

계속해서 똑같은 생활지도를 하는 경우가 있다. 이럴 때, 예를 들면 비밀을 지킬 의무가 있는 부분(불순한 이성교제, 상점에서 물건 훔치기 등)과, 전체에게 주의를 환기해야 하는 사례를 나눠서 지도하는 것이 중요하다.

생활지도상의 내용을 필요 이상으로 감추려 들면 똑같은 실패를 다른 학생이 되풀이하게 된다. 이것이 '두더지잡기'의 함정이다. 이런 현상이 일어나지 않게 하기만 해도 생활지도에 들이는 시간은 줄어들 것이다.

그런데도 여전히 생활지도 시간이 부족할 때는 '몇 분 동안, 어디까지 지도하자.' 이렇게 시간과 목표를 정하고 시작하자. 그럴 때는 먼저 꼭 해야만 할 일이 무엇인지 명확히 하는 것이 중요하다.

▶ 마법의 방학 계획 짜기

기술 ① '목표'와 '보기'를 제시하여 목표를 설정하게 한다.

아이들은 경험이 없는 일의 이미지를 떠올리기 어렵다. 느닷없이 '여름방학 계획을 세우자'거나 '여름방학에 무엇을 하고 싶지?'를 물어도 반응이 없는 것이 당연하다.

그런 아이들을 위해 교사가 할 수 있는 일은 두 가지이다.

'목표'와 '보기'를 제시해 주는 것이다.

기술 ② 학부모를 참여시킨다.

방학 계획을 짤 때 빼놓아선 안 되는 것이 학부모의 참여이다. 물론 아이가 주체적으로 계획을 세워야 마땅하지만, 학부모의 전면적인 뒷받침이 있고 없고는 커다란 차이가 난다. 학년소식·학급소식·학부모회 등을 활용하여 대대적으로 알린다. 아이들이 세운 목표를 달성하기 위한 설계도를 작성해 나가는 과정에서 학부모가 훌륭한 이해자·협력자가 되게 해야 한다.

기술 ③ 한 달 전부터 계획을 세우기 시작한다.

방학 2, 3일 전에 '자, 계획을 짜자' 하면서 종이를 나눠 주어도 좀처럼 정해지는 것이 없다. 겨우 정한 계획도 곰곰이 생각해 보니 무리이거나, 정말로 하고 싶은 것이 아닐 수도 있다. 계획에는 숙성이 필요하다. '응? 벌써?' 이렇게 생각되는 무렵부터 계획 1단계에 들어간다. 자기가 세운 계획이 충분히 다듬어졌을 때 방학이 시작되게 하려면 못해도 한 달 전에는 시작해야 한다.

(1) 이미지를 갖게 하면서 목표설정을

방학은 길다. 그때가 아니면 하지 못하는 일에 도전하게 해야 한다. 1학기 복습 같은 막연한 것이 아니라 오랜 시간을 들

여야만 이룩해 낼 수 있는 뭔가를. 그러려면 아이들 한 사람한 사람이 방학 중에 도전하고 싶은 일(목표)을 뚜렷하게 세우도록 해야 한다.

아이들에게 "여름방학에 무엇을 하고 싶은가요?" 묻거나 카드에 쓰게 하면 반드시 나오는 질문이 "여러 가지를 해도 되나요?"이다.

여기서 "여러 가지도 괜찮아요" 대답해 버리면 아이들은 진정한 목표를 정하지 못한다.

이번 여름방학에 반드시 하고 싶은 것 한 가지 또는 만들고 싶은 작품 한 가지를 커다란 목표로 제시함으로써 생각하는 목표의 수준이 결정되는 것이다.

목표의 '보기'는 발달단계에 따라 가능하면 백 가지 정도로 많이 제시하면 좋다. 두세 가지 예를 내놓고 이 밖에 어떤 것이라도 괜찮다고 해도 대부분의 아이들은 달리 어떤 것이 있는지를 생각하지 못하기 때문에 생각하기를 포기하고 타협한 과제를 선택해 버린다.

이런 문제를 해결하기 위해 해마다 방학 작품사진을 찍어놓는다. 디지털카메라로 찍어두면 언제든지 볼 수 있다. 그것을 참고로 자기 것을 생각하게 하면 된다.

(2) 학부모를 참여시켜 계획을 짜게 한다

요즘 아이들은 '관계' 맺는 데 서툴고 깊지 못하다. 부모님과의 관계도 마찬가지이다. 방학 중에 아이가 목표한 것을 부모님과 함께하며 그 내용을 부모와 함께 깊이 나눌 수 있게 한다. 다만, 이때 학부모가 지나치게 앞에 나서는 바람에 목표에서 아이가 어떤 능력을 기르고자 했는지 잊어버리는 잘못을 범하지는 않게 해야 한다.

(3) 계획수립이 서투를 때는 개별지도를

아이들은 '스스로 과제를 정하고, 스스로 생각하고, 스스로 과제를 해결하는' 능력을 길러야 한다.

즉 방학 중에 스스로 과제를 설정하고, 해결방법을 생각하고, 작품으로 제출할 수 있게 되면 평소의 학습 성과를 확인하고 평가할 수 있다. 아이들이 계획을 제대로 짜지 못하는 것은 지금까지의 지도가 충실하게 몸에 배지 않았다는 이야기가 된다.

계획을 제대로 짜지 못할 때는 개별지도를 하여 그 학년에 맞는 계획을 세울 수 있도록 해야 한다.

(4) 방학식날 '얘들아! 건강하거라!'

여름방학이나 겨울방학에 들어가기 전의 종례에 대해 생각해 보자.

　내일부터 방학에 들어가는 날, 생활통지표를 건네고 여러 가지 약속과 지도를 한 뒤에 모든 아이와 악수를 하고 헤어진다.

　먼저 교사가 첫 번째 아이와 악수를 한다. 교사와 악수를 한 아이는 교사 옆에 선다. 다음 아이는 교사와 첫 번째 아이, 즉 두 사람과 악수를 하고 그 옆에 선다. 이런 식으로 학급아동 전체가 악수를 한다.

　악수할 때는 반드시 인사말을 한마디 건넨다. "아프지 말고" "수영장에도 가는 거야" "방학에도 즐겁게 놀으렴" 등. 짧은 이별의 시간이지만 다음 학기에도 사이좋게 지내자는 마음을 담아서 하는 악수는 매우 바람직한 효과를 낸다.

　① '건강하렴'
　악수를 하면서 아이에게 건네는 이 한 마디가 교사와 아이 사이의 신뢰감을 더욱 강하게 한다. 아이에 따라서는 다른 내용의 말이 필요할 때도 있지만, 지나친 준비는 오히려 분위기를 망가뜨린다.

　아이와 마주했을 때 자연스럽게 나오는 말이면 된다.
　"건강하렴."
　"동생과 재미있게 놀아라."
　"수영장에서 기다릴게."

② 어깨에 손을 얹거나 하는 접촉 행동

악수도 신체 접촉의 하나이지만 그 밖에도 어깨에 손을 얹는다든지, 안아준다든지 하는 것처럼 즐거운 접촉 행동이 있다.

교사와의 의사소통, 그것은 몇 초의 짧은 시간이지만 마음을 오가게 하는 중요한 수단이다.

▶ 새학기 기쁨학급 만들기

오랜만에 선생님과 친구들을 만날 생각을 하면 기쁘지만 어느새 즐거웠던 여름방학이 끝나버렸네, 아침에 일찍 일어나기 괴로운데, 이 작품을 친구들에게 빨리 보여주어야지, 2학기에는 무슨 일이 있을까…… 등등 개학을 맞아 아이들은 여러 가지 생각으로 등교할 것이다. 모두 똑같은 마음이 아닌 것은 확실하다.

교사는 그것을 충분히 고려하여 아이들을 맞이해야 한다. 교실로 들어오는 아이들과 인사를 할 때, 한 사람씩 되도록 가까이서 눈을 맞추고 인사를 한다. 담임은 아이들이 어떤 기분으로 교실로 들어올지를 생각하면서 맞아주는 것이 중요하다.

교실이 마음 편한 곳임을 재확인시켜 주는 것이 개학 뒤의 학급 만들기에는 필요하다. 심적으로 '편안함' '교사와 친구들이 따뜻하게 맞아준다는 느낌' '쓸모 있는 존재라는 믿음'을 채

워주기 위해 다음 네 가지를 의식한 학급경영을 하자.

기술 ① 교사와 학생의 인간관계
• 이름 부를 기회를 의도적으로 많이 만든다.
• 방학숙제로 만들어 온 작품에 대해 이야기를 나눈다.
• 알림장, 자유학습노트 등을 통하여 메시지를 전달한다.

기술 ② 아이들끼리의 인간관계
• 새 학기에 앉을 첫 번째 자리는 개학식 다음 날 (첫날의 상황을 바탕으로) 담임이 결정한다.
• 조를 짜 구성원끼리 친밀하게 한다.

기술 ③ 학급 내 규칙
• 이야기 듣는 방법을 다시 한 번 확인하고, 철저히 한다.
• 모든 일의 시작과 끝나는 시각을 의식하게 한다.
• 조별 공책을 사용하여 새로운 조의 친밀도를 높인다.

기술 ④ 학급목표에 대한 의식 고양
• 3월에 세운 학급목표를 재확인하고 이번 학기의 중점을 정한다.

- 중점목표 달성을 위한 구체적인 계획을 세우게 한다(저학년이라면 담임이 제안한다).
- 중점목표를 모두가 의식할 수 있도록 잘 보이는 곳에 써 붙인다.
- 개인의 목표란에 학급목표 달성을 위해 자신이 할 일을 쓰게 한다.

▶ 숙제내기와 검사하기

아이들에게 부담을 주지 않는 정도의 숙제를 내는 것이 좋다. 기초를 튼튼히 하고 가정에서의 학습습관을 들이기 위해서이다. 그러나 그 숙제 내는 방법이 조금만 잘못되어도 공부를 싫어하는 아이로 만들고 만다. 어떻게 숙제를 내야 효과적일까?

기술 ① 숙제 제출 시간을 정한다.
"안녕하세요?" 아이들이 활기차게 등교한다. 먼저 가방에서 교과서와 공책 등을 꺼낸다. 이어 숙제 제출.
맨 먼저 내는 아이가 숙제함을 칠판 앞에 내어놓는다. 1교시가 끝난 쉬는 시간까지 내게 한다. 그 이후에 내거나 담임이 지적한 경우에는 숙제를 함께 확인하지만, 내일 다시 내야 한다.

이런 규칙에 모두가 익숙하게끔 한다.

"오늘 한 것은 여기!" 이렇게 말하면서 숙제공책을 펼쳐서 내놓는다. 숙제함은 공책을 펼쳐서도 쑥 들어가는 크기. 아이들이 하나씩 등교하기 시작하면 숙제함에도 공책이 쌓여간다.

기술 ② 숙제를 잊은 아이가 있다면 비난하지 말고 다음에 제출할 의욕을 심어준다.

A가 난처하다는 표정으로 담임 옆에 왔다.

A : "선생님……."

교사 : "음, 안녕."

A : "네, 안녕하세요. 선생님…… 저어……."

교사 : "응? 무슨 일이니?"

A : "숙제공책을 집에다 놓고 왔어요. 가방에 없어요……. 내일 내겠습니다."

교사 : "가방에 넣는 걸 잊었구나. 가방에서 교과서와 공책을 꺼낼 때 알았니?"

A : "예."

교사 : "없다는 걸 알았을 때 기분이 어땠니?"

A : "'어? 없네! 이를 어쩌지……' 하고 생각했어요."

교사 : "'이를 어쩌나' 생각했구나. 힘들여 한 숙제인데 선생님도 볼 수가 없어서 안타깝네. 앞으론 어떻게 하면 좋을까?"

A : "아침에 꼭꼭 집에서 챙겼나 확인하겠어요."

기술 ③ 제출상황은 담임이 확실하게 파악한다.

숙제함에 모아진 숙제공책으로 담임은 제출상황을 확인하고 날짜가 찍힌 도장을 찍는다. 점심시간에 이 작업을 하여 하나씩 '반환함'에 넣는다. 그러면 담당 학생이 돌려준다.

(1) 과제물 제출 시간대를 생활규칙으로 정착시켜라

아침에 반드시 제출하기 어려운 경우도 있지만, 생활규칙의 하나로 정착을 꾀하는 것이 중요하다. 아침에 교실로 들어오면 숙제를 정해진 곳에 제출하는 것부터 철저히 하자.

(2) 제출상황을 확인하고 한 사람 한 사람 지도하라

제출상황은 명부를 만들어 파악한다. 확실하게 내는 아이들을 칭찬하고, 좀처럼 제출하지 않는 아이에 대해서는 원인을 찾아내어 개별적으로 지도해 나간다.

숙제를 깜박 잊고 가져오지 않았을 때, 숙제하기를 잊었을 때 등 제출할 수 없을 때는 담임에게 보고하는 약속도 필요하다.

숙제의 내용은 그날 수업에 대한 복습을 중심으로 한다. 숙제를 잘 내지 않는 경우에는,

• 학습내용을 이해하지 못한다.

• 숙제할 필요성을 느끼지 못한다.

등 다양한 원인이 있을 수 있다. 한 사람 한 사람 꼼꼼히 지도한다.

(3) 그날 돌려주어라

시간조절을 잘하여 제출한 날 돌려준다. 돌려줄 수 없을 경우나 꼼꼼하게 평가할 필요가 있을 때는 그런 취지를 아이들에게 전달한다. 또한 개인별로 자기가 한 숙제를 교사와 함께 확인하는 등 그날 교사가 숙제를 해온 노력을 평가해 주는 것이 중요하다.

숙제의 내용에 따라 잘했다는 표시나 '확인 도장'을 찍어주면 아이들뿐만 아니라 학부모도 명확히 파악할 수 있게 된다.

▶ 자습을 어떻게 시킬까

교사가 출장을 가게 되었다. 오후 두 시간 동안 담임교사가 없다. 아직 2주일이 남았으므로 한 시간은 음악실에서 교과 전담교사가 맡아주기로 했다. 6교시는 자습해야 한다. 학년주임에게 보고하자, 5교시 이동수업과 종례 이후의 교실 확인을 맡아주었다. 그러나 한 시간 동안은 자습을 시켜야만 한다.

기술 ① 자습하기 좋게 진도를 조정한다.

자습을 시킬 때는 혼자서 충분히 할 수 있도록 진도를 조정한다. 사회과는 '먹을거리를 생산하는 사람들'을 학습할 차례이다. 농촌 사람들의 한 해 생활에 대하여 쌀농사의 흐름을 중심으로 자료부터 읽는 학습활동이 두 시간 정도로 예정되어 있다.

기술 ② 자습시간 학습에 대한 의욕을 높인다.

띠 모양 달력에 쌀농사에 대해 정리해 나가는 학습활동을 자습시간에 시키기로 했다. 자습 전 시간에 다 같이 쌀농사의 흐름에 대한 자료를 읽고, 띠 모양 달력에 주요 내용을 써넣었다. 그때 다음 시간에도 이와 같이 자습할 것임을 아이들에게 알렸다. 달력에 적어 넣는 작업이 끝나면 공책에 정리하도록 지시함으로써 학습할 내용을 명확히 했다.

기술 ③ 아이들에게 일정을 일러준다.

당일 4교시가 끝날 때 5교시부터 담임이 없는 동안에 할 학습활동의 흐름을 확인하고, 반장의 지시에 따라 줄 맞추어 음악실로 이동. 5교시 음악시간이 끝나면 다시 줄 맞추어 교실로 돌아올 것. 그 뒤 6교시 사회는 전 시간에 예고한 대로 달력 만들기를 계속할 것을 확인. 6교시가 끝난 뒤에는 반장을 중심으로 종례를 하고, 학년주임 선생님이 오시면 함께 인사를 하고 하교할 것 등 일련의 흐름을 확인했다.

학습진행에 대한 의문이나 불안한 점은 없는지 질문을 받는다.

(1) 시간표를 조정하여 교사 부재를 해소한다

담임교사가 없으면 아이들이 불안과 불편을 느껴 평소엔 일어나지 않을 싸움이나 사고가 발생하기도 한다. 그러므로 시간표를 조정하여 이동수업을 하거나, 다른 학급과 함께하는 활동 등 담임이 없는 시간을 조금이라도 적게 하도록 배려한다. 그러려면 출장 통지를 받았을 때 틀림이 없도록 기록하고, 주간계획을 세울 때 미리 준비하는 것이 중요하다.

(2) 학습진도를 조정하고, 자습하기 쉬운 활동을 맡겨라

자주적으로 학습하기 쉽도록 학습진도를 조정한다. 학습활동 내용을 아이들이 이해하기 쉽게, 또 어떤 활동을 해야 하는지 예상할 수 있게 한다. 이렇게 준비를 해두면 아이들이 안심하고 학습활동을 할 수가 있다.

앞의 사례처럼 진행하려면 평소 학습스타일의 정착이 중요하다. 평소 학습에서 스스로 문제를 해결해 나가는 능력을 길러야 한다.

여기서 든 사례 외에 책을 읽거나 문제를 푸는 등의 학습활동도 있다. 이런 것도 평소에 학습스타일을 정착시켜 놓아야 안심하고 진행할 수 있다.

자습으로 진행한 학습 성과에 대해서 나중에 담임이 한 사람 한 사람과 대화할 수 있게 장치를 마련한다. 예를 들면 자습한 공책을 제출하게 하여 출장 다음 날 꼼꼼히 살핀 다음 대화를 하면서 돌려준다. 아이들은 성과로서 인정을 받아야 '자기들끼리도 학습활동을 할 수가 있었다'는 자신감을 갖게 된다.

이따금 문제풀이를 시키거나 땜질 형식의 프린트 학습을 준비하는 교사도 있는데, 나중에 채점을 해서 그 성과를 파악하는 것이다. 하지만 이런 방식은 자습체제에 열심히 임한 성과를 인정하는 것과 모순이 된다. 문제풀이의 답에 동그라미를 쳐서 돌려주는 프린트 자습은 피하자.

▶ 생일잔치와 참관수업

(1) 학급에서 하는 생일잔치

"민준아, 생일 축하해!" 막 등교한 아이에게 축하의 말을 건네고, 크리스마스실이나 마크를 가슴에 붙여주는 연출을 하면 인기가 급상승한다. 마크는 주소나 이름을 쓸 때 사용하는 스티커에 컴퓨터로 인쇄해도 좋고, 하트나 별 모양으로 만들어도 좋다.

물론 그때그때 축하하는 것이 번거로울 때는 월초에 그달에 태어난 아이 모두를 축하하는 방식도 괜찮다.

교사가 직접 만든 마크나 실을 붙여주고, 그날 하루가 그 아이의 생일임을 알 수 있게 해주는 것도 방법이다. 틀림없이 자랑스럽게 하루를 보낼 것이다. 8월생 아이는 여름방학에 바로 앞서, 1월생은 겨울방학에 바로 앞서(또는 12월생 아이들과 함께) 축하해 주면 된다.

축하선물은 손이나 발 모양을 찍어서 카드로 만들어 주는 것도 좋은 생각이다. 켄트지같이 조금 두꺼운 종이(A4 사이즈 정도)를 준비하여, 양면에 아이의 발과 손을 연필로 따라 그려서 모양을 뜬다.

그것을 매직펜으로 가장자리를 그려서 날짜와 함께 교사가 보내는 메시지, 예를 들면 '쑥쑥 자라거라, 큰뜻을 품고 앞으로 나아가거라' 같은 진취적인 한 마디를 덧붙여 주면 좋아한다. 담임만 쓸 것이 아니라 그 아이에게도 자기 자신에 대한 메시지를 쓰게 하는 것도 한 방법이다.

생일잔치라는 거창한 시간을 만들지 말고 다 함께 "생일축하합니다~" 노래만 불러주는 것도 괜찮다. 중요한 것은 아이가 소중한 대우를 받고 있다는 느낌을 갖게 하는 것이다.

(ㄹ) 참관수업, 학부모회는 지나치게 멋부리지 말아야

새 학년 초의 참관수업이나 학부모회는 교사가 학부모와 아이들을 동시에 파악할 수 있는 기회일 뿐만 아니라 학부모에게 담임교사를 선뵈는 날이기도 하다. 무서운 것은 참관 뒤에 찻

집 등에서 나누는 어머니들의 대화이다.

"올해 담임은 어떤 것 같아?" "젊고 활기가 있어서 인기 있는 선생님인 것 같아" "전에 있던 학교에서의 평판은 어떻대?" "그 집 아이의 학급은 좋겠어. 베테랑 선생님이니까" 등등 교사의 품평회가 시작된다. 여기서 높은 평가를 받고 인기를 독점하기 위해서도 참관일은 중요한 승부의 날이다.

물론 가장 멋진 옷을 입고, 액세서리로 멋을 부려 치장하고, 화장을 꼼꼼하게 하는 것도 사회인의 매너로서 바람직한 일이지만, 교사라는 특수한 직무상 의외로 평판을 떨어뜨리는 원인이 될 가능성도 있으므로 주의해야 한다.

어머니들끼리의 대화 가운데서 "저 선생님은 화장이 좀 진하지 않아?" "옷이 저게 뭐야. 마치 모델 같네" 등의 혹독한 비난의 말도 튀어나온다.

참관수업 때는 수수한 옷에 옅은 화장이 좋다. 세련된 옷에 완벽한 화장이 아니라 살짝 멋을 부리는 정도면 충분하다.

남자교사는 차림새에 크게 신경 쓰지 않아도 된다. 넥타이 차림에 수염을 말끔히 깎은 단정한 모습이면 충분하다.

물론 체육과 참관수업이라면 운동복으로 갈아입고 깨끗한 운동화면 된다. 아무려면 어떠냐 편한 것이 제일이라며 국어나 수학 등의 수업에 운동복 차림은 곤란하다. 이것은 교사로서의 의식 문제이다.

▶ 반짝이는 조회 아이디어

(1) 아침 노래 계획

조회시간에 '아침 노래'라고 해서 노래 부르는 반도 많다. 그러한 1, 2분의 시간을 부서활동의 음악담당에게 맡긴다. 음악담당과 의논하여 노래뿐만 아니라 여러 일을 고안해 본다. 동요를 비롯해 만화 주제가라든지 유행가, 간단한 놀이 등의 계획을 세워 둔다.

평소 이런 노래나 놀이를 많이 만들어 두면, 소풍이나 현장학습처럼 버스로 이동할 때나 비 오는 날 등에 알차게 활용할 수 있다.

아침 노래 코너의 약속을 정해 두는 것도 중요하다.

- 모두 일어난다.
- 반주에 맞춰 큰 소리로 노래한다.
- 끝나면 조용히 앉는다.

아이들이 잡담한다든지 집중하지 않으면 모처럼의 분위기가 깨진다.

	노래와 놀이 계획
월	새싹들이다
화	수수께끼놀이
수	말잇기놀이

목	멜로디언 합주
금	스펀지 송
토	가위바위보 놀이

(ㄹ) 이번 주 노래를 하얀 종이에 써놓는다

조회시간에 부를 노래를 하얀 종이에 써두면 편리하다. 음악
책을 펴지 않아도 가사를 금세 알 수 있고, 무엇보다 앞을 보면
서 가슴을 펴고 노래하게 되기 때문이다.

■ 이번 주의 노래 (예)

〈새싹들이다〉

마음을 열어 하늘을 보라.
넓고 높고 푸른 하늘
가슴을 펴고 소리쳐 보자.
우리들은 새싹들이다.
푸른 꿈이 자란다 곱고 고운 꿈
두리 둥실 떠간다 구름이 되어
너른 벌판을 달려나가자 씩씩하게 나가자.
어깨를 걸고 함께나가자 발맞춰 나가자.

부서활동의 음악담당에게 맡길 수도 있다.
음악에 관한 부서활동으로는 이 밖에도 노래의 선곡, 가사
카드 관리, 지휘, 반주 등이 있다.

반주라고 해서 꼭 피아노나 키보드 같은 건반악기일 필요는 없다. 하모니카나 캐스터네츠·탬버린 등으로도 가능하다. 선생님이 연주하는 오르간과 협주하는 것도 좋다.

(3) 텔레비전 화면으로 오늘의 뉴스 시간

조회시간에 1분 연설을 하는 학급도 많다. 이때 말하기 힘들어 하는 아이들이 있거나, 이야기의 내용이 늘 똑같을 때는 분위기를 바꾸는 방법이 있다.

① 텔레비전 화면의 틀을 만든다.

당번아이가 텔레비전 뉴스의 아나운서가 되어 어제 있었던 일 등을 말한다. 이때 텔레비전 틀을 들고 이야기하면 진짜처럼 보인다.

"○월 ○일의 뉴스를 말씀드리겠습니다. 어제 우리집 강아지가 예쁜 새끼를 다섯 마리 낳았습니다. 강아지를 키우고 싶은 사람은 저에게 신청하시면 한 달 뒤에 강아지를 전달해 드리겠습니다."

② 이야기의 주제를 정한다.

일주일 또는 날마다 주제를 정한다.
 • 어제저녁의 반찬
 • 남자와 여자 중 어느 쪽이 더 센가?

- 봄기운을 찾아보자
- 겨울 모습
- 가족들에게 칭찬받은 일
- 꾸중 들은 일

(4) 자기소개로 친구의 폭을 넓힌다

학급의 교우관계를 보다 좋게 하려면 서로 잘 알고 이해하는 것이 중요하다. 특히 갓 입학한 1학년 중에는 자기 이야기를 하지 못하고, 친구와의 관계가 원만하지 않아 어려워하는 아이도 있다.

이럴 때 담임교사의 도움을 받아가며 자기소개를 하면 좋다. 조회시간에 순서를 정해서 날마다 자기소개를 한다.

소개할 때는 교사가 사전에 아이와 의논해 두면 좋다. 내용은 단순하고 알기 쉽게, 때로는 자기와 친구를 비교하는 것도 좋다. 그렇게 하면 친근감이 든다.

본인이 전체 항목을 직접 소개해도 좋고, 인터뷰 형식으로 묻고 아동이 대답하는 형식도 좋다.

"오늘은 제가 소개를 하겠습니다. ○○은 무엇을 좋아하나요?"

"만화 그리기입니다."

이런 방식으로 아이들을 소개해 나간다.

〈자기소개 내용항목의 예〉
- 좋아하는 색깔은?
- 좋아하는 음식은?
- 좋아하는 동물은?
- 좋아하는 놀이는?

소개가 끝난 아이에게는 자기소개 카드를 작성하게 하여 교실의 '친구 모으기 코너'에 순서대로 게시하자.

한 달 정도면 모두의 소개가 끝나는데 두 번째, 세 번째로 내용을 바꿔 가면서 실시하는 것도 좋다. 장기간 계속하다 보면 친구의 폭이 크게 넓어진다.

(5) 주제를 정하여 '이야기 나누기 시간'을

조회 내용으로 '1분 연설' 시간을 두고 연중 실시한다. 말하기에 미숙한 아이에게는 이야기하기 쉽도록 월별로 주제를 정하여 미리 작문을 준비해 준다. 1년 동안의 계획은 교실에 붙여둔다.

연간 계획은 변경될 수도 있다. 아이들이 특별히 흥미를 보이는 주제가 있으면 그것으로 한다. 월 단위로 나누지 말고 일괄적으로 주제를 내놓고 선택하게 하는 방법도 있다.

처음엔 어떻게 말해야 좋을지 몰라 걱정하는 아이들도 많을 것이다. 예를 제시하여 편안한 마음으로 이야기할 수 있도록 해주자.

■ 1분 연설 주제

월별	주제	월별	주제
3월	새 학기가 되어서	9월	여름방학 추억
4월	내가 좋아하는 것	10월	내가 잘하는 것
5월	가족	11월	내가 발견한 가을
6월	비 오는 날	12월	책 소개
7월	여름에 하고 싶은 일		

〈이야기의 예〉

• 4월 - 내가 좋아하는 것

"제가 좋아하는 것은 ——니다. 왜 좋아하는가 하면, ——이기 때문입니다."

• 6월 - 비 오는 날

"저는 비가 오는 날 ——을 했습니다. (어디)에서, (누구)와, (이렇게) 했습니다."

• 12월 - 책 소개

"저는 (책 이름) 책을 소개하겠습니다. 이 책은 ——라는 사람이 지었습니다. 재미있는 부분은 ——입니다. 여러분, 꼭 읽어보세요."

(6) 즐거운 아침시간

1학년 아동은 특히 학교생활에 적응하느라 힘들어 한다. 아침 조회의 짧은 시간에 기분이 밝아지는 노래나 놀이를 하면 어떨까?

'즐거운 아침시간' 등의 이름을 붙이고 노래·전래놀이, 간단한 체조 등을 한다.

이것은 반드시 날마다 하지 않아도 된다. 일주일에 한 번 정도라도 아이들은 기쁘게 기다릴 것이다.

(7) '오늘'을 알리는 코너

오늘이라는 날을 알기 쉽고 즐겁게 알릴 수 있도록 약간의 연구를 하면 아이들의 흥미와 관심을 끌 수 있다.

짧은 조회시간이므로 길게 이야기하면 안 된다. 그러므로 칠판의 날짜란 옆에 코너를 만들어 둔다.

이 코너에 두 줄 정도로 전날 미리 써놓는 것이다.

• 소련(러시아)의 가가린이 처음으로 우주비행을 하여 지구를 한 바퀴 돌았습니다.(4월 12일)
• 임진왜란 때 바다에서 왜군을 무찌른 이순신 장군이 태어났습니다.(4월 28일)

이런 문장을 바탕으로 3분가량 그와 관련된 이야기를 해준다.

아이들은 틀림없이 눈을 반짝이면서 귀담아들을 것이다. 그 날그날의 화제는 '역사 속 오늘의 사건과 인물들'을 모아놓은 책이나 인터넷 사이트를 참고로 해당 아이들이 이해하기 쉬운 내용을 고르도록 한다.

(ㅂ) 선생님이 권하는 책이에요

일주일에 한 번 요일을 정해서 조회시간에 선생님의 권장도서를 소개한다. 도서실에서 책을 빌리거나 자신이 가지고 있는 책을 가져와서 실물을 보여주도록 한다. 대강의 줄거리를 소개하고, 교사가 그 책을 좋아하는 까닭과, 읽고 느낀 점을 덧붙이면 아이들은 흥미를 보인다. 소개한 뒤에는 학급문고에 둔다.

시간이 허락하면 읽어서 들려주도록 한다.

교실 안에 권장도서를 소개하는 코너를 만들어서 선생님뿐만 아니라 아이들이 권하는 책을 게시해 두도록 한다.

(ㅅ) 오늘은 책 읽는 날

어느 한 요일을 '책 읽는 날'로 정하고 다음과 같이 책과 친해지게 한다.

〈지도 핵심과 교사의 배려〉

① 예를 들면 매주 금요일의 조회는 '책 읽는 시간'으로 정해 둔다.

② 전날 종례 때 "내일 조회는 '책 읽는 날'이니까 읽을 책을 잊지 말고 가져와요" 말해 둔다.

③ 그날에 아이는 종치기 전부터 책을 읽기 시작한다.

④ 종이 울리고 교사와 아이들의 아침인사가 끝나면 곧 '책 읽기'로 들어간다. 출결 체크는 교사가 전체를 둘러보고 조용한 가운데서 한다.

⑤ 책과 친숙해지는 습관을 첫째 목표로 삼고, 감상을 바란다든지 책에 관한 세세한 이야기는 하지 않도록 유념한다.

⑥ 책은 집에서 가져오거나 학급문고, 친구끼리 서로 빌리고 빌려주는 것을 장려하도록 한다.

⑦ 학부모회나 알림장 등으로 취지를 전달하고 협조를 구해 두면 더욱 효과적이다.

⑧ 횟수를 거듭하는 동안 읽은 책의 제목을 공책에 기록하고 재미있었던 책을 친구에게 소개하도록 한다.

⑨ 이때 교사도 다른 일을 하지 말고 오직 책을 읽도록 힘쓴다. 이런 자세가 중요하다.

⑩ 한 달에 한 번 교사가 재미있는 책을 읽어준다.

▶ 재미있는 종례 아이디어

(1) 내일의 주번과 인수인계

주번을 담당하는 것은 저학년 아동에게는 매우 즐거운 일이다. 조회시간이 되어 자기가 주번임을 아는 것보다 전날 종례시간에 아는 편이 마음가짐이 다를 것이다. 헤어지는 인사를 하기 전에 주번 인수인계를 한다.

① 인수인계 방법
- 오늘의 주번이 앞에 나와서 "내일 주번은 ○○와 ○○입니다" 말한다.
- 주번 배지와 학급일지를 건넨다.
- 칠판의 날짜와 주번 이름 카드를 바꾼다.
- 학급 전원이 "학급을 위해 수고해 줘" 말하고 "안녕" 인사한다.
- 귀가할 때, 오늘의 주번과 협력하여 칠판에 '주번 이름 카드'를 붙인다.

이로써 인수인계가 끝난다. 교사도 "내일의 주번은 학급을 위해 수고해 주세요"라고 말하는 것이 좋다.

② 주번 배지

시중에서 파는 둥근 배지를 사용한다.

③ 주번 이름 카드

두꺼운 색도화지로 틀을 만들어 아동이 이름을 매직으로 쓰고 뒤에는 자석을 붙인다.

(ㄹ) 요일마다 다른 주제로 진행하는 종례

하루가 끝날 무렵이면 아이들의 마음도 풀어지기 쉽다.

또 좋지 않은 일을 겪은 아이들도 있다. 그런 기분을 해소하고 즐거운 하루를 마무리하는 시간이 되어야 한다.

특히 종례는 '하루를 되돌아보는 시간'으로 획일화되기 쉽다. 더구나 친구의 실수나 결점을 앞다퉈 말하는 시간이 되기도 한다. 그렇게 되지 않도록 아래의 표와 같이 '한 주일의 유형'을 정하여 친구의 장점에 눈을 돌리는 시간이 되도록 한다.

종례를 진행할 때 유의할 점은 다음과 같다.

첫째, 자칫하면 교사의 설교시간이 될 수 있으므로 아이들의 마음을 풀어주고 보듬어 주는 시간이 되도록 한다.

둘째, 좋지 않았던 일을 잊는 시간이 되어야지 결점을 이야기하는 시간이 되어선 안 된다.

셋째, 즐겁게 웃고 이야기하는 시간이 되도록 노력한다.

요일	활동 유형	활동 내용
월	좋아하는 노래	좋아하는 노래를 모은 테이프에 맞춰서 노래하기
화	이야기 시간	옛날이야기나 교사의 초등학생 시절 이야기하기
수	가르쳐 주세요	아이들의 의문이나 질문에 다 함께 대답하기
목	좋은 점 찾기	친구의 '장점' 발표하기
금	퀴즈	퀴즈, 수수께끼로 즐겁게 하루 마무리하기
토	교통안전	하교할 때의 교통안전에 대해 이야기하기

(3) 1분 동안 눈 감고 하루를 되돌아보자

1분이란 시간은 길까? 짧을까? 눈을 감고 오늘 하루를 되돌아보면 1분은 꽤 길게 느껴질 수도 있다.

종례는 '하루가 끝났다'는 느낌에 아이들이 안도할 때이다. 긴장감이 풀어져 약간 어수선할 수도 있다. 그럴 때 '1분 동안 눈을 감자'고 하여 조용히 마음을 가라앉히게 해본다. 이것은 종례시간에 첫 번째로 하면 효과적이다.

① 시간은 주번이 잰다.
• 시계에 초바늘이 있으면 한 바퀴 도는 것을 잰다.
• 모래시계로 재는 것도 좋다.
② 교사도 1분의 시간을 소중히 쓰자.

- 오늘 하루 좋았던 일을 생각하여 '교사의 이야기' 때 아이들에게 말한다.
- 한 사람 한 사람 떠올려 보자. 이때의 느낌을 메모해 두어도 좋다.

(4) 오늘 하루 가장 즐거웠던 일은

오늘 학교에서 가장 즐거웠던 일을 종례 때 이야기해 보는 것도 좋다.

학교 일과가 끝나는 시간에 마무리삼아 그날 학교에서 있었던 즐거운 일을 발표하게 한다.

오늘도 학교에서 즐거웠다는 의식을 갖게 하고, 내일도 열심히 생활하자는 의욕으로 이어 나가게 한다.

발표 내용은 어떤 것이든 좋다. 단, 너무 어렵게 하면 아이들에게 부담이 된다.

오늘 학교에서 있었던 일 가운데 맨 먼저 머리에 떠오르는 일. 그것이 '가장 즐거웠던 일, 기쁜 일, 좋았던 일'인 것이다.

시간이 한정되어 있으므로 4명 정도씩 하는 등 신축성을 발휘하자. 미리 순서를 정해서 일람표를 만들고 발표할 날을 정해 둔다.

담임교사도 아이들의 즐거웠던 일을 들으면 보다 나은 학급 만들기에 큰 참고가 될 것이다. 필요에 따라 메모나 기록을 해 두자.

발표한 내용을 이따금 카드에 적게 해서 '즐거웠던 일 코너' 에 붙여주면 한층 더 의욕을 높일 수 있다.

(5) '고마워 코너'에 감사의 말 모으기

'고맙습니다'처럼 사람의 마음을 누그러뜨리고 감정을 쉽게 전달하는 말도 없다. 매일의 생활 속에서 선생님이나 친구에게 이 말을 하고 듣는 것은 중요하다.

이 말이 지닌 신기한 능력은 바람직한 학급 만들기에 큰 도움이 된다. 남을 배려하는 마음을 기르는 큰 토대가 되기도 한다.

다음과 같이 아이들에게 묻는다.

"고맙다는 말을 들은 사람 있나요? 손들어 보세요."

"고맙다는 말을 한 사람 있어요? 손들어 보세요."

아이들은 이런 식으로 반응할 것이다.

"오늘 ○○가 급식판 나르는 것을 도와주었습니다."

"저 꽃병의 예쁜 꽃은 ○○가 가져온 것입니다. 고맙다고 말하고 싶어요."

항상 손을 들게만 하면 아이들도 불만스럽게 생각할 수 있으므로 이따금 지명하여 내용을 묻기도 한다.

또 고마운 일의 내용을 일기나 작문으로 쓰게 하는 것도 필요하다. 글로 써봄으로써 한층 더 친구와 가까워지는 느낌을 받게 된다.

작은 카드를 준비했다가 필요에 따라 쓰게 하여 '고마워 코너'에 게시하는 것도 효과가 있다.

■ 고마워 코너

○○야, 떨어뜨린 연필을 주워주어서 고마워. (○○가)

○○야, 책을 빌려주어서 고마웠어. (○○가)

○○야, 항상 명랑하게 인사해 주어 고마워. (○○)

놀이에 끼워주어서 ○○야, 고마워. (○○)

내가 어려울 때 도와주어서 정말 고마웠어. (○○가)

---

(6) 책을 좋아하게 하는 비법

종례시간에 짬을 내서 책을 읽어주어 책을 좋아하는 아이가 되게 하자.

① 학급의 독서이력에 따라 읽을 책을 선정한다. 줄거리에 구애되지 말고 다양한 책을 준비한다. 그림책·과학·우주·전기물 등.

② 무엇을 읽어주어야 좋을지 모를 때는 도서목록을 이용하면 좋다.

③ 다 읽은 책은 학급문고 등 가까운 곳에 놓아두어 아이들이 혼자서 읽을 수 있게 한다.

④ 읽은 책은 사과 모양의 카드에 제목을 써서 '사과나무'에 붙여둔다. 한 달 단위로 아이들이 좋아하는 책을 선정하는 것도 좋다.

⑤ 읽은 책 중에서 모둠별로 한 권을 골라서 종이인형극을 만들어서 발표회를 하는 것도 재미있다.

좋아하는 책을 즐겁게 읽을 수 있는 다양한 방법들, 새로운 책에 흥미와 관심을 갖게 하는 비결을 알아두면 편리하다. 자진해서 책을 읽는 학급 분위기를 만들도록 노력하자.

(7) 조금 두꺼운 책을 날마다 읽어준다

평소 아이들이 읽는 책은 저학년이면 그림책 또는 하루면 다 읽을 수 있는 비교적 그림이 많고 얇은 책이 좋다.

짧은 종례시간에 책을 읽어줄 때는 과감하게 약간 두껍다 싶은 책을 고른다. 그것을 하루에 1, 2쪽씩 읽어 나가는 것이다.

그림도 적기 때문에 처음엔 별 흥미를 보이지 않던 아이들이 며칠 계속되는 사이에 눈을 반짝이기 시작한다. 이 시간을 기다리게 되는 것이다. 개중에는 같은 책을 도서실에서 빌려서 먼저 읽는 아이도 나올 수 있다.

"벌써 끝나요?"

이런 목소리가 들리면 결과는 성공이다. 아이들은 즐겁게 이야기 세계로 빠져든 것이다.

한 권을 다 읽었으면 모두 함께 감상을 이야기하거나, 감상을 짧게 적는 것도 효과적이다.

(B) 선생님이 내는 퀴즈와 수수께끼

퀴즈와 수수께끼를 즐긴다. 저학년 아동은 퀴즈나 수수께끼를 매우 좋아한다. "내일은 퀴즈를 하자꾸나" 말하면 책을 가져오거나 가족에게 묻는 등 열심히 준비해 온다.

〈퀴즈·수수께끼의 예〉

① 기네스북 퀴즈

　세계 1등, 한국 1등을 조사하여 출제한다.

② ○× 퀴즈

교사의 출제에 대해 ○ 또는 ×로 답하게 한다. ○와 ×를 과장된 몸짓으로 하게 한다든지, 다른 몸짓(○는 미소, ×는 집게손가락으로 아래 눈꺼풀을 내리는 등)으로 하면 더욱 즐거워한다.

③ "우리 반 36명에게 물었습니다" 퀴즈

미리 설문조사를 실시하여 '가장 좋아하는 음식 3'을 출제한다.

④ 텔레파시 가위바위보

교사가 '가위 바위 보' 가운데 하나를 정하고 아이들을 향해 텔레파시를 보낸다. (말없이 생각을 전달한다)

그리고 "하나 둘 셋"을 외친 뒤에 가위 바위 보의 어느 것인
지를 맞춘다. 교사와 똑같은 것을 낸 아이들에게 "텔레파시가
통했구나" 말해 주면 즐거워한다.

이 밖에도 짧은 시간에 즐길 수 있는 놀이는 많다.

- 빙고
- 말 전하기
- 숫자맞추기
- 끝말잇기

이 시간은 부서활동으로 아이들에게 맡기는 것도 좋다.

(ㅁ) 주말에는 책상 속의 소지품을 정리하자

책상 속을 정돈하는 것은 되도록 저학년 때 습관을 들여야
한다. 그러기 위해서는 반복해서 지도하는 것이 중요하다.

주말을 앞둔 종례시간에 책상 속을 깨끗하게 정리하는 시간
을 갖자.

아동의 책상 속은 연필이나 지우개·책·공책·미술 준비물·
가정통신문 등이 남아 있는 경우가 적지 않다. 그러므로 "주말
은 물건을 정리하는 날입니다"라고 하여 책상 속을 정리하는
것은 물론, 사물함 속의 체육복·미술용구 등도 집으로 가져가
기로 정한다.

전략수업의 연금술

만일 연구수업이 부담스럽다면,
만일 당신이 계속 공부하고자 한다면
당신은 어떻게 가르쳐 나아갈 것인가.

1장 수업에 들어가기 전

▶ 생활기본을 가르치는 것이 수업의 기초

수업(授業)이란 '업'을 '주는' 것이다. '업'은 직업이나 생활의 수단, 학문을 의미한다. 그러므로 수업은 곧 학문을 쌓으면서 자기 삶을 개척해 나가는 삶의 방식을 가르치는 것이다.

모든 기초를 다듬어 나가는 초등교육 단계는 물론 앞으로의 인생을 어떻게 사느냐 하는 기본자세를 가르치는 '수업'인 것이다.

여기서 교사는 아이들의 살아 있는 본보기가 되어야만 한다.

말씨와 글씨, 차림새, 태도 등 모든 면으로 나타나는 교사의 모습이 고스란히 아이들의 교과서가 된다.

그렇다고 완벽한 인간이어야 한다는 뜻은 아니다. 그런 일은 불가능하거니와 잘못을 가리기만 하는 것은 자기보신과 무사안일주의로 이어진다.

▶ 발전적 변모를 지향하라

아이들에게 보여야 할 것은 교사의 자세이다.

때로는 갈피를 잡지 못하거나 실수를 되풀이하면서도 좌절하지 않고 발전하길 바라는 모습을 보여야 한다.

수업에서 가르쳐야 하는 가장 중요한 것은 어제보다 오늘, 오늘보다 내일 나아지면서 변화해 나가는 것, 즉 '발전적 변모'를 추구하는 자세, 그리고 그의 노력에서 얻어지는 기쁨이다.

이를 실천해 나가는 노력은 아이들 삶의 지침이 될 뿐만 아니라 교사 자신도 풍요롭게 해준다.

교사의 '발전적 변모'란 바로 일상에서 시작된다. 어떤 일이든 몸소 실천하고 나아지려 하지 않는 교사는 아이들을 가르칠 자격이 없다.

먼저 일상의 모습을 되돌아보자.

하루를 여는 인사, 집을 나서기 전의 마음가짐과 차림새, 다른 사람을 대할 때의 태도, 말씨, 칠판에 쓰는 글씨, 자기를 표현하는 문장, 자기 발전을 위한 공부에 이르기까지 아이들에게 가르쳐야 할 것은 모두 교사 자신으로부터 시작된다.

이것을 반드시 마음에 새기고 일상을 살아감이 교사의 기본 자세라 할 수 있다.

▶ 교사의 좋은 언어는 선을 그을 줄 알아야 한다

(1) 상대에게 적합한 말을 고른다

'말할 때 누구를 상대로 하는가, 그는 어떤 사람인가?' 하는 점을 의식해야 한다.

일상생활에서 말을 나누는 상대는 다양하다. 부모·형제·친구·선생님·친척·이웃사람·손님·가게의 종업원, 길을 묻는 지나가는 사람에 이르기까지 상대가 누구냐에 따라 쓰는 언어도 달라져야 한다. 또 원만한 사회생활을 위해서는 비록 자기보다 높은 사람에게라도 당당하게 말하는 법을 배워 두어야 한다.

그러나 요즘 아이들은 부끄럽지 않은 언어사용법을 배울 기회가 거의 없다고 할 수 있다. 처음으로 사무적인 언어에 맞닥뜨리는 것은 어쩌면 취업활동을 할 때인지도 모른다. 명확하고 시원시원한 인사로 시작해서 자기소개, 입사지망 동기와 자기가 하고 싶은 일, 인사담당자에게 하는 질문, 그룹 토론 등등

입사시험의 면접 준비로 고생하는 사람은 많을 것이다.

(ㄹ) 말씨로 선을 긋는다

정보화가 급격하게 진행되는 한편, 개인이 속한 사회의 테두리는 점점 좁아지고 있다. 친구끼리, 그것도 서로 말이 통하는 사람하고만 교제한다. 서로 '아는' 사람하고만 대화가 가능하다. 이런 현상은 아이들뿐만 아니라 사회인인 어른들에게도 확대되고 있다.

언어는 자기 생각을 상대에게 전달하는 것, 타인과의 관계를 이어 나가는 것, 사회생활을 영위하는 전제이므로 매우 심오한 과제이다. 나이와 사고방식 등이 크게 다른 사람과도 대화를 이어 나갈 수 있는 능력은 하루아침에 길러지지 않는다. 어릴 적부터 정확히 쓰는 언어를 듣고, 피부로 익혀가는 과정이 필요하다. 요즘 사회에서 그것을 가르칠 수 있는 사람은 학교의 교사밖에 없다고 생각한다.

손윗사람에게는 공손하게, 친한 사이끼리는 허물없이, 그렇게 구분해서 써야 함을 자연스레 느낄 수 있는 환경이 되어야 한다.

교사가 내리는 지시는 친구들과의 잡담과는 다르다. 교사는 교사, 아이는 아이. 이러한 위치의 차이를 나타내는 '선'은 반드시 긋자. 그 차이를 자각해야 아이들과 섞이지 않고, 아이들의 기분을 미루어 헤아리며 지도할 수 있는 것이다.

아이들과 함께 성장하는 것은 멋지지만 아이들의 뒤를 따라가는 교사는 낙제이다. 교사가 쓰는 말은, 다양하고 풍부한 인간관계를 여는 문이 된다.

(3) 지시는 짧게, 힘주어 확실하게

언어사용의 기본은 상대를 존중하고 인정하는 태도를 보이는 것이다. 상대가 아이라면 더더욱 그러하다. 아이들은 말을 하지 않아도 교사가 자기를 받아들여 주는지 아닌지를 민감하게 느낀다. 따라서 아이를 불러 개별적으로 말할 때는 비록 문제가 있더라도 성급하게 지도하지 말고 여유롭게 대하며, 먼저 '들어주는' 자세를 보여야 한다.

쉬는 시간이나 방과 후에 교사와 잡담을 하는 것은 기쁘고 즐거운 일이다. 그럴 때는 친근감이 담긴 말로 아이들을 포용해 주면 된다.

그러나 수업 중의 지시나 주의는 되도록 짧게, 힘주어서, 어미까지 확실하게 발음해야 한다. 생각이 앞서면 말이 많아지고, 그러다 보면 요점이 희미해진다. 그러나 무슨 말을 할 것인지 냉정하게 압축해 놓으면 자연히 말은 간결해진다.

또한 아이들은 항상 교사를 보고 있다. 보이고 싶지 않은 모습을 아이들은 더욱 날카롭게 관찰한다. 아이들에게는 학교 안에서 보는 선생님의 모습 전체가 규범이 된다. 아이들에게뿐만 아니라 동료교사·학부모·상사나 선배교사 등 상대에 따라 적합한 언어를 쓰는 데 유념하자.

너무나 기본적인 것이어서 '그런 건 이미 다 하고 있다'고 생각하기 쉽지만, 다시 한 번 자신의 언어사용을 객관적으로 되돌아보기 바란다.

▶ 교사의 멋진 태도는 겸허와 실천

(1) 발전적 변모의 실천
'마음의 그릇은 늘 위를 향하게.'

그릇이 아래를 향하여 엎어져 있으면 당연히 아무것도 담지 못한다. 또 마침 위를 향하고 있다 해도 자기 생각만으로 넘치는 상태라면 타인의 말은 들어오지 않는다.

교사로서 가장 중요한 태도는 '겸허'이다. 그것은 언제나 남

의 말에 귀를 기울이고 수용하는 일이다.

교사의 역할은 두말할 필요도 없이 학생을 가르치고 이끄는 일이다. 그것도 단순한 지식의 전달이 아니라, 노력을 통해 확실하게 성장해 나가는 쾌감, 즉 늘 자신을 향상시켜 나가려는 습관을 지니게 해야 한다. 그러려면 당연히 교사부터 '발전적 변모'를 실천해야 한다.

발전과 성장에 가장 중요한 조건은 '순수함'이다. 자신의 부족함을 스스로 알아야 가르침 받기를 원하고, 배울 마음도 생긴다. 마음을 열고 여러 가지 뛰어난 지식과 기술을 받아들일 수 있는 사람은 반드시 성장한다.

물론 이것은 책에 씌어 있는 내용이나 남의 말을 있는 그대로 받아들이라는 의미가 아니다. 읽고 들은 것을 자기 자신에게 비추어 보고 자기의 머리로 생각한다. 그리고 행동한다.

겸허함과 부화뇌동은 전혀 다르다. 순수함과 겸허함을 지닐 수 있는 것은 자기 마음에 거짓말을 하지 않기 때문이다. 안이한 추종에 휩쓸린다든지, 다짜고짜 반발하지 않기 때문이다.

개중에는 타인을 비판함으로써 자기의 자존심을 지키는 사람이 있다. 표면적인 행동으로는 공격적이고 주체성이 있는 것처럼 보이지만, 결코 그렇지 않다. 가치 있는 어떠한 가르침도 기름종이처럼 흡수하지 못하기 때문에 결국 자기의 피와 살로 받아들이지는 못한다. 올바른 것, 뛰어난 것, 가치 있는 것을 받아들이는 순수함이 교사를 '발전적 변모'로 이끈다.

(ㄹ) 가르침을 탐구하고 지도력을 향상시키라

그러나 문제는 무엇이 옳은지, 뛰어난 것인지를 분간하기가 여간 어렵지 않다는 것이다.

진정한 가치를 수용하려 애쓰는 겸손한 사람은 동시에 날카로운 비판의 눈을 계속해서 갈고닦는다. 그리고 그 기준은 자기의 '실천'에 담겨 있다.

교사는 평론가가 아니므로 바람직한 것이라고 판단되면 해본다. 해본 결과를 검증한다. 나아가 뛰어난 가르침을 탐구한다. 그것을 되풀이함으로써 참과 거짓을 분간하는 힘이 길러지고, 깊은 인간관, 지도력의 향상으로 결실을 맺게 된다.

'나는 충분히 하고 있다. 지금도 잘하고 있다.'

그렇게 생각하는 순간 성장은 멈춘다. 나 혼자서 창출할 수 있는 것이란 사실은 아무것도 없다. 선배교사들이 있고, 또 학생들이 있어야 성장해 갈 수 있는 것이다.

자신의 미숙함을 아는 겸허한 자세는 성장의 열쇠요, 지도력을 기르기 위한 키워드이며, 유능한 교사의 필수 요건이다.

▶ 계속 공부해야 하는 이유

(1) 위험천만 교직 10년의 고비

교직에 들어선 지 10년쯤 지나면 대개는 완전히 익숙해진다.

죽을힘을 다해 준비하지 않아도 수업은 그럭저럭 해낼 수 있고, 아이들의 예기치 않은 발언이나 움직임에도 대응할 수 있게 된다. 학부모로부터의 상담도 받아들일 수 있다.

그런 때 '해이해짐'이 시작된다.

'교사란 자신의 지식으로 그날그날을 연명하는 위험한 직업이다'라는 말을 들은 적이 있다. 맞는 말이다.

아이들이 어려워하는 부분이 어디인지를 알고, 질문도 다양해지고, 예정한 시간에 예정했던 대로의 지도를 마칠 수 있다. 이것을 반복하는 사이에 차츰 수업은 일상화되어 간다. 한 아이 한 아이의 살아 있는 표정을 헤아리려는 노력은 사라지고, 정형화된 분류로 학생들을 파악하게 된다. 사고가 얼마쯤 발생하기도 하지만 대개는 지금까지의 경험치로 넘어갈 수 있다.

교사로서의 역량이 원숙해지기 시작하는 이때, 가장 무서운 것은 교사의 '마음 고갈'이다.

수업은 아이들의 흥미를 끌고, 보아야 할 것으로 시선을 향하게 하며, 들어야 할 것에 귀를 기울이게 해야 한다. 훌륭한 수업이란 교사가 아이들에게 발견과 감동을 주는 장이요 기술이다.

그러나 가장 중요한 교사 자신이 '수업에 식상한' 상태라면 훌륭한 수업은 이루어질 수 없다. 수업이 따분하여 아이들의 표정에도 생기가 사라지고, 그런 아이들의 무표정이 교사의 의욕을 꺾는 악순환이 벌어지는 것이다.

(ㄹ) 단 한 가지라도 어제와는 다른 것을

건강한 신체를 유지하려면 매일 운동해야 하듯이 활기찬 정신을 지니기 위해서도 연구와 노력은 필수이다. 미숙하고 젊었을 적엔 내부로부터 용솟음치는 의욕에 이끌려 자신을 채찍질해 갈 수 있었지만, 이 열정을 일생토록 유지하기란 매우 어려운 일이다. 그러므로 이를 메우기 위한 행동이 필요하다.

거창한 것이 아니다. 뭔가 한 가지, 어제와는 다른 것을 해본다. 그러고는 그 성과를 되돌아본다. 아이들의 발표를 이끌어 내기 위한 질문도 좋고, 보고문을 매끄럽게 정리하는 방법, 거의 웃지 않는 아이들을 웃게 하기 위한 작전, 또는 평소 읽지 않는 책 읽어보기 등 어떤 것이든 괜찮다. 새로운 일에 도전하는 것 자체가 사라져 가는 의욕을 되살려 준다.

확실히 교사의 업무는 한계에 다다라 바쁘기 짝이 없다. 하지만 본디 교사란 어떤 아이보다도 공부를 많이 해야 하는 학생이 아닌가.

화분에 물을 주지 않으면 식물이 시드는 것과 마찬가지로 자기 자신에게 신선한 물을 공급하지 않으면 정신은 말라버린다.

공부하는 마음이 사라진 교사는 교사로서의 생명을 잃은 것이나 마찬가지다. 꾸준히 공부하는 것, 이것은 교사 임무를 계속하는 이상 결코 잊어서는 안 되는 기본 원칙이다.

▶ 연구수업의 기회를 물리치지 말라

(1) 타인에게 수업을 공개한다

연구수업이라면 영 시원찮아서 피할 수만 있다면 피하고 싶다는 교사가 많다. '그렇지 않아도 바쁜데 철저히 준비할 시간이 어디 있나? 번거로울 뿐만 아니라 평가회에서 무슨 말을 들을지 불안하다.'

확실히 그럴지도 모른다. 그러나 타인에게 자신의 수업을 공개하는 것은 만사를 제치고라도 해야 할 가치가 있다.

무엇보다 타인의 시선이 있다는 생각만 해도 적당히란 말은 불가능해진다. 이것이 저항감을 낳는 원인이기도 하지만, 사람은 쉽게 흘러가려는 본성을 지닌 동물이다. 내버려 두면 자기도 모르는 사이에 편안한 쪽에 안주해 버린다. 따라서 먼저 타인에게 보이자. 그럼으로써 자신에게 짐을 지우고, 게으름에 빠진 현상 유지에서 벗어나도록 의도적으로 움직여야 한다.

연구수업만 중요하다는 말은 아니다. 세심한 주의를 기울인 단 한 차례의 수업보다 평소에 하는 보통의 수업을 다섯 차례 보이는 것이 훨씬 도움이 된다. 질보다 양이 중요하다.

수업을 보이는 상대는 수업에 대한 선입관이 없는 학부모 등 비전문가가 오히려 좋다. 자신의 교실과 수업을 더 많이 공개하자. 좀 더 많은 사람들에게 보이고 감상을 부탁하자. 그리고 다음엔 다른 사람의 수업도 보러 가자.

그러한 경험 축적은 분명 수업의 질을 높이는 원동력이 된다.

(ㄹ) 횟수를 거듭한다

타인의 눈은 거울이다. 나 혼자서는 볼 수 없는 나의 모습을 비춰 주는 거울 말이다. 성인의 흥미를 끌지 못하는 수업이 아이의 마음을 사로잡을 턱이 없다.

오직 나 홀로 학급경영을 하다 보면 아무래도 무사안일주의에 빠지기 쉽다. 직원회의 등에서도 듣기 좋은 말과 보고만 하기 십상이다.

그래서 수업을 공개해야 하는 것이다. 처음엔 저항이 클지도 모르지만, 이것은 횟수가 쌓이면서 점점 즐거워진다. 다음 번엔 이런 수업을 해야겠다는 새로운 의욕과 각오로 이어진다.

연구수업과 수업공개 등의 기회가 생기거든 결코 물러서지 말자.

▶ 과연 나는 교직에 잘 어울리는 선생님인가

(1) 발전적 변모라는 경지로

읽기는 '읽는' 행위를 통해서만 길러진다. 쓰기 능력도 '쓰기' 경험 속에서만 자라난다. 그러므로 읽고 싶은, 쓰고 싶은 마음이 가장 중요한 것이다.

미술이나 체육 교사 중에는 평생을 통하여 창작활동과 운동을 계속하는 사람이 많다. 가르치기 위한 기술습득이 아니라 자신의 기쁨을 위하여 새로운 세계에 도전하고 탈피를 계속한다. 그런 사람은 언제나 젊음을 유지하고 자신의 기량 역시 지속적으로 성장시켜 간다.

그러므로 교사는 수업의 질을 향상시키는 다른 차원에서, 반드시 어떤 창작활동이나 기술을 습득해야 한다. 창작활동이나 기예는 마음을 겸허하게 하며, 노력하는 기쁨으로 가득 차게 하고, 발전적 변모라는 경지로 이끌어 준다. 그리고 그 감동은 다시 수업에 힘을 쏟게 해준다.

(ㄹ) 얼마나 즐기고 빠져들 수 있는가

진정한 교사는 자신을 바꿔 나가기 위한 실천을 늘 계속한다. 그런 교사여야 비로소 아이에게 배우는 즐거움을 가르쳐 줄 수 있기 때문이다.

아이들은 교사 본연의 모습을 보려 한다. 아무리 힘주어 말해도 교사 자신이 자기 인생에서 기쁨을 누리지 못한다면 배우는 즐거움은 전달되지 않는다. 인생에서 자기 나름의 재미를 무엇에서 찾을 것인가? 이것은 매우 중요한 일이다.

교사라는 직업을 선택한 이상, 다른 무엇보다 수업에서 재미를 발견해야 한다. 수업의 향상을 위한 에너지를 계속해서 만들어 내는 활동을 해야 한다. 아무리 애써도 교사라는 일에 빠져들 수 없다면 그 사람은 다른 직업을 찾아야 한다. 그것이 본인은 물론이고, 무엇보다 아이들을 위하는 길이다.

어떤 일이 맞고 맞지 않고는 능력 차원의 문제가 아니다. 얼마나 즐길 수 있고, 열중하여 빠져들 수 있는가? 결국은 그것이 직업선택의 분기점이요, 훌륭한 교사가 될 수 있는가 아닌가의 갈림목이다.

2장 실력이 돋보이는 수업

▶ 수업 기술

수업 기술의 기본은 알아듣기 쉽게 설명해 주는 것이다. 아이들이 수업 내용을 쉽게 이해할 수 있어야 교사의 다른 기술도 효과를 발휘한다.

이해하기 쉽게 가르치려면 다음의 점에 주의하자.

(1) 아는 것을 모조리 가르치려 해선 안 된다

가장 나쁜 교습법은 아는 것을 몽땅 가르치려 하는 것이다.

예를 들어 길을 가르쳐 주는데 "첫 번째 교차로에서 오른쪽에 은행이 있고, 왼쪽에 편의점이 있어요. 다음 교차로에는 왼쪽에 꽃집이 있지요. 그것도 지나서 세 번째 교차로의 약국과 옷가게 사이의 왼쪽 길로 꺾어져서 조금 걸어가면 1층에 한식당이 있는 빌딩이 있습니다. 빌딩에 들어가면 승강기가 있는데 그것을 타고 3층까지 올라가면 승강기 정면에 사무실이 있습니다"라고 말하면 듣는 사람은 혼란에 빠진다.

그보다는 중요한 점만 간추려서 "세 번째 교차로의 약국과 옷가게 사이를 왼쪽으로 꺾어져서 네 번째 건물 한식당 3층에 사무실이 있습니다" 말하는 것이 훨씬 알아듣기 수월하다.

한꺼번에 많은 것을 가르친다고 머릿속에 다 들어가는 것은 아니다. 뭐든 순서를 좇아서 차츰 깊이 들어가며 가르칠 필요가 있다. 그래야 지식과 기술을 효과적으로 전달할 수 있다.

중요한 것만 똑바로 전달하고, 2차적인 것이나 사소한 것은 나중으로 미루는 방법이 있다. 아니면 2차적인 것은 자료로 나누어 주는 방법도 있다. 어쨌거나 모든 것을 한꺼번에 가르치겠다, 송두리째 전달하겠다는 욕심은 버려야 한다.

다만 이 방법을 쓸 경우에 2차적인 것을 알지 못한 채로 끝나는 학생이 나올 우려가 있다. 그런 일이 발생하지 않도록 쪽지시험이나 간단한 질문 등으로 점검해 보는 것도 좋다.

(ㄹ) 되도록 단순화하여 가르친다

자세하게 알고 있는 사람은 "이것은 그리 단순하지가 않다"고 하면서 복잡한 것을 설명하고 싶어한다. 그리고 단순화한 설명을 부정적으로 여기는 경향이 있다.

물론 현실은 복잡한 경우가 많다. 그리고 이미 기본적인 것을 알고 있는 사람에게는 복잡한 것을 가르치는 것이 맞다.

그러나 학생이 아직 기본적인 것을 모르는데 처음부터 복잡한 것을 말하면 당연히 이해하지 못한다. 처음엔 가르치고자 하는 내용을 단순화하여 알려주고, 서서히 복잡한 요소를 설명해야 보다 많은 아이들이 전체를 정확히 이해할 수가 있다.

사물의 진실은 단순하게 보아야 파악할 수 있는 법이다. 복

잡한 요소를 되도록 단순화하고, 주요한 것을 명확히 해야 사물의 본질이 눈에 들어오기 시작한다. 두뇌가 명석한 사람이라도 복잡한 것을 복잡한 채로 파악하기란 어렵다. 먼저 단순하게 하고, 거기에 복잡한 요소를 조합시켜야 복잡한 것도 이해할 수 있다.

자잘한 것은 일단 무시하고 설명한 다음, 아이들이 그것을 이해했을 때 세세한 부분을 덧붙여야 세밀한 부분까지 이해하게 된다.

(3) 가르치는 순서를 생각한다

가르칠 때 중요한 것은 순서이다. 생각나는 대로 가르치면 제대로 효과를 발휘하지 못한다. 책에도 장이 있고, 절이 있다. 그와 마찬가지로 가르치는 순서를 생각할 필요가 있다.

가르치는 순서에는 다음과 같은 틀이 있다.

① 단순한 것에서 복잡한 것으로

가장 단순한 것을 맨 먼저 제시하고, 그다음에 복잡한 예를 드는 방법이다. 이것이 가르칠 때의 기본이라고 해도 과언이 아니다.

영어를 가르칠 때를 생각해 보자. 맨 먼저 단문, 다음은 be 동사…… 이런 식으로 기본적이고 쉬운 것부터 가르치고, 다음으로 그것을 복잡하게 한 것을 익히게 해야 한다. 그와 마찬가지로 실제적인 사용빈도와는 달리 쉬운 것을 충분히 설명하고, 그런 다음 그것을 응용한 형태를 가르치는 것이다.

이렇게 하면 내용의 전체적인 모습을 이해할 수 있고, 쉬운 것에서 어려운 것으로 무리 없이 옮겨갈 수가 있다. 더구나 이런 방법이면 사물을 체계적으로 가르칠 수 있다.

② 중요한 순서대로

가장 중요한 것, 가장 빈도가 높은 것, 가장 이익이 큰 것부터 순서대로 가르치는 방법이 일반적이다. 예를 들어 영어회화의 경우에 가장 사용빈도가 높은 것은 인사이고, 자기소개일 것이다. 그러므로 그것부터 가르쳐 나가면 된다.

이 방법을 쓰면 맨 먼저 중요한 것을 가르치므로 도중에 실제로 행동해야만 하는 상황이 되었을 때 어느 정도 도움을 받을 수 있다. 다만 체계적으로 가르치게 되지 않는다는 부정적 측면도 있다. 따라서 체계적으로 가르칠 필요가 없는 것에 대해서는 이 방법이 적당하다.

③ 장면 순서에 따라

다른 한 가지 방법으로 장면의 순서로 가르치는 방법이 있다. 영어회화 책에 '공항' '비행기 안' '호텔' '상점' '파티' '친구와의 대화' 등의 식으로 나와 있는 것처럼 장면별로 공부가 진행되게 하는 것이다. 그와 마찬가지로 장면이나 사물의 방향 등에 따라 늦춤과 당김을 주어 가르쳐 나가는 방법이다.

이렇게 해야 머릿속에 쉽게 이미지화할 수가 있고, 구획이 생겨 가르치기 쉬워진다.

(4) 구체와 추상을 적절히 조합한다

뭔가를 가르칠 때, 구체와 추상 양쪽을 나눠 사용할 필요가 있다. 추상적인 것만 말하면 듣는 사람은 머릿속에서 이미지화하지 못한다. 반대로 구체적인 것만으론 일반화할 수가 없다.

먼저 추상적으로 설명했으면 이어 그것에 일정한 형태와 성질을 부여하기 위해 구체적인 설명을 덧붙인다. 구체적인 것을 먼저 말했으면 나중에 추상화하여 정리한다. 구체와 추상을 병행해야 이해하기가 쉬워진다.

한편 구체적인 예를 보일 때, 그것은 전형적인 것이어야 한다. 다른 요소가 섞여 있거나 전형적이지 않거나 하면 초보자에게는 예로서 머리에 남지 않는다. 어떤 구체적인 예를 보일 것인지 미리 생각해 두자.

(5) 설명은 신문기사의 요령으로 하면 이해가 쉽다

뭔가를 가르칠 때, 시작부터 세밀한 것을 꺼내면 듣는 사람은 이해하지 못한다. '느닷없이 무슨 소리를 하는 거야' 어리둥절해할 뿐이다. 때문에 이제부터 가르칠 내용을 간결하게 예고하고, 그런 다음에 조금씩 자세하게 설명해 나간다. 그렇게 해야 내용이 머리에 들어간다.

그런 설명방식은 신문기사를 생각하면 이해하기 쉽다.

신문기사는 먼저 큰 글자체의 머리기사가 있다. 이어 대강의 설명을 한 부분이 있다. 그 뒤를 이어 본격적인 기사가 시작된다. 그리고 가끔은 마지막에 다시 한 번 전체 요지를 정리하여 결론을 낸다.

신문기사와 마찬가지로 처음엔 대강의 전체적인 모습을 보여주고, 다음은 좀 더 자세하게 설명한 뒤에, 다시 하나하나 설명해 나간다. 마지막으로 다시 한 번 되풀이하여 정리한다.

(6) 억지로라도 정리한다

가르칠 때는 항목을 정리하여 제시하는 것이 중요하다.

예를 들어 영어의 분사구문이 나왔을 때 "분사구문에는 네 가지 용법이 있다. 동시성, 양보, 이유, 조건"의 식으로 많은 사람들이 배웠을 것이다. 그런 요령으로 "세 가지 경우가 있다" "이것엔 이유가 세 가지 있다" "대외적으로는…… 대내적으로는……" "역사적으로 보면…… 이어 지리적으로 살펴보면……"

등의 방법이 있다.

물론 때로는 연속되거나, 서로 관계가 있어서 나누기 어려운 경우도 있다. 서로 복잡하게 얽혀 있어서 그리 쉽게 나누어지지 않기도 한다. 실제로는 나누기 어려울 때가 더 많을 것이다. 그러나 억지로라도 나누어야 이해하기가 쉽다.

"사실은 서로 얽혀 있어서 나누기가 어렵지만, 이해를 돕기 위해 나누어 보면……" 하고 미리 말한 다음에 구분하여 설명하는 것도 좋다.

(ㄱ) 필요불가결한 '왜'를 설명한다

남이 하는 설명을 듣고 왠지 석연치가 않을 때가 있다. 이해한 것 같기도 한데 아무래도 수긍할 수 없는 그런 경우이다.

그럴 때는 대개 '왜?'를 이해하지 못했을 때이다. 언제·어디서·무엇을 하는지는 알겠다. 그것은 됐다. 그러나 왜 그렇게 하는 것인지 다른 방법이 있지는 않을까? 그런 의문이 떠올랐을 때, 우리는 왠지 석연치가 않은 느낌을 갖는다.

예를 들어 프랑스어처럼 많은 언어에 남성명사와 여성명사의 구별이 있다. 명사는 물론이고 명사를 수식하는 형용사도 성에 따라 변화하고, 또 그 변화형에는 규칙적인 것 외에 불규칙한 것도 있다. 프랑스어를 처음 배울 때, 그런 것을 아무리 설명해도 많은 사람들은 "왜 남성명사와 여성명사의 구별이 있을까?" 하는 의문에서 벗어나지 못한다. 그것이 해소되지 않으면 그런 규칙들을 암기할 마음이 내키지 않는다.

따라서 학생이 올바로 이해하게 하려면 "왜 그렇게 하는 것일까" "다른 것이 아니라 왜 그것을 그렇게 할까?"에 대해 설명할 필요가 있다. "이유 따윈 없다"고 한다면 그래도 괜찮다. 어떤 형태로든 이해시키지 않으면 학생은 앞으로 나아가지 못한다.

앞의 남성명사와 여성명사가 문제가 되었을 때, 교사가 "아마도 원시종교의 영향이겠지만 사물에도 남성과 여성이 있다고 보는 문화가 많이 있다. 때문에 남성명사, 여성명사의 구별이 있는 언어가 적지 않다. 마침 지금까지 배운 우리말이나 영어에는 그런 구별이 없었지만 구별이 있는 언어가 오히려 다수파이다" 설명을 하면 대개의 학생들은 나름대로 이해를 한다.

또는 아무리 애를 써도 이해시킬 만한 설명을 찾아내지 못했을 때는 "왜 남성·여성의 구별이 있는지 모르겠다. 넥타이가 여성명사이고, 여성에게만 있는 신체의 부분이 남성명사이기도 하므로 이유를 알 수 없다. 어쨌든 그렇게 문법은 되어 있다"는 설명도 괜찮다.

그러나 학생들이 아무도 의아하게 생각하지 않는데 이것이 이상하지 않느냐면서 구태여 긁어 부스럼을 만들면 이야기가 복잡해진다. 반드시 필요불가결한 것에만 한정하는 것이 좋다.

다만 따지기 좋아하는 사람은 쓸데없는 의문을 갖는 경향이 있고, 실천형인 사람은 그다지 의문을 품지 않는다. 두 가지 성향이 한데 얼려 있는 경우에 본 수업은 자잘한 이유는 말하지 말고 진행한 다음, 따지기 좋아하는 사람의 질문을 나중에 받는 형태로 가르치는 것이 현실적이다.

(8) 비유를 사용한다

이해를 돕는 설명을 하기 위해서는 비유가 효과적이다.

미지의 것을 설명할 때, 이미 상대가 잘 알고 있는 다른 것과 견주어 말하는 것이다. 배워야 할 것을 요리에 비유할 수도 있다. 물리현상을 인간관계에 비유하는 것도 가능하다.

예를 들어 "문장을 잘 쓰는 것은 어려운 일은 아니다"라는 것을 설명할 때, "문장은 자전거와 같다. 자전거를 탈 줄 모르는 사람은 탈 줄 아는 사람을 천재라고 생각한다. 하지만 누구나 하루나 이틀 연습하면 탈 수 있게 된다. 일단 탈 줄 알게 되면 평생 잊지 않는다. 그와 마찬가지로 문장도 연습하면 누구나 잘 쓸 수 있게 된다"고 말한다.

그러면 듣는 사람은 이미지화하기가 쉽다. 자기의 체험을 떠올리고 그것과 겹쳐본다. 적합한 비유를 찾아내어 그것을 적절히 사용할 필요가 있다.

다만 너무 쉬운 비유를 구사하면 때로는 학생이 점점 더 이해불능의 상태에 빠지는 경우가 있으므로 주의가 필요하다.

▶ 교차학습법이란

칼 비테가 신동이라고 세상에 알려지자, 사람들은 하나같이 어린 비테가 밤낮 가리지 않고 공부를 아주 열심히 한다고 생각했다. 물론 어린 비테는 날마다 열심히 공부했다. 그러나 비테의 아버지는 사람들이 생각하는 것과 같은 그런 교육방법은 쓰지 않았다. 아버지의 교육방법에는 뭔가 특별한 것이 있었다. 아버지의 일기에는 이렇게 씌어 있었다.

'오랜만에 만난 게릭 씨가 내게 물었다. "칼이 공부를 아주 열심히 하나 보군요. 그렇지 않고서야 어떻게 그렇게 똑똑할 수가 있겠어요?" 그래서 내가 말했다. "물론이죠. 달콤한 열매는 뜨거운 여름의 태양과 비바람을 모두 견뎌야 얻을 수 있으니까요." 그가 다시 물었다. "하루 종일 방에서 공부만 하다 보면 나가서 뛰어놀 시간도 별로 없겠네요." "뭔가 잘못 알고 계시는군요. 칼도 다른 아이들처럼 뛰어놀기를 좋아하고 틈만 나면 놀이를 해요. 오히려 그 또래 친구들보다 더 많이 놀러 다니는 걸요." 하지만 그는 여전히 내 말을 믿지 못하겠다는 눈치였다. 하느님을 섬기는 사람으로서 내가 왜 아무 이유도 없이 그를 속이겠는가? 이는 하느님도 알고 있는 분명한 사실이다.'

훌륭한 교사는 아이들에게 공부하라고 잔소리를 해대거나 책상 앞에 억지로 앉히지 않는다. 오로지 아이들이 공부에 흥미를 갖게 할 방법을 찾느라 바쁘다.

지금 교차학습법에 대해서 소개하겠다. 비테의 아버지가 어린 비테에게 행한 여러 교육방법 가운데 하나이다. 교차학습이란 무엇일까? 바로 학습내용을 때에 맞게 바꾸어 주는 것을 말한다. 이 방법은 오랜 시간 뇌의 활동을 활발히 하고 학습효율을 높이는 효과가 있다.

아이들이 새로운 사물이나 내용을 받아들이는 데는 한계가 있다. 다시 말해 아무리 새로운 것이라도 오래 보다 보면 금방 싫증이 난다. 이는 공부에도 적용된다. 한 가지 공부에만 매달린다면 누구라도 금방 공부에 흥미를 잃고 만다.

그럼 어떻게 해야 흥미를 오래 유지시킬 수 있을까? 가장 좋은 방법은 공부 과목을 적절히 바꿔주는 일이다.

오후 자습시간에 교사가 아이들에게 수학문제를 풀어서 제출하도록 시켰다. 아이들은 어려운 수학문제를 푸느라 끙끙거리고 있다. 머리가 아프도록 문제를 들여다봐도 답이 잘 떠오르지 않는다. 아이들은 바짝 인상을 찡그리며 제대로 풀리지 않는 수학문제 때문에 스트레스를 받고 있다. 한 아이가 선생님에게 응석 부리듯이 도움을 요청해 본다.

"수학문제가 너무 어려워요. 아무리 봐도 답이 뭔지 모르겠어요."

그러자 다른 아이들도 덩달아 하소연한다.

"선생님, 머리가 깨질 것 같아요."

"선생님, 이렇게 어려운 문제를 누가 풀 수 있을까요?"

수학을 잘한다고 항상 자신만만해하던 아이도 벌떡 일어나 말한다.

"오늘은 이상하게 답이 안 나와요. 문제를 아무리 봐도 답이 뭔지 모르겠어요."

이럴 때 교사는 어떻게 해야 하나? 융통성 없고 고지식한 교사라면, 그대로 아이들이 수학문제를 계속 풀도록 억압할 것이다. 더욱이 그러한 교사는 아이들이 반항하는 것이 아닌가 하고 생각할지도 모른다.

그러나 이제 수학책을 덮게 하는 것이 어떨까? 어렵기 그지없는 수학책은 덮고, 아이들이 좀 더 가볍게 공부할 수 있는 책을 꺼내라고 말해야 한다. 방금 전까지 지끈거리던 두통마저 싹 사라질 것이다.

그렇게 한참 재미있는 과목들에 빠져 있다가 30분쯤 뒤에 풀다 만 수학문제를 다시 펴들어야 한다. 정말 신기하게도 몇 분도 되지 않아 금방 문제의 답이 아이들의 머릿속에 떠오를 것이다. 세상에 풀지 못할 정도로 어려운 수학문제를 낼 교과서는 없기 때문이다.

교차학습법은 초등학교 공부에 많은 도움이 된다. 물론 성인이 되고 학교를 졸업한 뒤에도 그 방법을 다양한 방면에 활용할 수 있다. 생활 속에서 겪는 모든 일에 어려움이 닥칠 때마다 무조건 매달리기보다 적절하게 임기응변을 발휘하는 법을 아이들에게 은연중에 가르칠 수도 있다. 때로는 새로운 각도에서 문제를 바라보며 해답을 찾고, 그때마다 더 좋은 대처방안을 생각해 내기도 하는 것이다.

이렇듯 교차학습법은 학습시간을 절약시켜 줄 뿐만 아니라, 풀리지 않을 것만 같은 어려운 문제를 술술 풀리게 하는 하나의 만능공부법이다.

▶ 암기와 체험학습, 둘 중 어느 것이 좋을까

시험을 치르기 위해서 열심히 공부하던 시절이 있었다. 바로 단편적인 지식의 기억 경쟁만이 난무하던 때이다. 그런 경향이 아이들에게 여러 가지 문제를 일으키자 그 개선책이 마련되었다. 그래서 암기학습은 뒤로 물러나고 체험학습이 중시되기 시작했다. 그런데 그 결과로 초등학교 현장에서는 암기학습과 체험학습이 대립적 관계에 놓이는 상황이 벌어졌다. 즉 체험학습은 주체적 학습이며 암기학습은 수동적 학습이라는 의견이 대두된 것이다.

하지만 사실이 꼭 그런 것만은 아니다. 어떤 학습법이든 아이들의 학력 증진을 위해 저마다 맡은 바 역할이 있기 때문이다. 이런 점에서 상호 보완적 관계에 서야 할 두 학습법을 대립적 관계에 두는 것 자체가 커다란 오류는 아닐까.

한때는 교사들이 체험학습을 너무도 중시한 나머지 아이들을 데리고 자주 밖으로 나가곤 했다. 그리고서 학년말 시험을 준비하면서 그 어느 해보다도 좋은 결과가 나오겠거니 하는 자신감을 가졌었다.

그런데 결과는 과연 어떠했을까? 말 그대로 참담하기 이를 데 없었다. 어쩌면 당연한 일이다. 이해하는 것과 외우는 것은 분명 다르기 때문이다.

교사들은 지금도 몸으로 직접 겪은 경험이어야만 오래도록 기억에 남는다는 말을 많이 한다. 사실 여기에는 엄청난 해석상의 차이가 있다. 우리는 날마다 수만 가지 체험을 하며 살아간다. 그러나 그 모든 체험들을 모두 기억하지는 못한다. 오히려 대부분의 체험들은 쉽게 잊힌다. 자신과 직접적인 관련이 있는 특별한 체험만을 기억하는 것이다.

사실 기억이라는 측면에서 볼 때 시각적인 장면보다는 언어로 된 것이 훨씬 더 잘 외워진다. 말이란 여러 사상(事象)을 짧게 응축하여 이해하기 쉽게 바꾼, 어떤 신호 같은 것이기 때문이다.

기초가 튼튼해야 그 위에 거대한 성곽도 쌓을 수 있다. 원인이 어디에 있든 그 참담한 시험 결과를 바꾸어 놓을 뭔가 획기적인 학습방법이 필요한 것은 확실하다. 암기학습, 과연 나쁘기만 한 것일까? 체험학습, 과연 100퍼센트 좋은 학습방법인가?

▶ 아침공부 10분

아이들의 눈에 띄는 성적향상은 교사에게 큰 기쁨을 안겨준다. 그런데 요즈음 아침시간을 잘 활용하는 젊은 교사들이 늘고 있다. 본격적인 수업에 들어가기 전에 아침시간을 활용하여 아이들에게 학습의욕을 불어넣는 것이다.

사실 이렇게 하면 정규 수업 시간은 그만큼 줄어든다. 하지만 정규 교과 과정을 따라가는 데에는 무리가 없다. 아니 오히려 아이들 전체의 학력에 있어서는 훨씬 높은 결과를 얻을 수도 있다.

다른 학습을 시작하기 전인 아침에 읽기와 계산 같은 기초 과정을 반복 연습하면 뇌가 활성화되어 이후의 학습이 훨씬 효과적으로 이루어질 수 있다. 본격적인 운동에 들어가기 전에 가벼운 체조나 스트레칭으로 몸을 풀어야 무리도 없고 더 큰 운동 효과를 기대할 수 있는 것과 똑같다. 공부도 마찬가지이다. 새로운 내용을 배우기 전에 뇌의 활동에 워밍업을 해주어야 본격적인 학습을 할 때 더 집중할 수 있고, 새로운 내용들을 부담 없이 받아들일 수 있다.

그러면 아침공부는 어떻게 할 것인가.

매일 아침마다 10분씩 시간을 할애하자. 기본적으로 10분 정도 소리내어 국어책 읽기를 시키든가, 아니면 10분 정도 수학문제를 풀도록 시키는 것이다. 한 과목에 10분 정도가 적당하다.

너무 길면 아이가 집중하기 어렵기 때문이다. 익숙해지면, 15분 짜리 학습을 한두 과목 정도 더 연결해 가는 것이 좋다.

무엇보다 중요한 것은 쉬지 않고 꾸준히 하는 것이다. 운동 선수가 웨이트 트레이닝을 통해 날마다 근력을 강화하듯이, 반복 연습은 아이들의 기초 학습 능력을 계획적으로 높여가는 훈련이다. 운동선수가 매일의 운동을 게을리하면 얼마 못 가서 체력이 떨어지고 마는 것처럼, 반복 연습을 들쭉날쭉하거나 곧장 효력이 안 나타난다고 포기하면 학습 능력이 자랄 수 없다.

물론 정규 과정은 아니지만, 결국은 이런 반복 연습을 통해 학습능력이 증진되기 때문에 훨씬 더 높은 학력을 갖출 수 있다. 또한 반복 연습을 통해 아이들의 집중도나 사고력이 향상되면서 다른 학습의 진행 속도가 빨라진다. 덕분에 정규 수업 시간을 줄이고도, 결과적으로는 모든 교과 과정을 소화할 수 있는 것이다.

▶ 고삐를 놓아라, 아이를 스스로 가게 하라

이미 알다시피 칼 비테는 아홉 살 때부터 6개 국어를 했다. 여기에는 그의 아버지가 들인 공이 크다.

비테 아버지의 교육방침은, 가르치는 사람이 아이를 끌고 가선 안 된다는 것이었다. 그래서 비테가 재미를 느끼도록 이끌다가, 흥미를 보이면 그제야 가르치기 시작했다.

비테는 세 살 반쯤 되었을 때부터 책을 읽었다. 그러나 결코 강요 때문이 아니라 재미 때문이었다. 그의 아버지는 먼저 아들이 볼 만한 그림책을 가져와 그 내용에 대해 신나게 얘기해 주었다. 그러곤 이런 말을 슬쩍 흘렸다.

"네가 글자를 알면 이걸 다 읽을 수 있을 텐데……."

어떨 때는 책만 보여주며 "이 책은 정말 재미있는데, 오늘은 얘기해 줄 시간이 없어 아쉽구나" 말했다. 이때 비테는 어떤 생각이 들었을까? 그의 가슴속에서는 어떻게 해서든 그 책을 읽고 싶다는 바람이 샘솟았다. 비로소 아버지는 아들에게 글자를 가르치기 시작했다.

그의 아버지가 글자를 가르치는 방법은 오늘날 학교의 방식과 사뭇 달랐다. 그는 가로세로 10센티미터 정도의 큰 활자로 인쇄된 독일 문자와 로마자, 아라비아숫자를 10개씩 준비했다. 그리고 그것을 같은 크기의 판자에 붙인 뒤, 놀이하듯이 아들에게 가르쳤다. 먼저 모음을 익히게 했고, 그 뒤 철자놀이를 통해서 단어 만들기를 하게 했다. 서양의 글자는 26자밖에 없다. 게다가 독일어 발음은 영어와 달리 규칙적이기 때문에 비테는

글자 읽는 법을 쉽게 떼었다. 다시 말해서 많은 연습을 통해 읽는 방법을 익힌 것이 아니라 발음 규칙을 외운 것이다. 이렇게 일단 읽기를 익히자, 독일어를 올바르게 배운 데다 어휘를 많이 아는 비테는 손쉽게 책을 읽을 수 있었다.

비테 아버지의 외국어 교육 방법을 요약하자면 이렇다.

먼저, 외국어는 외우기 전에 익숙해져야 한다. 따라서 문법을 기초로 외국어를 가르치려는 생각은 재고해야 한다. 우리가 어렸을 때 말을 어떻게 배웠는지 떠올려 보자. 일단 듣기 말하기를 한 뒤, 한참 있다가 글자를 배우기 시작했다.

다음으로, 어릴수록 같은 이야기를 몇 번씩 반복해서 들어도 싫증내지 않는다. 어른은 한 번 읽은 내용을 다시 들춰보지 않지만, 어린아이는 같은 이야기를 여러 번 들으면서도 재미있어한다. 어른의 생각으로 아이의 마음을 섣불리 판단해서는 안 된다.

비테가 글자를 익힌 법을 설명한 까닭은, 오늘날 교육은 영어 문제를 빼놓고 생각할 수 없기 때문이다. 또한 무엇보다 아이들이 외국어에 다가서기도 전에 흥미를 가로채고 마는 우리 교육 현실을 일깨우기 위해서이다.

프랑스 철학자인 디드로는 "인간의 의무는 세상을 유쾌한 곳으로 만드는 일이다"라고 말했다. 물론 교사의 의무도 학교를 유쾌한 곳으로 만드는 것이다.

아이들에게 공부의 참맛을 조금이라도 더 알게 하자. 아이들이 학교에 오는 까닭은 점수로 등급을 나누기 위해서가 아니라, 공부하는 법을 배우기 위해서이다.

▶ 의욕을 샘솟게 하는 수업

'왠지 오늘 수업은 순조롭지가 않네' '아이들의 반응이 없어' 이렇게 느끼는 것은 노련한 교사도 마찬가지이다. '수업이 생각처럼 되지 않는다, 좀 더 재미난 수업을 원한다'는 문제의식을 가져야 교사로서의 성장이 있는 것이다.

수업의 주체는 아이들이다. 따라서 아동의 실태에 맞게 방법도 바꾸어야 한다. 그러면 요즘 아이들에게 맞는, 의욕을 샘솟게 하는 수업이란 어떤 것일까?

(1) 의욕을 높이는 수업의 조건들

첫 번째로, 아동은 뭐니 뭐니 해도 수업내용이 재미있을 때 의욕을 보인다. 흥미 없는 이야기를 듣는 것은 어른도 싫어한다. 수업내용에 흥미와 관심을 기울이는 것, 이것이 가장 중요하다.

두 번째로, 학습내용을 이해한다, 더 잘할 수 있을 것 같다는 반응이 느껴져야 한다. '모르겠다'는 것만큼 따분한 일은 없다.

세 번째로, 수업 진행방식을 재미있다고 느껴야 한다. 항상 책상에 붙어 앉아 있는 것은 아이들이 아니라도 따분한 일이다.

네 번째로, 학습에는 평가가 따르기 마련이므로 평가에 만족할 수 있어야 한다. 교사가 한 평가를 일방적으로 강요하기만 해서는 아이들의 의욕을 높일 수 없다.

다섯 번째로, 학습의 흥미나 관심과도 관계가 있다. 학습한 내용과 관련해 자기 나름의 의견이 있어야 한다.

이런 조건이 있을 때, 아이들은 의욕이 생긴다. 교사는 의욕을 샘솟게 하는 수업을 연구해 나가는 것이 중요하다.

(ㄹ) 흥미와 열의를 높여라

수업전개 방식에는 '교과서를 읽는다, 설명하고 칠판에 쓴다, 쓰게 한다, 연습문제를 풀게 한다' 등이 있다. 그리고 매번은 아니더라도 수업전개 방식에 변화를 주어야 한다.

① 경험과 실물의 응용

아이들이 자기 눈으로 확인할 수 있는 내용, 경험한 적이 있는 것을 이용하여 자기 생각을 전개할 수 있게 한다.

예를 들어 수학시간에 무게를 공부한다고 하자. 솜 1킬로그

램은 얼만큼일까 예상하게 하고 실물을 보여주면 아이들은 깜짝 놀라면서 무게학습에 매우 흥미를 보이며 임한다. 실물을 보이는 것, "네? 어째서요?"라고 놀라게 만드는 교재의 제시 등을 연구함으로써 아동의 흥미를 높일 수가 있다.

② '할 수 있다'를 실감토록

집단지도로 이해하는 아이와 특별한 설명이 필요한 아이를 파악하고, 각각에 대한 대응을 모색한다. 예를 들면 연습문제를 풀 때, 빠르게 푸는 아이에게는 발전적인 문제를 시키고, 그사이에 개별지도가 필요한 아이에게는 직접 학습을 돕는 등 아이들의 다양성에 맞게 적절히 대응한다.

③ 그침 없는 새로운 변화와 다양성

교과서를 읽힐 때에도 항상 똑같은 방법을 쓰지 말자. 좋아하는 곳에서 읽게 한다, 틀리면 모둠에서 교대로 읽는다, 둘이서 번갈아 가며 읽는다 등 아이들이 식상하지 않아할 만한 궁리가 필요하다. 또 빙고표를 준비하여 학습한 내용을 쓰게 하고, 순서대로 발표를 시켜서 자기의 표에 있으면 지워 나가는 놀이 형식은 어떨까? 계산문제에서 답이 나오면 아이들이 좋아하는 캐릭터에 색칠하게 하는 놀이 요소도 아이들의 참여를 도울 것이다.

비디오나 컴퓨터 등 시청각 교재를 이용하는 것도 요즘 아이들은 매우 좋아한다. 또한 지역에 나가서 조사학습을 하거나, 자원봉사에 참가하는 등 체험형 학습을 도입하는 것도 아이들이 즐겁게 배우도록 돕는다.

나아가 미래의 꿈과 희망하는 직업에 대해 생각하게 하거나, 나와 친구의 좋은 점을 찾아내게 하는 수업에도 아이들은 큰 흥미를 보인다. 나와 친구, 자신의 생활방식을 생각하는 것은 인간에게 매우 중요한 일이므로 적극적으로 도입하도록 한다.

이를 통해 평소 수업에서 별로 말이 없던 아이가 생활경험을 바탕으로 자신 있게 발언하는 등 아동의 자기긍정성을 높일 수도 있다.

④ 구체적인 노력의 성과에 대한 평가

학습성과만을 평가하면 몇몇 아동만의 의욕을 높이는 데 그칠 수 있다.

그러므로 '공책 정리를 알아보기 쉽게 잘하는구나' '귀한 곤충을 발견했구나' '다른 아이들과 다른 생각을 했구나' 등 구체적인 상황에서 아동의 노력을 평가하는 것이 중요하다. 또한 자기들끼리 서로 노력한 점, 잘한 점을 평가하는 시간을 마련하고, 카드에 적게 하는 등의 상호평가를 하는 것도 효과적이다. 친구에게 인정을 받음으로써 자신감이 높아질 뿐만 아니라 아이들끼리의 관계형성에도 도움이 된다.

⑤ 배운 지식을 실제 생활과 연결

역사를 배운 뒤에 자기가 사는 도시의 옛 모습을 찾아본다 든지, 배운 단어를 사용하여 일기를 써보는 등 일상생활과 관련지어 보는 것도 중요하다. 아이들만으론 어려우므로 교사가 보기를 보인 다음, 배운 지식이 생활과 어떤 관계가 있는지를 생각하고, 학습내용을 실감할 수 있는 장면을 설정한다. 그것이 학습에 의미를 부여해 주고 의욕을 더해 준다.

이와 같은 핵심을 고려하면서 자기 나름대로 연구를 하도록 한다. 정해진 형식대로만 하면 수업을 고안해 내는 재미도 줄어든다.

수업 만들기도 경험이다. 아동의 흥미를 끄는 수업거리를 많이 지닌 교사는 아이들이 흥미를 보일 만한 사물이나 교재로 쓸 수 있는 것을 찾는 데 여념이 없다. 또한 교사도 자기가 흥미가 있는 것에는 의욕을 갖게 마련이다. 먼저 교사 자신이 좋아하는 분야부터 시작해 보자.

▶ 야외활동과 캐릭터 인형

(1) 학교 밖 수업 때의 집합은 과장된 몸짓으로

"여기, 여기야!" "자, 줄 서라, 빨리!" 등의 큰 소리로 현장학습 장소에서 쩔쩔매는 선생님을 볼 수 있다. 학교 안과 달라서

남의 이목이 신경 쓰이는 공공장소인데, 아이들이 좀처럼 말을 듣지 않고, 딴짓을 하거나 자기들끼리 떠들어서 통제가 되지 않는 상황이 벌어지지 않았는가?

인기교사라면 요령껏 아이들을 모으고, 철저하게 지시를 지키게 하고 싶을 것이다. 그러려면 기술이 필요하다. '과장된 몸짓으로' 해야 한다.

교사가 한 팔을 높이 올리고 손바닥을 펴서 크게 흔들다가 주먹을 꽉 쥐고, 다른 한 손은 입에 대고 "쉿!"이라고 하면 '조용히'를 의미한다든지, 두 다리를 크게 벌리고 서서 두 팔을 머리 위로 올리고 천천히 손바닥으로 "이리 와, 이리 와"를 외치면 '선생님이 서 있는 곳에 두 줄로 집합'을 뜻한다거나 등의 독특한 몸짓으로 지도하면 훨씬 수월하다.

집합장소가 혼잡하고 소음이 많으며 차분하지 않은 경우에 몸짓만으로는 효과가 없을 때가 있다. 그런 곳으로 데려갈 때는 '○○초등 4-2', '주목!', '중요한 말' 등을 크게 인쇄한 A3 크기의 복사지를 준비한다. 현장에서 그때그때 쓸 수 있는 미니 화이트보드도 좋다.

집합시켰으면 곧바로 앉게 한다 → 학습 핵심을 요령 있게 설명한다 → 주의사항을 전달한다 → 플립 카드로 다시 주목시킨다 등을 신속하게 진행하여 지도하면 된다.

(ㄹ) 교사의 캐릭터 인형

인기 있는 학급담임이 되기 위한 방법으로 '담임 캐릭터'의 활용을 들 수 있다. 간결하게 그려서 코팅을 한 담임의 얼굴, 또는 얼굴사진을 컬러로 인쇄하거나, 담임의 모습을 본뜬 캐릭터 인형을 준비해 두면 매우 편리하다.

아이들에게는 약간 엄격한 주의사항도 의인화한 담임선생님의 캐릭터로 대변하게 하면 순수하게 받아들인다. 또 일러스트로 만든 가정연락용 프린트나 편지 등에도 넣을 수 있으므로 편리하다.

또 얼굴 모습을 도장으로 만들어서 학습지 프린트나 과제물 등에 '보았습니다'라는 확인 도장을 찍을 수도 있다.

자기 캐릭터가 부끄럽다면 동물이나 가공인물을 등장시켜서 학급의 인기 캐릭터로 삼아도 재미있을 것이다.

특히 초등 저학년에게 효과적인 교구는, 담임교사의 얼굴을 모티프로 한 종이 그림판이다. 그림과 같은 캐릭터에 나무젓가락을 붙인 간단한 것이면 된다.

뒤에 자석을 붙여두면 칠판에도 금세 붙일 수가 있어서 편리하다. 캐릭터가 말하는 것처럼 "잊지 마라! 선생님의 부탁이야" 써놓으면 재미난 판서도 된다.

미국의 한 초등학교 교사는 헝겊인형(양배추 인형)을 가끔

사용한다. 그 선생님은 금요일마다 헝겊인형을 돌아가면서 아이들에게 들려 보내고, 월요일이 되면 인형과 어떻게 주말을 보냈는지 친구들 앞에서 소개하게 하는 수업을 한다. 표현력을 기르는 지도법이다.

▶ 1학기 성적은 조금 박하게 평가한다

새로 임용된 교사가 흔히 하는 고민 가운데 '모두 착한 아이들로 보여서 도대체 평가할 수가 없다'는 것이다. 이런 고민을 하는 것은 동경하던 교사가 된 것이 기뻐서 담임을 맡은 학급 아이들 모두를 애정을 갖고 바라보기 때문이다.

그것 자체는 바람직한 것이고, 아이들도 '좋은 선생님'이라고 생각하므로 좋은 일이지만, 생활통지표를 써야 하는 단계에 오면 비로소 곤란한 사태에 빠지는 것이다. 즉 '차이를 따질 수 없는' 교사 자신의 무른 태도가 드러나게 된다.

다른 아이와의 비교가 아니라 그 아이 자신의 변화에 초점을 맞추면 좋은 평가를 할 수 있다.

그러나 교과 단원별로 설정되어 있는 규준(목표에 따른 평가)도 생각해야 한다. 그러므로 평가가 쉽지 않은 것이다.

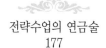

"A는 1학기 동안 나름대로 많은 노력을 했어" "B는 가정 상황으로 볼 때, 노력하고 있는 거야" 등등 결국 주관적인 평가를 내리기 쉬운데, 이렇게 하면 좋은 평가가 되지 않는다. "A는 수학에서 두 자릿수의 나눗셈을 확실하게 할 수 있게 되었다" "B는 '띄어 읽기'를 올바로 할 수 있게 되었다" 등 구체적으로 의견란에 쓸 수 있을 정도로 재료를 모아둘 필요가 있다.

홀륭한 교사는 생활통지표를 쓰기 한 달쯤 전부터 학급 아이들 모두의 학습능력기록표(교사 개인의 메모)를 점검하기 시작한다.

나아가 중요한 것은 '1학기 성적은 야박하게 매기는' 기술을 써야 한다. 즉 2학기에 계속된 성적 향상의 여지를 남겨두는 배려인 것이다.

아이의 성장을 1년 동안 구간별로 보기 위한 지도상의 방법인데, 이것은 절대로 아이나 학부모에게 알려선 안 된다. 무심코 학부모회에서 "1학기는 약간 짜게 성적을 낸답니다" 말해 버렸다간 큰일난다.

▶ 국어 수학 영어 왜 배우는지 이야기해 준다

(1) 생각의 근육을 키워주는 국어

아이들은 때때로 짓궂은 질문을 던져 선생님을 당황하게 만들기도 한다. 개중에는 아주 심각한 표정으로 진지한 질문을 하는 아이도 있다. 대체로 아이들이 영어나 수학에 비해 국어 과목을 덜 부담스러워하는 경향이 있다. 왠지 엉뚱한 질문을 하곤 하는 아이들을 위해 선생님은 만전을 기해야 한다.

혹시 아이들 가운데 이런 질문을 하는 아이는 없는가?

"선생님, 국어공부는 왜 해야 해요? 우린 모두 읽고 쓸 줄 아는데 말이에요."

만일 당신이 국어교사라면 이런 엉뚱하고도 복잡한 질문에 어떻게 대답할 것인가. 이렇게 설명하는 것은 어떨까.

"우리 몸은 겉보기에 그냥 하나 같지만, 몸이 활동하려면 몸 속 여러 기관과 근육이 착착 움직여야 해. 국어도 마찬가지야. 꽤 어려운 여섯 분야가 한 과목으로 어우러진 것이란다. 듣기· 말하기·읽기·쓰기·국어 지식·문학을 두루 익혀야 국어를 잘 한다고 할 수 있지. 어때, 우리나라 말이니 대충 해도 쉬울 거 라는 생각이 싹 사라지지?

받아쓰기를 100점 맞고 책을 술술 잘 읽는다고, 또 단지 책 을 많이 읽는다고 해서 안심해서는 안 돼. 여섯 분야의 실력이 골고루 오르지 않으면 국어는 '가깝고도 먼 과목'이 될 뿐이야. 국어는 이렇게 복잡한 과목이어서 자칫 소홀히 했다간 학년이 올라갈수록 점점 더 어려워진단다. 기초가 튼튼하지 못하니 당 연한 결과지.

그러면 어떻게 해야 국어를 잘할 수 있을까? 바로 친구나 가족과 함께 퀴즈를 내며 공부하는 거야. 국어는 다른 과목과 달라서, 혼자 공부해선 실력이 금방 늘지 않아. 문장과 글 내용을 잘 이해해야 국어 문제를 잘 풀 수 있어. 문단 나누기, 글의 소재와 주제, 주인공과 지은이의 생각, 표현 기법 등을 파악해야 하는 거야.

그런데 이런 것들을 혼자서 하기란 매우 어렵단다. 그렇다고 자습서만 믿고 혼자 공부하면, 오히려 생각하는 힘을 잃을 수도 있어. 퀴즈를 낸다는 걸 어렵게 생각할 필요는 없어. 전과에 나오는 해설들을 질문으로 만들어서 서로 묻는 것도 좋은 방법이지. 예를 들면 '1문단은 어디까지일까?' '1문단의 중심 내용은?' '불만의 반대말은?' '솜털 같은 뭉게구름이란 표현은 어떠니?'처럼. 쉽지? 이렇게 글을 이해하는 능력을 키우면, 국어뿐 아니라 다른 과목 성적도 쑥쑥 오를 수 있을 거야."

(ㄹ) 국어 사용능력 기르기

의사소통과 정보확장의 도구인 언어를 통해 한 개인의 성격이나 인격이 완성된다. 따라서 언어를 이용해 정서를 키우고 교감하는 기회를 풍부하게 가져야 한다. 사람은 태어나면서부

터 언어를 이해하고 표현하는 능력을 지니며, 후천적으로 강화-모방-학습에 의해 언어가 발달하면서 생각과의 상호작용을 통해 계속 성장한다.

국어는 그 자체가 하나의 교과이기도 하면서 다른 교과 학습을 위한 '도구 교과'의 성격도 가지고 있으므로, 읽고 쓰는 문자언어 능력 습득이 필요하다. 수학이나 과학 등을 학습하거나 문제를 해결하려면 먼저 글을 읽어야 한다. 읽기를 통해 글의 내용을 이해하고 해석하며 종합적으로 판단하는 능력이 형성된다.

① 1~2학년

책 읽는 즐거움을 느낄 수 있도록 글을 소리 내어 읽고 독서나 일기 등 다양한 활동에서 부모가 함께하는 기회를 만드는 것이 좋다. 아이들이 복합적 언어활동에 익숙해지려면 일상생활에서 자연스럽게 완성 문장을 쓰고 말하는 연습이 필요하다.

일상의 경험을 주제로 한 말하기와 쓰기 등이 도움이 된다. 월요일 국어시간에는 주말에 가족과 한 일에 대해 발표하는 기회를 주도록 하자.

② 3~4학년

퀴즈 만들기, 편지 쓰기, 주요 장면 그리기 등 여러 가지 표현 전략을 통해 아이들의 독서 능력을 키워야 한다. 책 한 권을 정해 놓고, 한 달에 한 번 독서퀴즈대회를 열어 아이들에게 이야기 속 인물과 주제, 내용들을 두루 파악할 수 있는 기회를 주자.

③ 5~6학년

더욱 다양한 글을 접해야 한다. 일기와 편지 등 정서적인 글, 전기물, 논설문, 각종 정보 서적을 비롯하여 수준에 알맞은 문학작품으로 확대해 나가는 것이 좋다.

글을 읽은 뒤에는 창의적 또는 논리적 글쓰기를 통해 발표력과 사고력을 키울 수 있게 하자.

성인이 쓰는 언어의 상당 부분은 초등 시기에 완성된다. 지적 기반 확대에 필요한 어휘력과 이해력을 키우려면 이 무렵에 많이 읽고 생각하고 써보아야 한다.

(3) 수학은 모든 공부의 기초

'별 쓸모도 없으면서 어렵기만 한 수학을 왜 배울까? 과자 값 계산할 정도만 알면 되는 거 아닌가?' 이런 생각을 해보지 않은 아이가 있을까? 그렇지만 수학은 꼭 배워야 하는 중요한 과목이다. 새 학기 첫 수학시간에 아이들에게 이렇게 주지시키자.

"수학은 모든 과목에 필요한 기초야. 선생님은 여태껏 '수학만 잘하는 아이'는 본 적이 없어. 수학을 잘하면 다른 공부도 잘할 수 있는 기본 능력을 갖게 되는 거야. 도형을 배우면서 공간에 대한 감각이 생기고, 넓이나 부피를 구하면서 사물을 측정할 수 있는 능력이 길러진단다. 그리고 방정식을 풀려고 끙끙 머리를 굴리는 동안 식을 만들어 내는 실력이 쌓이고, 문장으로 된 응용문제를 이해하다 보면 어느새 깊이 있는 사고력이 생긴단다. 얘들아, 당장 너희가 받은 수학 점수는 중요하지 않단다. 진짜 필요한 건 수학 문제를 하나씩 풀어가면서 키우는 논리적 생각의 힘이야.

수학 공부가 참 힘든 것 이해해. 공부하면 당장은 성적이 쑥 오르는 것 같다가도, 어느새 큰 벽에 부딪혀 앞으로 나아가지 못할 때가 많으니까. 하지만 너희에겐 '이해'와 '연습'이란 장대가 있다는 사실을 잊어선 안 돼. 그 벽은 결코 '외우기'라는 도움닫기 정도로는 넘지 못해. 하지만 원리 자체를 이해하려 노력하고 여러 문제를 풀며 연습하면, 어느샌가 그 벽을 넘어선 자신을 볼 수 있을 거야.

그리고 수학은 고리로 이어진 과목이란다. 앞 과정에 대한 이해 없이는 다음 과정으로 넘어갈 수 없지. 분수·소수·최소공배수·최대공약수를 전혀 모르면서, 분수와 소수의 덧셈·뺄

셈·곱셈·나눗셈을 한다고 하자. 과연 좋은 결과를 얻을 수 있을까? 아니야. 그래서 너희 중에는, 문장으로 된 응용문제가 나오면 포기부터 하는 사람도 많을 거야. 이 때문에 수학은 물론 다른 공부에 대한 흥미와 자신감까지도 잃고 말지. 벽돌을 한 장 한 장 쌓아올리듯이 수학의 기초를 차근차근 다지자.

그동안 배워온 단원에서 잘 이해가 가지 않는 부분이라도 있니? 그러면 그 부분은 꼭 짚고 넘어가야 해. 고리가 한 번 끊어지면, 나중에 나오는 수학 문제를 감당하기 힘드니까. 이렇게 차근차근 단계를 거쳤다면 기본 과정부터 심화 단계까지 한 권에 고루 나와 있는 문제집을 풀어 정리해 봐. 이때 틀린 문제는 해답에 나와 있는 해설을 참고하여 오답 노트에 깔끔하게 정리해 놓고 나중에 어느 부분에 실수가 많은지도 확인하는 과정이 꼭 필요하단다.”

(4) 수학 사용능력 기르기

수학은 개념, 원리, 법칙을 이해하고 기능을 습득하여, 주변의 여러 현상이나 문제들을 수학적으로 관찰하고 해석하는 힘을 키우며 합리적으로 해결하는 능력과 태도를 기르는 교과이다.

초등학교 수학은 이런 목표 달성을 위해 수와 연산, 도형, 측정, 규칙성, 확률과 통계의 다섯 가지 영역을 제시한다.

국어와 마찬가지로 기초 기능 발달을 자극하는 수학 또한 도구 교과의 성격을 지닌다. 사회와 과학에 나오는 도표나 그래프 이해, 관찰과 측정, 결과 해석 등에 수학적 지식과 연산 능력이 활용된다.

수학적 문제해결에서 강조되어야 할 부분은 빠르기보다 정확성이다. 문제를 정확하게 살피는 집중력과 문제를 풀어내려는 끈기와 열정이 필요하다.

① 1~2학년

수의 개념과 수 체계를 깨우치는 것이 중요하므로 구체물을 통해 사칙 연산과 도형 내용을 학습한다. 전화번호, 물건 값 등 실생활 중심으로 수와 관련된 연산에 친해지도록 하고, 수학 교구나 놀이도구를 이용하는 것이 좋다.

주변의 사물이나 대상, 자연을 관찰하고 체험하는 기회를 통해 수학적 인식을 넓히고, 수학 그림책이나 수학 동화책을 읽게 해서 수학적 경험을 풍부하게 해주자.

② 3~4학년

수학적 개념과 원리를 이해하여 연산의 기초 위에 사고력을 쌓아야 한다. 특히 분수와 소수 개념이 확실히 자리 잡을 수 있도록 신경 써야 한다. 일상생활에서 아이가 분수의 의미를 여러 가지로 생각하고 상황에 맞게 사용하는 경험이 중요하다.

이때부터 수학을 어렵게 느끼고 실제 수학 실력에도 차이가

생기기 시작하므로, 수학 연산 능력을 정착시킬 수 있도록 기본 개념을 다져주고 응용문제에 대한 적응력을 키워주자.

③ 5~6학년

도형 비중이 높아지면서 넓이와 부피 단위 환산이 접목되고, 구체적 사고에서 추상적 사고로 전환되며, 당연히 학습 내용도 많아진다. 무엇보다 언어력이 풍부해야 수학적인 추상 사고에 어려움을 느끼지 않는다.

문제 해결 과정에서 실수가 잦기 때문에 오답 노트를 만들어 올바른 풀이 과정을 익힐 수 있게 하자. 오답 노트는 유사 문제 해결에도 도움을 주어 수학 실력과 자신감을 키워준다.

수학은 기본 실력이 중요하므로 저학년 때부터 충분한 연습과 노력이 필요하다. 특히 틀린 문제는 반드시 다시 해결하는 과정을 거쳐야만 개념과 원리를 확실히 익히게 된다. 이때 교사가 아이의 실수나 잘못을 지적하면 수학에 대한 자신감과 흥미를 잃을 수 있으므로 확인과 점검에만 의미를 두자.

(5) 영어를 잘하면 학교생활이 즐거워진다

'영어'라는 말을 들으면 부담감이 집채만한 파도처럼 몰려와 가슴을 꽉 메우는 것 같다. 어른들은 영어가 꼭 필요하다고 귀가 따갑도록 강조하지만, 우리말만 잘하면 되지, 굳이 외국어에 그렇게 힘쏟을 필요가 있을까. 그러나 당신이 영어 선생님이라면 반드시 아이들에게 이렇게 말해 두자.

"너희는 아직 영어의 뿌리를 다져야 하는 단계에 있으니까 그렇게 큰 부담을 느끼지 않아도 돼. 우리는 모두 우리말을 충분히 알아듣고 말하기가 되었을 때 한글을 배우기 시작한다는 사실을 생각해 보렴. 이제 막 옹알이를 시작한 아기에게 한글 카드를 들이대며 글자 공부를 시킨다면 너무 우습지 않겠니?

애들아, 어려워만 보이는 영어공부를 시작하기에 앞서 꼭 기억해야 할 게 있어. 바로 '영어는 공부가 아니라 연습'이란 사실이야. 영어는 결코 수학처럼 공식을 외우는 과목이 아니란다. 또 너무나 정직해서, 너희들이 쏟은 노력과 시간이 그대로 실력으로 나타나지. 너희가 해야 할 일은 그저 영어를 많이 만나보는 거야. 많이 듣고 많이 말해 보렴. 여기서 말하라는 것은 너희의 생각을 표현하라는 뜻이 아니야. 그저 앵무새처럼 들은 내용을 따라 하라는 거지. 그리고 무엇보다 매일매일 꾸준히 하는 것이 중요해(일요일엔 쉬어도 좋아). 100단어 정도의 책을 골라서 50번 정도만 들어도 미국 사람처럼 똑같이 말할 수 있단다. 이 일을 위해선 계획표도 짜야 해.

이렇게 목표를 짜보자. 한 달 동안 책 한 권을 듣기로 하고, 책을 4등분한 다음 일주일 단위로 4분의 1씩 듣는 거야. 여기서 중요한 것은 매일매일 그날 목표는 반드시 끝내야 한다는 거야.

하루에 5번씩 듣고 3번씩 따라 읽는다면 6일이면 48번을 듣게 돼. 일요일에는 쉬고 다음 주에는 4등분한 다음 부분을 들어. 이렇게 4주 동안 하면 한 달 동안 책 한 권을 50번 정도 듣게 되지. 이 밖에도 밥 먹을 때나 집에서 그냥 버리기 쉬운 시간에 흘려 듣는 것까지 더해지면 그만큼 귀가 열리는 시기는 앞당겨진단다. 계획이 없으면 해도 그만 안 해도 그만이라고 생각해 의지가 약해지기 때문에 반드시 계획표를 만들어서 실천하는 것이 좋아. 이 계획표대로 실천하다 보면 성취감이 생기고, 그것이 또 새로운 동기가 되어 오래도록 지치지 않고 할 수 있단다.

밥 먹는 시간을 정해 놓듯이 영어 연습 시간도 반드시 일정하게 해야 해. 따라 읽기를 할 때에는 한 문장씩 듣고 테이프를 일시 정지한 뒤에 큰 소리로 따라 읽어. 이때 테이프에서 나는 소리 그대로 따라 읽어야 한단다.

따라 읽는 이유는 영어를 음성언어로 인식하고 영어의 어순을 자연스럽게 받아들이기 위함이야.

위와 같이 듣기 5번, 따라 읽기 3번을 했으면 다음으로는 새로운 단어를 5번 쓰고 뜻을 써보는 거야. 그리고 본문을 노트에 옮겨 쓰면 하루 연습이 끝나지. 그러고 나서 반드시 부모님에게 확인을 받으렴.

그리고 가장 자신 있는 페이지를 정하여 집중적으로 암송하자. 아무리 귀로 알았다 하더라도 말을 해보지 않으면 자기 언어로 완전히 굳어지지 않거든.

쓰기, 특히 문법은 나중에 학교에서 시작해도 늦지 않아. 혹시 쓰기도 시작했으면 듣기·말하기처럼 매일 연습하는 것 잊지 말기 바란다.

영어는 재미있단다. 믿기 어렵다고? 많이 듣기, 많이 말하기, 그리고 계획표 짜서 매일 연습하기—이 세 가지만 지키면 너희 입에서도 분명 이런 말이 나올 테니 두고 보렴.

그리고 잊어선 안 될 한 가지. 영어 잘하는 친구가 누리는 혜택을 기억하렴. 영어 잘하는 친구는 언제나 인기가 하늘 높은 줄 모르고 치솟잖니. 영어를 잘하면 학교생활이 마냥 즐거워진단다.”

(6) 영어 사용능력 기르기

초등학교에서는 영어에 대한 흥미와 관심을 가지고, 기초적인 영어 표현 능력을 갖추는 데 그 목표를 두고 있다. 듣기, 말하기, 읽기, 쓰기 등 네 가지 기능을 점진적으로 키우며 이 기능들을 통합적으로 사용하는 능력을 발달시킨다.

① 1~2학년

영어를 날마다 꾸준히 듣는 것이 무엇보다 중요하다. 아이들 능력에 맞춰 듣기와 읽기 위주로 경험하게 해주자.

간단한 영어 표현을 하고 스스로 영어에 대한 욕구를 가질 수 있게 배려하는 게 먼저이다.

② 3~4학년

풍부한 듣기와 읽기를 바탕으로 말할 수 있는 기회를 주어라. 간단한 쓰기 학습도 시작한다. 수업시간에 '짧은 글짓기' 연습을 해보자.

이때부터는 문장으로 마음과 생각을 표현하는 방법을 익혀야 한다. 언어만이 아니라 영어 문화권에 대한 이해도 필요하다.

③ 5~6학년

읽기와 쓰기로 무게중심이 옮아가야 한다. 영어 책 읽기를 통해 어휘력을 늘려 나가자.

모국어나 외국어로 책을 많이 읽으면 어휘력, 언어이해력, 쓰기능력과 문법이 저절로 습득된다. 책 읽기는 언어의 상호보완성으로 듣기와 말하기 능력을 키우는 데도 도움이 된다.

영어 책을 읽고 난 뒤에는 영어로 간단한 독후감을 쓰는 것도 좋다. 책에 나오는 표현을 활용하면 아이들은 영어 쓰기에 조금씩 자신감을 갖게 된다. 또한 생활 경험을 바탕으로 생각이나 감정을 영어일기로 쓰게 하는 것도 좋다. 이때는 철자나 문법에 너무 집착하지 않도록 한다.

영어도 우리말처럼 충분한 듣기와 말하기로 자극이 되면 자연스레 읽기와 쓰기에 대한 관심으로 이어진다. 얼마나 일찍 영어공부를 시작하느냐보다는 어떤 방법으로 접근하느냐가 더 중요하다. 아이들이 좋아하고 집중한다면 그 효과는 훨씬 크기 때문이다.

▶ 선생님, 기타치는 인형을 갖고 싶어요

1988년 어느 봄날 아침, 김채원 선생님은 서울로 가는 고속 버스 안에서 뿌연 창문 밖을 내다보며, 온통 기대감으로 짜릿해 오는 것을 느꼈다. 바로 교육대학을 졸업하던 한 달 전만 해도 서울 변두리 가톨릭재단의 한 초등학교에서 아이들을 가르치게 되리라고는 꿈에도 상상하지 못했었다. 모든 것이 뜻밖에 갑자기 일어난 일이었다.

김 선생님은 시골에서 쭉 어린 시절을 보냈고 지방 교육대학을 다녔기 때문에, 서울 같은 대도시 학교에 대해서는 아는 것이 별로 없었다. 더욱이 가톨릭재단의 학교라니! 선생님은 성당을 다녀본 적도 없고, 수녀님을 만나본 적조차 없었다. 하지만 그 자리를 제안받았을 때, 김 선생님은 선뜻 수락했다.

고속도로를 따라 푸릇푸릇 들판이 펼쳐지다가 포도밭이 나타나고, 어느새 도시의 빌딩숲이 멀리서 보였다. 한편으로 두려운 마음도 들었지만, 환한 희망과 기대감이 더 앞섰다.

첫날 아침, 김 선생님은 일찌감치 학교로 갔다. 서울 변두리 빈민촌 아이들은 말할 수 없이 꾀죄죄하고 한결같이 말썽꾸러기들처럼 보였다.

옷매무새를 가다듬고 교실 문을 열고 들어섰다. 교실 안은 온통 시장바닥 같았다. 아이들은 새로운 담임선생님이 왔는데도 뛰고 구르고 떠드느라 여념이 없었다. 어떤 아이는 선생님 바로 앞까지 미끄러져 와선 까르르 웃고 도망쳤다.

김 선생님은 교탁 위에 출석부를 내려놓으며 큰 소리로 외쳤다. "조용히 하자, 조용히!" 그러나 되돌아온 건 여전히 시끄러운 소음뿐이었다.

한 여자아이가 손을 들고 선생님에게 말했다.

"선생님! 화장실에 갔다 와도 돼요?"

아이의 머리칼은 헝클어졌고, 얼굴은 지저분했다.

"안 돼. 자리에 앉아라."

그러자 여자아이는 눈을 흘기며 말했다.

"선생님, 급해요!"

아이들은 온통 주먹으로 책상을 두드리며, 함께 합창하는 것이었다.

"선생님, 급해요. 급해요."

"주목!"

김 선생님은 또다시 큰 소리로 외쳤다.

"자, 선생님 말 잘 들어요. 난 김채원이라고 해요. 이제 1년 동안 여러분과 함께 지낼 거예요."

교실 안은 갑자기 조용해졌다. 아이들은 기대에 찬 눈빛으로 김채원 선생님을 바라보았다. 김 선생님은 아이들의 맑고 고운 눈빛에서 무언의 희망을 찾아냈다. 그들은 기대하고 있었던 것이다. 새로 온 시골뜨기 여선생님, 앞으로 1년 동안 자신들을 엄마처럼 포근하게 보살펴 줄 여선생님을 기대하고 있었던 것이다.

하루 이틀 사흘, 그리고 일주일이 훌쩍 지나갔다.

이제 김 선생님은 아이들과 흠뻑 정이 들고 말았다. 아이들은 여전히 뛰고 구르고 까르르대고 이런저런 말썽을 피웠지만, 김 선생님은 그러한 것들에 너무나도 쉽게 익숙해졌고, 한편으로 최선을 다해 수업했다.

김채원 선생님은 밤 9시까지 교실에 남아서 가르칠 부분을 열심히 공부했고, 다음 날 아이들에게 보여줄 여러 가지 학습 기구들을 만들고 연구했다. 그러면서도 어떤 때는 무자비한 한계에 부딪칠 때도 있었다. 자신도 모르게 소리지르고 싶어지는 때가 있었다. 하지만 어떤 때는 한발 물러나서 흐뭇한 미소를 짓게 되는 멋진 순간들도 있었다.

진혁이는 김 선생님 반에서 가장 과격한 아이였다. 그 아이는 늘 우리 속에 갇힌 사나운 늑대처럼 눈을 부라리고 있었다. 김 선생님도 진혁이하고는 제대로 소통을 할 수 없었다. 진혁이는 정서적으로 불안정하고 심한 열등감으로 인해 언제나 바짝 웅크리고 있었다. 그 아이는 물리적으로나 정서적으로나 굶주려 있었다. 김 선생님이 진혁이에게 애정을 보여주려 하면 그 아이는 거부반응부터 일으켰다.

어느 날 김 선생님은 찢어진 청바지를 입고 기타치는 흑인인형을 가지고 학교로 갔다. 대학 시절, 같은 과 친구로부터 생일 선물로 받은 것이었다. 김 선생님은 아무 생각 없이 교무실 책상 위에 인형을 놓아두었다.

그런데 진혁이가 다른 날보다 눈에 띄게 자주 교무실을 기웃기웃하는 것이었다. 김 선생님은 한참만에야 진혁이의 눈길이 그 인형에게로 가는 것을 알아챘다.

나중에야 안 사실이지만, 진혁이는 노래를 곧잘 불렀고, 기타치며 노래하는 가수가 되는 것이 꿈이었다.

한편 선생님의 기타치는 흑인인형은 아이들 사이에 인기를 모으고 있었다. 아이들은 누구나 그 인형을 갖고 싶어했다.

그 사실을 알게 된 김 선생님은 어느 날 종례시간에 아이들과 내기를 걸었다.

"얘들아, 선생님 책상 위에 있는 기타치는 인형이 갖고 싶니?"

아이들은 "네!" 하고 일제히 큰 소리로 대답했다.

진혁이의 두 눈이 별빛처럼 빛났다.

"그럼, 한 가지 내기를 하자. 오늘 청소시간에 창문을 가장 깨끗이 닦는 사람에게 인형을 줄 거야."

아이들은 너도나도 꿈에 부풀었다.

그날 수업이 모두 끝나고 아이들은 저마다 창문에 매달려 열심히 유리창을 닦았다. 그중 진혁이는 누구보다 열심히 닦는 것이었다. 김 선생님은 진혁이도 무언가 하나쯤은 열심히 할 수 있다는 걸 깨달았다. 진혁이도 충분히 무언가에 집중할 수 있었던 것이다.

물론 그날 김 선생님은 진혁이의 유리창을 최우수 유리창으로 뽑았다. 기타치는 흑인인형은 진혁이 차지가 되었다. 그날부터 진혁이는 수업태도가 진지하게 변화해 갔다.

그 뒤로 오랜 시간이 흘렀다.

요즘도 김채원 선생님은 진혁이로부터 매년 크리스마스카드를 받는다. 진혁이는 고속버스 운전기사가 되었고, 이제 성실한 두 아이의 아빠였다. 김채원 선생님은 진혁이 생각을 하면, 유리창부터 먼저 떠오른다.

무엇이든 변화한다는 것은 어떠한 계기만 주어지면 가능한 것이다. 훌륭한 선생님은 그러한 계기를 만들어 주는 주역이 되어야 한다.

▶ 선생님의 회초리

당신이 행운아라면, 교사생활을 하는 동안 한 번쯤 특별학

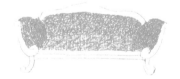

급을 만날 것이다. 당신과 아이들 사이에 특별한 공감대가 이루어져 잊을 수 없는 추억을 만들고 가는 특별학급 말이다.

나에게 그 특별학급의 인연은 1982년, 내가 교사가 된 첫 해에 찾아왔다. 나 자신이 6년 동안 다녔던 그 정든 초등학교에서 내가 아이들을 가르치게 된 것은 커다란 행운이었다. 교육대학을 다니는 내내, 나는 줄곧 그 학교에서 아이들을 가르칠 수 있는 기회가 생기길 고대했다. 발령전보를 받고, 나는 한시라도 빨리 학교로 뛰어가고 싶었다. 교사가 되기를 결심하면서부터 내가 늘 꿈꿔 왔던 나의 추억의 학교로.

그러나 한편으로는 겁도 났다. 정말 잘할 수 있을까, 정말 잘 가르칠 수 있을까, 아이들이 과연 날 좋아하고 잘 따라줄까. 갖가지 생각들이 머릿속을 헤집고 다녔지만, 나는 언제나 그렇듯이 이번에도 긍정의 마력을 발휘하기로 맘먹었다.

드디어 첫날 아침이 밝았다. 교무실에서 선생님들과 간단한 인사를 나누고, 나는 선배 교사의 격려를 받으며 교실로 향했다. 4학년 3반 비밀의 문을 두드리기 위해서. 세상에서 내가 가질 수 있는 가장 큰 희망과 기대감을 안고서.

그러나 새 담임선생님을 맞이하는 교실은, 기대했던 것과는

달리 아주 삭막했다. 아이들의 표정도 왠지 굳어 있었다. 나는 몇 번인가 심호흡을 했을 정도였다. 마주 보이는 교실 게시판은 완전히 어지러운 낙서판이어서 나도 모르게 한숨이 새어 나왔다.

아이들과 첫인사를 나누었다. 조금 전까지는 겁을 집어먹은 아기토끼처럼 멀뚱멀뚱 쳐다보기만 하던 아이들은, 곧 활기를 띠기 시작했다. 그러고 보니 아이들은 모두 착하고 영리해 보였다. 내가 너무 긴장을 했던 것이 아닌가.

하지만 시간이 점점 흐르면서 나는 내가 너무 쉽게 생각하고 있다는 것을 깨달았다. 아이들은 내게 좀처럼 마음의 문을 열려 들지 않았다. 내가 그들의 선생님이자 이 학교 출신 선배이기도 하다는 사실을 거듭 강조해도 별로 나아지는 게 없었다. 더욱이 내가 없을 때는 교실 안은 언제나 난장판이었다. 정말 4학년 3반은 문제학급이었다. 성적도 전교 꼴찌였다. 아이들은 수업준비물도 제대로 챙겨오지 않았고, 쉬는 시간마다 난리를 치다가 내가 교실에 들어오면, 경계의 눈빛으로 슬금슬금 자기 자리로 돌아가 앉았다.

나는 어떻게 하면 아이들의 굳게 닫힌 마음의 문을 열 수 있을까 하고 고민하기 시작했다. 아이들은 어떨지 모르지만, 나는 분명 거칠고 드센 그 아이들에게 애정을 가지고 있었다. 그러다가 이 모든 상황을 한순간에 바꿀 사건이 터졌다.

그날도 나는 답답한 가슴을 안고 막 교실로 들어서던 참이었다. 순간 "쨍그랑!" 하고 창문 깨지는 소리가 울려왔다. 분명 아이들이 거칠게 놀다가 유리창을 깬 모양이었다.

그러나 교실로 한 발 들어서면서 나는 가슴을 쓸어내려야 했다. 키가 크고 몸집이 좋은 영재란 녀석이 깨진 유리 조각을 치켜들고 상은이를 향해 겨누고 있었다. 겁에 질린 상은이는 부들부들 떨고 있었고, 교실 안은 물을 끼얹은 듯 조용해졌다.

그때 내가 무슨 생각을 했을까! 가슴 밑바닥에서부터 도저히 참을 수 없는 화가 솟구쳐 나왔다. 나는 자초지종을 물을 것도 없이 영재와 상은이를 불러 아이들 보는 앞에서 회초리를 들고 말았다. 내가 아이들에게 회초리를 들다니! 교육대학 다니는 내내 바른교육을 부르짖으며, 사랑이 최고의 교육법이라고 외치던 내가 아니었던가. 스무 번씩 종아리를 때리고 마지막 회초리를 내려놓는 순간 눈물이 핑그르르 돌고 말았다. 아이들 보는 앞에서 차마 눈물을 보일 수 없어 뒤로 돌아서 버렸다. 아이들은 충격을 받은 듯이 모두들 가만히 앉아 있었다.

나는 영재와 상은이를 앞에 세워놓고 단호하게 말했다.

"너희가 장난을 치다가 유리창을 깨뜨린 건 이해할 수 있단다. 혹시 다친 데는 없는지 선생님은 그게 걱정일 뿐이야. 하지만 위험한 유리 조각을 친구에게 겨눈 건 도저히 받아들일 수 없는 일이야. 어떤 순간이든지 흉기를 휘두르는 건 용서할 수 없단다. 너희들은 공부하는 순수한 학생들이야. 이 점 새겨듣고 이제부터는 학생으로서 열심히 공부하고 친구를 좀 더 이해해 주는 넓은 마음을 갖도록 하려무나. 알겠니?"

그 뒤로 아이들은 참 많이 달라졌다. 아이들은 변화한 것이다. 공부도 열심히 해서 꼴찌를 가까스로 면했고, 봉사활동도 클럽활동도 모두 열심히 했다. 단 한 번 선생님의 회초리로 인해, 아이들이 깨우칠 수 있는 계기를 얻은 것이다. 그 기억은 20년이 지난 지금까지도 생생하게 내 마음에 살아 있다. 아마 나의 제자들도 마찬가지이리라.

어느 날 마지막 수업을 마치고 교무실에 들어왔다. 책상 위에 작은 메모지가 놓여 있었다.

'백제초등학교 제자 김우현으로부터 전화왔었음.'

메모지를 받고 처음엔 무척 놀랐지만, 곰곰이 생각해 보니 크게 놀랄 일도 아니었다. 우현이는 그해에 내게 그토록 소중한 추억이 되었던, 내가 처음 가르친 4학년 아이들 중 한 명이었으니까.

우현이에게 전화하기 전에 나는 그해 찍은 사진들을 꺼내 보았다. 봄소풍 가서 찍은 단체사진도 있었다. 그중에는 말썽을 일으켜서 눈물짓게 한 영재와 상은이도 끼어 있었다. 그 두 아이는 내게 회초리를 맞은 뒤, 아주 착실해져서 열심히 공부하여 졸업할 때 상도 탔다.

벌써 26년 전 일이로구나. 지금 서른여섯 살이나 서른일곱 살쯤 되어 있을 텐데. 결혼들은 다 했겠지? 아이들은 몇쯤 두었을까? 나는 그 시절을 그리워하며 우현이에게 전화를 걸었다.

"여보세요."

"우현이니?"

"선생님? 선생님이시죠?"

전화기 저쪽에서 흥분한 목소리가 들려왔다.

"그래, 나야. 어떻게 지내니?"

"휴! 여전하시네요, 선생님."

우리는 잠시 과거를 회상하며 이런저런 이야기를 나누었다. 우현이는 영재와 상은이를 아직도 만나고 있다면서, 둘에게도 연락해 선생님과 함께 토요일 저녁식사를 같이하고 싶다고 말했다.

"제 4학년 성적표를 가져가서 보여드릴게요. 영재도 가지고 있어요. 저희는 선생님을 잊은 적이 없어요."

가슴이 뭉클했다. 전화를 끊고 나자 마음이 한없이 부풀었다. 오랜 세월 동안 나는 '나의 아이들'이 어떻게 지내는지 궁금했다.

토요일 저녁, 아이들과 만났다. 모두들 아저씨가 되어 있었지만, 얼굴 어딘가에는 예전의 어린 티가 그대로 배어났다. 나는 너무도 멋진 남자가 되어버린 그들을 바라보았다. 우리는 시내의 근사한 음식점에서 함께 식사하고 맥주도 한 잔씩 마셨다. 함께 맥주를 마실 수 있는 나이로 아이들이 성장했다는 데에 나는 한껏 고무되었다.

그날 저녁 우리는 아주 늦게까지 이야기를 나누었다. 아이들은 내게 아름다운 장밋빛 스카프를 선물했다. 물론 나도 그들에게 줄 선물을 잊지 않았다. 나는 그들에게 털실로 뜬 예쁜 벙어리장갑을 선물했다. 우현이는 두 딸의 아빠였고, 영재에게는 씩씩한 다섯 살배기 아들이 하나 있었다. 그리고 상은이는 아이를 셋이나 두어서 어깨가 사뭇 무거워 보였다.

우리는 헤어지면서 손을 흔들었다. 그 아이들은 이제 내게 고개를 숙여 인사하고 나서 또 손을 흔든다.

교사생활 20년, 나의 특별학급은 바로 첫 학급이었다. 그 아이들은 내게 너무도 특별했다. 내 맘대로 할 수 있었다면, 나는 그들을 상급반으로 진학시키지 않고 영원히 곁에 두었을 것이다.

▶ 선생님, 나의 선생님

테디 스탈라드는 톰슨 선생님 반 아이였다. 테디는 '최악의 학생'이었다. 공부에는 전혀 관심이 없고, 쭈글쭈글하고 냄새나는 옷에, 머리는 늘 헝클어져 있었으며, 무표정한 얼굴에 눈동자마저 초점이 없었다. 거기에 매력도 없고 의욕도 없는 데다 친구조차 없는 아이였다.

사정이 이러하니 아무도 테디를 좋아하지 않았다. 톰슨 선생님조차도 반 아이들을 모두 똑같이 사랑한다고는 했지만, 그 말이 완전히 진심은 아니었다.

톰슨 선생님은 테디에 관한 가정 환경 조사서를 이미 본 뒤라 얼마나 그 아이가 어려운 지경에 처해 있는지 알고 있었다. 테디는 착한 아이였지만, 가정의 보살핌을 거의 못 받고 있었던 것이다. 어머니는 일찍 돌아가셨고, 아버지는 집안일에 통 관심이 없었다.

그해도 어김없이 크리스마스가 다가왔다. 반 아이들은 선생님한테 드릴 선물을 하나씩 들고 학교로 왔다. 물론 테디도 가져왔다.

선물을 열어볼 시간이 되었다. 선생님이 하나하나 선물의 포장을 풀 때마다 아이들은 환호성을 올렸다. 선생님은 누런 종이에 스카치테이프를 붙여 포장한 테디의 선물도 풀어보았다. 그 속에는 조잡한 라인석이 박힌 팔찌 하나와 싸구려 향수 한 병이 들어 있었다. 게다가 팔찌에 박힌 라인석은 반쯤은 빠지고 없었다.

이윽고 아이들은 낄낄거리기 시작했다. 그러나 선생님은 달랐다. 선생님은 감동을 받은 듯했다. 톰슨 선생님은 팔찌를 팔목에 끼고 향수를 팔목에 찍어 바른 뒤, 아이들에게 냄새를 맡게 했다. 선생님이 입가에 환한 미소를 지으며 말했다.

"얘들아, 이 팔찌 정말 멋지지 않니?"

아이들도 선생님의 신호에 맞추어 덩달아 감탄사를 연발해

주었다. 세상에서 제일 좋은 향수의 냄새를 맡으며, 세상에서
제일 좋은 팔찌를 구경이라도 하듯이.

그날 오후, 아이들이 모두 돌아가고 난 뒤 테디는 천천히 톰
슨 선생님에게 다가와 말했다.

"저, 선생님…… 선생님한테서 엄마 냄새가 나요…… 그 팔찌
는 엄마 거였는데, 선생님한테 정말 잘 어울리네요."

이제 톰슨 선생님은 예전의 선생님이 아니었다. 바로 천사의
대리인이 되었다. 특히 테디와 같이 열등한 학생들에게는 더욱
그랬다. 톰슨 선생님은 정말로 모든 아이들을 사랑하기 시작했
다. 그 일로 테디도 완전히 변화되었다.

오랜 시간이 지난 어느 날, 톰슨 선생님은 테디로부터 편지
한 통을 받았다.

사랑하는 톰슨 선생님, 지금 저는 수석으로 대학을 졸업하
게 되었습니다. 이 사실을 제일 먼저 선생님께 전해 드리고 싶
어서 편지 드렸습니다.

사랑하는 제자 테디 올림.

그로부터 4년 뒤, 또 한 통의 편지를 받았다.

사랑하는 톰슨 선생님, 저 시어도어 스탈라드가 의학박사가
되었답니다. 기쁘시죠? 그리고 선생님께 또 다른 한 가지 사실

을 가장 먼저 알려드리고 싶습니다. 저 다음 달 27일에 결혼합니다. 오셔서 제 어머니가 살아 계셨더라면 앉았을 자리에 앉아주실 수 있으시겠습니까? 아버지는 그만 돌아가셨답니다. 이제 선생님은 제게는 단 한 분뿐인 가족이세요.

사랑하는 제자 테디 올림.

테디의 결혼식장에서, 톰슨 선생님은 바로 테디가 말한 어머니의 자리에 앉아 테디의 결혼식을 지켜보았다.

▶ 인생을 가르쳐 준 수학선생님

뉴저지 주 테너플라이고등학교에 다니던 시절, 데이비드 머레인 선생님의 고등수학반 교실에 처음 발을 들여놓은 나는 나에게 어떤 일이 일어날 것인지 전혀 모르고 있었다.

1977년 9월의 어느 따뜻한 날이었다. 누군가가 이미 창문을 활짝 열어놓았지만 나는 식은땀을 흘리고 있었다. 나는 수학이 무서웠기 때문이다.

오전 8시 정각, 검은색 뿔테 안경에 화려한 꽃무늬 셔츠를 입고 앞머리도 이미 많이 빠져 없어진, 젊고 꼿꼿한 체격의 선생님이 검은색 비닐가방에 든 계산기를 허리 뒤에 매달아 차고 교실 안으로 성큼 들어섰다.

"내 이름은 머-레인입니다. 두 번째 음절에 악센트가 있어요."

선생님은 쾌활하게 말했다.

나는 머레인 선생님이 수학에 관한 한 박사 못지않은 실력을 갖추고 있다는 말을 다른 학생들에게서 들은 바 있었다. 그 말이 맞는다는 생각이 들었다. 선생님은 별로 애쓰지 않고도 항상 다른 사람들보다 열 발짝쯤 앞서가는 사람의 재능과 자신감을 가지고 있는 것 같았다.

나는 소설가, 팝송 작사가 그리고 세계를 누비는 여행가가 되겠다고 목표를 정해 놓고 있었기 때문에 수학은 나의 미래와 별 관련이 없는 과목이었다.

내가 머레인 선생님의 과목을 수강하게 된 데는 다른 이유가 있었다. 고등수학은 전국 우수학생 미적분학시험을 위한 기초 필수 과목이었던 것이다. 그 시험에 합격하면 대학 1년간의 수학 학점이 인정되기 때문에 대학 학비를 크게 아낄 수 있었다. 나는 부모님을 실망시키고 싶지 않았다.

머레인 선생님이 칠판에 정리를 휘갈겨 쓰고는 우리에게 그것을 증명하라고 했다. 나는 꼼꼼하게 x선, y선 및 숫자들을 공책에 베꼈다. 그러나 몇 단계 넘어가지 못하고 막히고 말았다.

머레인 선생님은 학생들의 어깨 너머로 풀이 과정을 넘겨다보면서 바쁘게 교실 안을 돌아다녔다. 나는 내가 입은 촌스러운 블라우스의 불룩한 소매로 거의 백지나 다름없는 노트를 가려보려고 애썼다. 머레인 선생님이 내가 수학에 소질이 없다는 사실을 알아버리면 나에게 이 과목 수강을 포기하라고 할 것이 두려웠기 때문이다.

머레인 선생님이 내 옆에서 맴돌고 있었다.

'올 것이 왔구나.'

나는 속으로 중얼거렸다. 그러나 선생님은 허리를 구부리더니 내 공책 위에 방정식 하나를 휘갈겨 썼다.

"이걸 이용해 보라고."

선생님이 부드럽게 말했다. 선생님이 시키는 대로 했더니 아주 쉽게 정리가 증명되었다.

"아주 잘했어."

머레인 선생님은 마치 내가 내 힘으로 문제를 푼 것처럼 안경 너머로 빙그레 미소를 지어 보이면서 말했다. 나는 어리둥절했다. 머레인 선생님은 왜 나 같은 보통 학생에게 관심을 기울이는 것일까?

어쨌든 고등수학반에서 내가 가장 뒤지는 학생에 드는 것만은 분명했다. 첫 시험에서 나는 C마이너스를 받았다. 그날 오후 나는 선생님을 찾아갔다. 나는 눈물을 글썽거리며 말했다.

"저는 다른 학생들과는 다른 것 같아요."

나는 머레인 선생님이 시험점수의 비중을 최대한 낮출 수 있는 방법을 찾아낼지도 모른다는 희망을 가지고 있었다. 그러나

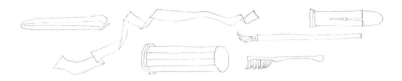

선생님은 금속제 회색 책상 위로 몸을 구부리고 나를 뚫어져라 바라보았다.

"내 수업을 통해 얻고 싶은 것이 무엇이지?"

"전 낙제하고 싶지 않아요."

"넌 낙제하지 않을 거야."

선생님은 딱 잘라 말했다.

"네가 최선을 다하면 난 너를 탈락시키지 않겠어."

머레인 선생님은 수업이 끝난 다음에 남아서 복습을 하면 어떻겠느냐고 제의했다. 나는 난생처음 나의 잠재력 한계를 탐색해 보라는 요청을 받은 셈이었다.

그 뒤 몇 달에 걸쳐 나는 운동선수들이 연습하듯이 수업이 끝난 뒤 혼자 남아서 규칙적으로 복습을 했다. 언젠가 내가 문제를 풀지 못한 채 너무나 지겨워하며 분필을 내려놓자 머레인 선생님이 말했다.

"수학공부가 너에게 힘겹다는 건 나도 알고 있어. 그러나 우리는 장애물과 씨름하면서 더욱 강한 사람이 되는 거야."

나는 선생님의 말을 귀담아들으려 하지 않았다. 나의 노력과 좌절을 선생님이 어찌 알 수 있단 말인가?

2학년 때 수학능력시험을 보았는데 신통치 않은 성적이 나

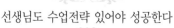

왔다. 나는 대학에도 들어갈 수 없고 괜찮은 직장도 얻지 못할 거라고 생각했다.

"나도 학교 다닐 때 시험 성적이 좋지 않아서 애먹은 적이 있었다는 얘기가 네게 좀 위안이 되겠니?"

시험 성적이 좋지 않게 나왔다는 내 이야기를 듣고 머레인 선생님이 말했다.

"나는 그야말로 악전고투하며 한 단계 한 단계 올라갔지. 꼭 그래야만 했으니까. 그러니 너도 최선을 다해 노력하거라."

그해 머레인 선생님의 도움으로 고등수학에서 B학점을 받았다. 그러나 다음 해에 듣게 될 미적분학에서는 더욱 어려움을 겪게 될 게 뻔했다.

미적분에 대한 나의 두려움은 근거 없는 것이 아니었다. 다음 해 첫 학기에 나는 C플러스를 받았다.

"포기하지 마. 점수가 전부는 아니니까."

한평생 숫자와 함께 살아온 선생님이 숫자의 권위를 인정하지 않는다는 사실이 언제나 나를 놀라게 했다. 언젠가 내가 100점 만점에 85점을 받은 적이 있었는데, 이 시험에서 선생님은 내가 정답을 쓴 한 문제에 대해 점수를 주지 않았다.

내가 불평하자 머레인 선생님이 말했다.

"너는 능력이 아니라 운이 좋아서 정답을 맞힌 거야. 그러나 언제나 운이 좋을 수는 없지. 나는 네가 운보다는 네 능력에 의지해서 살아가기를 바라고 있어."

1979년 5월의 어느 토요일 아침, 나는 우수학생 미적분학시험을 치르게 되었다. 내 능력이 마침내 시험대에 오르게 된 것이다. 몇 주일 뒤 결과가 나왔다. 1등급부터 5등급까지 있었는데 나는 4등급을 받았다. 1년 동안의 대학 수학 학점을 가까스로 인정받을 수 있는 성적이었다. 우리 부모님이 수천 달러의 학비 부담을 덜 수 있게 된 것이었다.

나는 머레인 선생님에게 감사했고, 교육위원회에 선생님의 훌륭함을 알리는 편지를 써 보내기까지 했다. 그러나 나는 내가 다시는 수학책을 펴보지 않을 것임을 알고 있었다. 따라서 내가 선생님을 다시 만날 일은 없을 듯했다.

20대에 나는 잡지기고가가 되었다. 무한한 기회가 나를 기다리고 있는 것 같았다. 서른 고개를 넘었을 때, 나는 문득 내가 어렸을 때 정한 목표를 이루지 못했다는 것을 알았다. 나는 소설도 쓰지 못했고 노래를 발표하지도 못했던 것이다. 나는 내 인생이 제대로 풀리지 않고 있다는 고통스런 느낌을 떨쳐버릴 수 없었다.

오랫동안 나는 다른 사람에게서 최선을 다하라는 요구를 받아본 적이 없었다. 누군가 나를 몰아붙이는 사람이 있었으면 좋겠다는 생각이 들었다. 나는 머레인 선생님을 다시 생각하고 선생님이 나에게 어떤 도움을 줄 수 있기를 바라면서 테너플라이고등학교로 찾아갔다.

나는 교무실에서 나오는 머레인 선생님을 금방 알아보았다. 화려한 꽃무늬 셔츠는 없었지만 옛날과 똑같은 모습이었다.

우리는 지난날, 옛 친구들, 나의 노력과 좌절, 그리고 머레인 선생님의 노력과 좌절에 대해서도 오랫동안 이야기를 나누었다.

"나도 한때 너와 비슷한 처지에 놓인 적이 있었지."

머레인 선생님의 아버지는 약사였는데, 대공황 때 약국이 문을 닫게 되었다고 한다. 가족들은 가난하게 살아야 했다. 안경을 낀 뚱뚱하고 작은 소년 머레인이 대학에 갈 수 있는 유일한 길은 장학금을 받는 것뿐이었다. 그래서 그의 부모님은 열심히 공부하라고 그를 닦달했다. 부모님의 기대가 그에게 엄청난 부담이 되었다.

"모두들 나를 머리 좋은 아이라고 생각하고 있었지. 그러나 나는 내가 그들을 속이고 있다는 느낌이 들었어. 내가 머리 좋은 학생처럼 보인 것은 내가 아주 열심히 노력했기 때문이었고, 또한 다른 사람들이 나에게 지나친 기대를 하고 있기 때문이었지."

머레인 선생님은 우등생으로 고등학교를 졸업했고, 장학생으로 러트거스대학 화학과에 진학했다. 그는 여름방학에 실험 조교로 일할 수 있게 되었지만, 손놀림이 너무 굼떴기 때문에 깨지기 쉬운 실험기구들을 제대로 다룰 수 없었으며 또 화학약품 냄새가 역겨워 견디기 어려웠다. 아무리 노력해도 자신은 결코 화학자가 될 수 없다는 것을 깨닫게 되었다고 머레인 선생님은 털어놓았다.

좌절감에 빠진 그는 이듬해에 대학을 그만둠으로써 부모님을 실망시켰으나 전공을 수학으로 바꾸어 대학으로 다시 돌아갔고, 박사학위까지 따겠다는 희망을 갖게 되었다.

그러나 그는 또 다른 곤경에 부닥쳤다. 장학금이 바닥나기 시작했던 것이다. 결국 그는 교사로 취직해야 했다.

학교에 다닐 때는 왜 머레인 선생님이 공부 못하는 학생들에게 그렇게 동정적인지 이해할 수 없었다. 그리고 장애를 극복하기 위해 악전고투하는 내 사정을 선생님이 어떻게 알 수 있을까 하고 마음속으로 반문했었다. 나는 이제 선생님이 그때 자신의 경험을 통해 얻은 이야기를 했다는 것을 깨달았다.

그렇다면 선생님은 그처럼 곤경과 좌절을 겪으며 스스로를 실패자라고 생각한 적은 없었을까?

"네가 그런 생각을 할 줄 알았어. 한동안 나도 비탄에 빠졌지. 하지만 진로를 바꾸는 것이 정말 실패일까?"

나는 선생님이 나의 좌절감을 위로해 주려 한다고 생각했다.

"살아가면서 장해에 부닥치면 어떻게 하지?"

선생님이 다시 물었다.

"극복하려고 노력하지요."

내가 대답했다.

"만약 극복할 수 없으면? 만약 그것이 도저히 풀 수 없는 방정식 같은 거라면?"

나는 선생님이 수학의 정리와 같은 논리를 전개하고 있다는 것을 알았다. 하지만 선생님이 이야기하려는 것이 무엇일까?

"만약 그것을 극복할 수 없다면 진로를 바꾸고 새 목표에 모든 재능과 힘을 쏟아넣어야 하겠지."

선생님은 내 어깨에 손을 올려놓았다.

"너도 알겠지만 누구나 실패한 경험과 후회스러운 일이 있게 마련이지. 문제는 그런 경험을 우리가 어떻게 이용하느냐에 달려 있는 거야. 언제나 최고일 수 있는 사람은 없으니까. 그러나 우리가 최선을 다한다면, 가진 모든 재능과 힘을 쏟아넣는다면 우리는 장애를 극복하든지 아니면 새로운 진로, 아마 더 좋은 길을 발견할 수 있을 거야. 진정한 성공이란 어떤 일을 이루기 위해 자기의 모든 것을 바쳐 열심히 노력함으로써 얻을 수 있는 것이지."

회의에 늦은 것을 깨달은 선생님은 일어서더니 나를 정답게 포옹했다.

"원하는 걸 얻기 위해 계속 노력하라고. 그러면 나머지는 시간이 해결해 줄 거야."

며칠 뒤, 편지 한 장이 나에게 배달되었다. 그 안에는 머레인 선생님이 오래전에 쓴 '미적분반에 부치는 노래'라는 시가 들어 있었다.

우리가 졸업할 무렵 선생님이 그 시가 적힌 쪽지를 나누어 주던 일이 생각났다. 나는 그 시의 마지막 구절을 다시 읽으면서 새로운 의미를 찾을 수 있었다.

이 수업이
진정 가치 있는 것인가는
일이십 년 뒤에나 알 수 있으리라.
몇 명이라도 돌아와서 이렇게 말한다면.
"저는 그 뒤 많은 것을 배웠어요. 하지만 아직도 선생님을 기억하고 있답니다."

이 시를 읽으면서 나는 미소지었다. 이제야 나는 데이비드 머레인 선생님의 마지막 시험에 합격했구나 하고 생각하면서.

▶ 미국 초등학교 선생님은 어떻게 지도할까

선생님들이 교실 문 앞에 나와 환하게 웃으며 아이들을 맞이하는 아름다운 모습. 미국 초등학교 9월 새 학기 첫날 아침. 학부모들이 아이들을 데리고 학교를 찾아가면 보게 되는 광경이다. 처음 보는 학생인데도 선생님들은 마치 오랜만에 만난 듯이 정겹게 안아주고 쓰다듬으며 경쾌한 목소리로 인사한다. 그러면 아이들도 선생님과 친구들을 마주 보고 미소짓는다.

아이들이 교실에 들어가 적어도 20~30분은 기다려야 나타나는 우리네 선생님들 모습과는 하늘과 땅 차이다. 이런 선생님의 모습에서 아이들은 무슨 생각을 할까? '선생님이 우리를 무척 기다리셨구나', '우리를 만난 것이 정말 반가우신 모양이다'가 아닐는지. 아이들과 선생님의 친밀도는 학습태도에도 커다란 영향을 미친다는 사실을 늘 생각하고 있어야 한다.

미국 학교에서 학습능력이 떨어지는 아이에게 더 신경 쓰고 맞춤지도하는 것은 특별한 일이 아니다. 담임선생님은 아이들 환경을 이해하고 도움이 되고자 노력하여 '이 아이는 어떻게 하면 더 잘 가르칠 수 있을까?', '저 아이는 이렇게 해보는 게 낫지 않을까?' 하면서 새로운 방법을 모색한다. 그래서 그 한 가지 방편으로 아이마다 다른 학습진도에 맞춘 자료를 보내 가정에서 공부할 수 있게 한다. 하지만 모두가 함께하는 교실에서는 다른 아이들과 똑같이 과제를 내게 하고 퀴즈와 발표에도 참여시킨다.

아이들은 친구들과 같은 무리에 속하고 싶어한다. 그 가운데서 가장 사랑받는 학생이길 원하지만, 그렇다고 특별 취급을 받고 싶어하지는 않는다. 따라서 개별 유인물학습과 교실에서의 동등한 대우는 아이들의 심리를 잘 파악한 것이다.

아이는 자기를 각별하면서도 평범하게 대해 주는 선생님으로 인해 감성적으로 충족감을 맛보게 되고, 학습능력 향상에 따라 성취감도 느낀다. 이는 학습능력만이 아니라 인성발달에 있어서도 아주 중요한 점이다.

미국은 유학생이 많다 보니 이에 대한 대처도 훌륭하다. 초등학교를 처음 다니게 된 외국인 학생에게 첫 9주 동안 점수는 매기지만 성적표에 기재하지는 않는다. 언어 때문에 낮게 나온 점수를 실제 과목에 대한 점수로 주는 것이 공평하지 않다는 것이다. 그러나 수학 같은 과목에서 나온 높은 점수는 성적표에 써준다.

글로벌 시대를 맞아 외국인과 다문화가정이 늘어나고 있는 우리나라에서도 본보기 삼아야 할 좋은 제도이다. 부모의 언어문제로 인해 실력함양에 무리가 있는 아이들은 보다 더 세심하게 지도해야 한다. 지금은 한참 부족하게 보이더라도 이 같은 시스템으로 관리하고 개별적인 학습지도를 한다면 성적이든 인성이든 분명히 눈에 띄게 향상될 것이다.

우리나라 입시제도가 미국 학교만큼 자유롭고 개방적이라면 얼마나 좋겠는가. 입시에 매달리지 않게 되므로 사회적 스트레스 지수가 낮아질 것이 당연하다. 하지만 지금 당장 제도를 갈아치울 수는 없다. 따라서 우리가 가장 먼저 취할 수 있는 좋은 방법은 선생님들이 태도를 달리하는 것이다.

어떤 훌륭한 교육정책도 한 명의 '좋은 선생님'을 능가할 수는 없다. 아무리 열악한 환경이라도 '좋은 선생님'이 이끌어 준다면 아이들은 마치 보답이라도 하듯이 지혜롭고 총명한 인재로 자라나게 된다. 이런 노력들이 모여 우리나라가 좀 더 밝고 명랑한 곳으로 바뀌어 나갈 것이다.

▶ 모든 아이들을 똑같이 대하는 핀란드 선생님

핀란드에서는 사범대학 입학 기준이 무척 까다롭다. 다른 나라에서 의대에 합격하는 것만큼이나 어렵고, 따라서 높은 평가를 받는다. 처음부터 엄격한 기준이 적용되어 최우수 학생만 선발하기 때문에 실습 위주의 수업에 더 많은 시간을 할애할 수 있다. 이처럼 체계적인 훈련과 지원을 받는 교사들은 교육자로서의 자부심과 실력을 갖추게 되고, 이는 학생들과 학부모들의 존경을 받는 것으로 이어진다.

교육을 존중하는 대중의 의식이 훌륭한 교사를 낳고, 교사들은 자기 분야의 충분한 지식과 능력을 갖췄기에 더 도전해볼 만한 자료를 고르고 그것을 잘 가르칠 수 있다. 모든 사람이 그 사실을 인정하므로 교사에게 더 많은 자율권이 주어진다. 당연히 이런 교사들 밑에서 아이들도 더 많은 자유를 누린다.

단, 여기서 자유란 실패가 허용된다는 의미이다. '노력을 하지 않으면 나쁜 점수를 받는다. 그리고 시험은 각자의 미래에 큰 영향을 끼친다.' 그걸 알기에 핀란드 아이들은 스스로 자기 시간을 관리한다. 그리고 보통은 모두들 그것을 잘해 낸다.

학교라는 커다란 체계가 균형 잡혀 있으며, 안전하고 안락하게 돌아가고 있기 때문에 아이들은 그 속에서 마음껏 배우고 느끼며 성취하고, 때론 실패도 겪으면서 성장하는 것이다.

핀란드가 주는 교훈은 복잡하고 어려운 것이 아니다. 아름다울 만큼 단순하다. 교육은 첫 단계부터 바로 서야 한다는 것, 다시 말해 교육제도를 개혁하려면 시험제도나 성적 평가 등이 아닌 기본부터 바로잡아야 한다는 것이다. 핀란드어에는 '역경에 맞서는 힘'이란 뜻의 시수(sisu)라는 표현이 있다. '가슴에 품은 불' 같은 것이라고도 할 수 있는데, 절대로 포기하지 않는 조용한 힘을 뜻한다. 핀란드가 교육 최강국이 될 수 있었던 것은 '배짱과 용기'로 일컬어지는 핀란드인들의 태도와 사고방식의 힘 덕분이었다.

핀란드 대입시험은 교육시스템에 열정을 불어넣는 도구이다. 교사와 학생들이 노력을 해서 나아갈 방향을 제시하는, 눈에 잘 보이는 종착점 역할을 하기 때문이다. 이를 위해 초등학교 때부터 정기적으로 수업시간에 쪽지시험을 보고 6주에 걸친 짧은 학기가 끝날 때마다 학기말 시험을 치른다.

그런데 핀란드의 대입시험은 우리와 달리 3주에 걸쳐 시행되고 다 합하면 무려 50시간이 넘는다. 국어인 핀란드어 시험만 이틀이 걸린다. 시험 첫날에 학생들은 6시간 동안 몇 개의 지문을 읽고 각각을 분석해 짧은 논술형 답안을 작성한다. 둘째 날에는 14개 주제 중 하나를 선택해 아주 긴 논술형 답안을 써낸다. '나는 블로그를 한다, 그러므로 존재한다' '왜 중동에서 평화를 유지하는 것이 힘들까' 등과 같은 폭넓은 주제이다.

이런 시험을 잘 보기 위해 학생들은 평소에 복잡한 생각을 잘 전달하는 법을 익혀야 한다. 철자와 문법을 제대로 아는 것은 기본이다.

핀란드에서도 학교 공부는 어렵고 시험은 아이들 인생에 큰 영향을 끼친다. 하지만 아이들이 감당할 수 있을 만한 압력을 만들어 내는 데 성공했다. 소수 인종에 대한 편견 없는 학교, 다름을 자연스럽게 인정하는 평등한 학교에서 교사는 수업의 질을 높이고, 학생들은 자율권을 누릴 수 있었기에 황폐화하지 않고도 엄격한 학습환경을 조성할 수 있었던 것이다.

핀란드의 어느 초등학교 6학년 담임교사에게 학생들의 가정환경에 대해 잘 알고 있느냐고 묻자 이렇게 대답했다.

"아이들의 배경에 대해 너무 많이 생각하고 싶지 않아요. 제 교실에는 진주 스물세 개가 있지요. 전 그중 단 한 개에도 상

처를 입히고 싶지 않습니다. 저는 아이들 모두 똑같다고 생각
하려 노력합니다. 부모의 지위나 돈은 중요하지 않아요. 중요한
건 아이들의 두뇌이고 심성이지요. 우리 아이들은 아주 어렸을
때부터 그걸 알고 자랍니다. 모두 다 똑같다는 것을요."

다양성을 존중하는 핀란드는 특수교육 대상자 비율이 전세
계 최고 수준이다. 핀란드 선생님들은 특수교육 대상 학생들이
대부분 영구적인 장애가 아니라 일시적으로 학습하는 데 어려
움을 겪고 있다고 여긴다. 그러하기에 학습 장애가 있는 아이
들에게는 더 도태되지 않도록 초등학교 시절에 특수교육의 도
움을 받도록 제도화되어 있다.

우리나라도 교육에 대한 열정과 의욕만큼은 핀란드에 못지
않다. 척박한 얼음땅에서 감자를 일구어 낸 핀란드인처럼, 한
국인도 일제강점기와 6·25전쟁으로 모든 것이 사라진 땅에서
오늘날 선진강국으로 발돋움했다. 사회적·경제적 환경이 다르
기에 핀란드의 교육제도를 그대로 옮겨올 수는 없더라도 학생
들을 각각의 자리에서 있는 그대로 받아들이고 그 차이를 자
연스럽게 인정해 주는 선생님들이 늘어난다면, 아이들 스스로
도 서로에 대해 더 많이 이해하고 더 많이 사랑하게 될 것이
다. 그렇게 된다면 우리 학교와 교실도 건강하고 생산적인 곳,
자율적이고 보람 있는 공간으로 점점 바뀌어 갈 것이다.

▶ 기초학력 미달학교가 학력우수학교로

2009년 선정된 학력향상학교들을 보면 학생 개개인을 눈여겨보는 학습법이 얼마나 중요한지 알 수 있다. 아이들을 뭉뚱그리지 않고 하나하나의 학습능력과 그 개성에 따라 지도하는 것이 큰 효과를 보인 것이다. 다음의 사례를 통해 아이들의 학습능력 향상을 위한 교육이 어떤 것인지 알아보자.

① 한서초등학교는 방과후활동 지도교사와 영어교사, 일반교사들이 모두 함께 학생 개개인에 따른 맞춤교재를 만들었다. 교장과 교감도 학생들의 얼굴을 익히고 영어를 가르쳤다.

② 만수초등학교는 학생들의 실력을 파악하고 표준화검사를 통해 맞춤지도했다. 또한 학습정보를 학부모들에게 제공하여 자녀교육에 대한 관심을 높였다. 방과후에는 공부방을 운영하고, 교사들이 교육정보를 연구할 수 있도록 '기초학력 증진 동아리'도 만들었다.

③ 옥산초등학교는 학생들의 학습능력을 분석, 맞춤지도 방안을 마련했다. 특히 다문화가정 아이들의 학력이 비교적 낮은 것을 파악하여 더욱 신경을 썼다. 일대일 보충학습은 물론, 학생가정을 방문해 학부모와의 상담도 진행했다.

④ 용문초등학교는 대학에서 어학을 전공하거나 독서지도사 자격증이 있는 학부모를 초빙해 '개인교사'로 참여시켰다. 이들

은 형편이 어려운 가정 학생들에게 인성교육과 학습지도를 제공했다.

⑤ 학생들에게 목표를 설정해 주고 그 승부욕을 자극한 것도 좋은 방법이다. 토평초등학교는 '명예의 전당'을 만들어 성적우수 학생과, 성적은 부진하더라도 자신이 설정한 목표를 달성한 학생들을 전당에 오르게 했다. 담임교사가 학력이 낮은 아이에게 신경 쓰며 맞춤지도한 것도 유효했다.

⑥ 청천중학교는 인성교육과 수준별 맞춤형 수업을 중시했다. '아름다운 사람과의 만남을 통한 마음공부'라는 인성록 작성과 더불어 특기적성에 맞는 방과후 학교프로그램 운영, 수준별 교재를 이용한 맞춤수업을 했다.

⑦ 다사고등학교는 학력이 낮은 학생을 대상으로 조를 편성해 주요과목에 대한 맞춤수업을 진행했다. 이 수업을 위해 교사들을 학습지도법이 뛰어난 학교로 보내 벤치마킹했다.

⑧ 최 모양은 중앙일보 '공부개조 프로젝트'에 참여했다. 교사, 대학생, 공부법 전문가로 구성된 프로젝트팀이 최 양의 부족한 부분을 지적하고 보완 방안을 알려줬다. 학교의 지도는 아니었지만 이 또한 학생 개개인에 따른 맞춤지도라는 면에서는 동일하다. 최 양을 비롯해 이 프로젝트에 참여한 250여 명 학생 대부분의 성적이 크게 올랐다.

▶ 설리반 선생님

두 살이 채 되기도 전에 헬렌 켈러는 병으로 인해 시력과 청력을 잃어 바깥세상과 단절되고 만다. 그리고 그 뒤로 약 5년간의 세월을 그녀는 이렇게 표현하고 있다.

"나는 기쁨의 감정을 혼자 낄낄거림으로써 표현했고, 그 반대의 감정은 발로 차거나 할퀴는 것으로 표현했다. 그리고 때로는 주위를 감싼 정적감으로 인해 질식할 듯한 비명을 지르기도 했다. 나는 그렇게 거칠고 제멋대로 살고 있었다."

하지만 보스턴에 있는 퍼킨스 시각장애학교로부터 알라바마에 있는 헬렌 켈러의 집으로 온 앤 설리반은 헬렌의 삶을 변화시킨다. 그녀 자신이 세균감염으로 반쯤 실명상태까지 갔었으며, 그것이 완전히 회복되지 않은 경험이 있었기에 설리반은 끊임없는 사랑과 헌신으로 헬렌에게 다가설 수 있었다.

사물과의 접촉감을 통해서 그녀는 헬렌의 정신세계와 연결될 수 있었고, 3년 안에 점자로 읽고 쓰는 법을 가르칠 수 있었던 것이다.

열여섯 살이 되었을 때 헬렌은 사립고등학교나 대학에 들어갈 수 있을 만큼 말을 잘하게 되었다. 그녀는 1904년에 래드클리프 대학을 좋은 성적으로 졸업했고, 나머지의 생을 앤 설리반이 헌신한 것처럼 눈멀고 귀먼 사람들을 돕는 데 바쳤다. 그들의 우정은 설리반이 이 세상을 뜰 때까지 계속되었다.

헬렌은 그녀의 자서전인 《내가 살아온 이야기》에서 설리반 선생님이 처음 집에 오던 날에 대해 쓰고 있다.

내가 내 삶에서 가장 중요한 날이라고 기억하는 때는 앤 멘스필드 설리반 선생님이 오신 날이다. 그리고 그날 우리 사이를 연결시켜 준 두 개의 삶이 서로 얼마나 큰 대조를 이루고 있는가를 생각할 때마다 나는 경이감에 사로잡힌다. 1887년 3월 3일, 그러니까 내가 일곱 살이 되기 3개월 전이었다.

결코 잊지 못할 그날 오후, 나는 무엇인가를 기대하면서 말없이 현관에 서 있었다. 내 어머니의 몸짓이나, 집안 사람들의 분주한 움직임으로 보아 뭔가 특별한 일이 벌어지리라는 것을 희미하게나마 느낄 수 있었다. 그래서 나는 현관으로 가서 계단에 앉아 그 무엇인가를 기다리고 있었던 것이다.

현관 주위를 덮고 있는 인동덩굴과 치켜든 내 얼굴 위로 햇볕이 쏟아지고 있었다. 나는 이제 남쪽으로부터 온 달콤한 봄을 맞기 위하여 막 돋아난 잎과 꽃들을 무의식적으로, 하지만 아주 익숙하게 손으로 만지고 있었다.

나는 앞으로 일어날 일이 나에게 어떤 놀라움을 안겨다 줄지 알 수 없었다. 분노와 쓰디쓴 고통이 몇 주 동안이나 나를 짓누르고 있었고 깊은 번민만이 외로운 투쟁을 뒤따르고 있었다.

교육을 받기 전에 나는 길 잃은 배와 같은 상태였다. 나는 나침반도 측심연(測深鉛:바다의 깊이를 재는 도구)도 없이 항구가 어디에 있는지도 모르고 있었다.

'빛을, 내게 빛을 주세요!'

내 영혼이 소리없이 외치고 있었다. 그리고 그 순간 사랑의 빛이 내게 비치기 시작했다.

다음 날 아침 선생님은 내게 오셔서 나를 그녀의 방으로 데리고 갔다. 그리고 내게 인형을 하나 주셨다. 그것은 퍼킨스 학교에 있는 눈먼 아이들이 보내주었고 로라 브라이드만이 옷을 입힌 인형이었다. 하지만 나는 그것을 그 이후까지도 알지 못했다.

내가 그 인형을 가지고 조금 놀자, 선생님은 내 손바닥 위에 천천히 '인형'이라는 단어를 써주셨다. 나는 당장 손가락으로 하는 이 놀이에 흥미를 갖게 되었고 그것을 흉내내기 시작했다.

마침내 내가 그 단어를 정확하게 흉내내어 쓰는 데 성공했을 때 내 얼굴은 기쁨과 자랑스러움으로 달아올랐다. 계단을 달려 내려가 어머니한테 가서 손을 펴고는 인형이라 쓴 단어를 만들어 보였다. 하지만 나는 내가 단어를 쓰고 있으며 그런 단어가 존재한다는 것조차 모르고 있었다. 나는 그저 원숭이처럼 손가락 가는 대로 흉내를 내고 있을 뿐이었다.

그 뒤로 나는 이러한 알 수 없는 방식으로 핀·모자·컵 그리고 앉다, 서다, 걷다와 같은 많은 단어들의 철자법을 배웠다. 그리고 모든 사물에는 이름이 있다는 것을 이해하기까지는 몇 주가 걸렸다.

어느 날 내가 새 인형을 가지고 놀고 있을 때였다. 설리반 선생님은 내 큰 헝겊인형을 무릎에 올려놓으면서 '인형'이라고 썼고, 이 단어가 두 인형 모두에 해당됨을 이해시키려고 하셨다. 그날 아침엔 '머그컵'과 '물'이라는 단어를 놓고 한바탕 혼전을 벌였다. 설리반 선생님은 내게 '머그컵'은 머그컵이고 '물'은 물이라는 것을 이해시키려고 무던히 애를 썼지만, 내가 계속 그 두 개를 혼동했던 것이다. 선생님은 실망해서 그 문제를 잠시 내버려 두었는데 그건 마땅한 기회에 다시 시작하기 위한 임시책이었다.

나는 그녀의 반복되는 시도를 참을 수가 없었다. 그래서 새 인형을 바닥에 내동댕이쳤다. 그리고 깨진 인형 조각들을 내 발밑에 느꼈을 때 나는 쾌감을 느꼈다. 슬프지도 않았고 후회도 없었다.

선생님이 내게 모자를 가져다주었으므로, 나는 이제 따뜻한 햇볕이 있는 밖으로 나갈 시간이라는 것을 알았다. 그리고 이러한 생각은—만약 소리 없는 어떤 느낌이 생각이라고 불릴 수 있다면—나를 기쁨으로 들뜨게 만들었다.

우리는 길을 따라 걸어 우물가로 갔고, 그곳은 주위에 있는 인동덩굴 향기로 뒤덮여 있었다. 누군가가 펌프질을 하고 있었는데 선생님은 그 밑에 내 손을 가져다 댔다.

차가운 물줄기가 내 한 손 위로 흘러내리고, 다른 손 위에 설리반 선생님은 '물'이라는 단어를 쓰셨다. 처음엔 천천히 그리고 그다음에는 빠르게.

나는 가만히 서서 내 손바닥 위에 쓰여지는 그녀의 손끝 움직임에 온 신경을 집중하고 있었다. 갑자기 나는 잊혔던 무엇이 희미하게 되살아나는 것을 느꼈다. 생각이 되살아나는 데서 오는 전율과도 같은 것을 느꼈던 것이다.

언어의 신비가 내게도 찾아온 것이었다. 나는 '물'이라는 것이 내 손 위로 흘러드는 차갑고 멋진 무엇인가를 의미함을 깨달았다. 그리고 살아 숨쉬는 그 단어는 내 영혼을 깨우고 빛과 희망과 기쁨을 안겨주어 나를 자유롭게 했다.

그때까지도 어떤 장벽은 남아 있었지만, 이제 그 장벽은 곧 허물어질 수 있는 것이었다.

우물을 떠날 때 나는 배우고자 하는 열망으로 가득 차 있었다. 모든 것은 이름을 가지고 있었으며 그 이름들은 내게 새로운 생각을 가져다주었다. 집으로 돌아와서 내가 손을 대는 물건들은 모두 살아서 움직였다. 나는 신비롭고 새로운 감각으로 모든 것을 보게 되었던 것이다.

문으로 들어서면서 나는 내가 깨뜨린 인형을 생각해 냈다. 나는 벽난로 쪽으로 더듬어 가서 바닥의 인형 조각들을 주웠다. 그것들을 붙여보려고 했지만 헛된 일이었다. 내 눈에 눈물이 가득 고였다. 나는 내가 어떤 짓을 했는지 깨달았고 난생처음으로 후회와 슬픔을 느꼈다.

그날 나는 새로운 말들을 아주 많이 배웠다. 그것들 모두를 기억할 순 없지만 아버지·어머니·동생·선생님이라는 말들이었다는 것이 기억난다. 그것들은 '마치 꽃이 달린 아론의 요술지팡이'와도 같이 나를 위한 세상이 꽃을 피우도록 만들어 주었다.

앤 멘스필드 설리반은 친구에게 보내는 편지 속에 헬렌에게 일어난 '기적'을 쓰고 있다.

1887년 4월 5일

오늘 아침엔 아주 중요한 일 때문에 편지를 쓰지 않을 수 없구나. 헬렌의 배움에 있어서 두 번째 큰 걸음이 시작되었단다. 모든 것에는 이름이 있고, 우리가 손으로 만드는 알파벳이 그애가 알고 싶어하는 모든 것의 열쇠가 될 수 있다는 사실을 그애가 깨닫기 시작한 거야.

저번 편지에 내가 헬렌이 무엇보다도 '머그컵'과 '우유'라는 단어를 혼동했다고 했지? 그 애는 그 두 개의 명사를 '마시다'라는 동사와 혼동했던 거야. 그 애는 '마시다'라는 단어를 몰랐는데도 '머그컵'이나 '우유'를 쓸 때마다 마시는 시늉을 반복했단다.

오늘 아침 세수할 때 헬렌은 '물'의 이름을 알고 싶어했어. 무엇인가의 이름이 알고 싶을 때 그 애는 그것을 가리키고 내 손을 쓰다듬어. 나는 '물'이라고 써주었는데, 아침을 다 먹고 난 뒤로도 그것에 대해 잊어버리고 있었단다. 그런데 이 새로운 단어의 도움으로 '머그컵과 우유' 때문에 생긴 어려움을 해결할 수 있을지도 모른다는 생각이 내게 떠오른 거야.

나는 헬렌을 우물가로 데려가서 내가 펌프질 하는 동안 밑에 머그컵을 들이대고 있도록 했단다. 차가운 물이 흘러나와 머그컵을 채울 때, 나는 헬렌의 한쪽 손에다 '물'이라고 써주었지. 그 단어가 손에 흘러내리는 차가운 물의 감촉과 너무나도 가깝게 느껴지는 것이 그 애를 놀라게 하는 것 같았어.

헬렌은 컵을 떨어뜨리고 꼼짝 않고 서 있었단다. 새로운 환희가 그 애 얼굴에서 빛나기 시작했어. 그 애는 '물'이라는 단어를 몇 번이고 썼단다. 그리고 나서 땅을 짚으며 그것의 이름을 물었고 계속해서 펌프와 울타리를 가리켰어.

또 갑자기 돌아서서 내 이름을 묻길래 '선생님'이라고 써주었지. 그때 유모가 헬렌의 어린 동생을 데리고 왔는데 헬렌이 '아기'라고 쓰고는 유모를 가리키지 뭐니.

집으로 오는 동안 그 애는 너무나도 흥분해서 손에 닿는 모든 것의 이름를 알려고 했어. 그래서 단지 몇 시간 안에 서른 개나 되는 새로운 단어를 배웠단다.

문, 열다·닫다·주다·가다·오다 그리고 많은 단어를 배웠지.

어젯밤엔 시간이 없어서 미처 다 쓰질 못했어. 그래서 몇 자 더 적는다.

오늘 아침 헬렌은 마치 반짝이는 요정과 같은 모습으로 일어났어. 그리고 이 물건에서 저 물건으로 옮겨다니며 그것들의 이름을 묻고 기뻐하며 내게 입맞췄단다. 어젯밤에도 그 애는 침대에 누워 있는 내 품 안으로 들어와 처음으로 내게 키스했지. 나는 너무나도 기뻐서 가슴이 터질 것만 같았어.

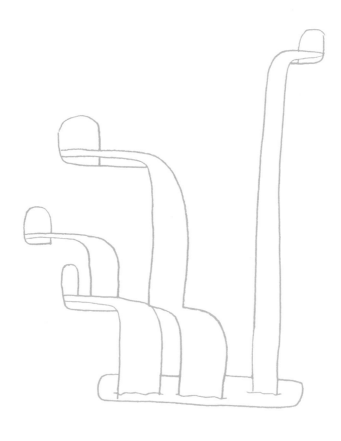

교무실에서도 인기 높은 선생님

만일 동료교사가 당신과 가치관이 다르다면,
만일 선배교사가 비우호적이라면
당신은 어떻게 즐거운 교무실 생활을 이끌어 낼 것인가.

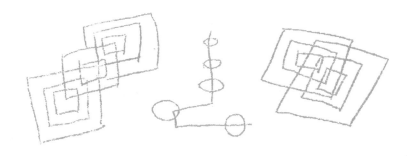

1장 젊은 교사의 고민을 정복하는 지혜

▶ 초등학교 선생님의 교무실 생활

초등학교 교사는 바쁘다. 보통 담임을 맡기 때문에 수업준비
나 행정 등 잡다한 일이 많다. 교실에서는 아이들을 가르치며
게시물을 정리하고, 교무실에서는 공책 더미에 묻혀 빨강 색연
필을 쓰기에 여념이 없다. 또 교무분장에 따라서 필요한 서류
를 작성하느라, 아이들이 집에 간 뒤에도 쉴 새가 없다. 집안일

까지 해야 하는 교사라면 조금이라도 더 효율적으로 일을 처리해야 한다. 일을 진행하는 방식은 가지각색이지만, 베테랑이 되면 보통은 일을 계획적으로 수월하게 해낸다.

그런 가운데, 아직 어떻게 일을 처리해야 하는지 감을 못 잡은 신참 교사는 바빠 보이는 교무실 분위기에 영 적응이 안 될 것이다. 먼저 필요한 것은 교무실에서 일하는 데 익숙해진다는 마음가짐이다.

교무실에서의 인간관계가 원만해지면 교육도 탄력을 받기 마련이다. 다른 선생님들과의 의사소통에 대해 생각해 보자.

(1) 지시받은 것 말고도 스스로 찾아 한다

교사는 학급에선 담임으로서 필요한 통솔력을 발휘해야 하므로 아동과 교사라는 상하관계에 익숙해진다. 그런 점에서 교사는 성인끼리의 관계형성이 서툴다고도 한다.

그렇게 되지 않기 위해서 '학교 또한 조직'이라는 사실을 깨닫는 것이 중요하다. 그리고 조직에서의 나의 위치를 파악하자. '젊은 사람은 소수파이다' '학년집단의 일원이다' '학급담임이다' 등. 그런 다음 '나에게 기대하는 역할과 책임은 무엇인가?'를 알고 노력해 나간다.

그때의 핵심은 지시받은 것만 하지 말고, 무리 없는 범위에서 스스로 찾아 하는 것이다. 경험이 없어도 선배나 동료에게 물어가며 나서서 하는 자세가 중요하다. 처음 얼마 동안에는 설령 실패를 한다 해도 모두들 너그럽게 봐준다. 과감하게 도전했던 일들은 뒷날 소중한 재산이 된다.

그런 자세를 갖춤으로써 동료나 선배에게도 인정받게 되고, 다른 교사들과 가볍게 대화를 나누게 되어 교무실 생활이 한결 편안해질 것이다.

또한 초등학교 교사는 만능인이어야 한다. 어떤 직장이나 그렇듯 처음 3년 동안은 특히 중요하다. 일을 배운다는 자세로 어떤 일에든 도전해 보자. 일만 배울 수 있는 것이 아니라 일에서의 교류를 통해 직장에서의 인간관계도 깊어진다.

번거로운 일을 피하기만 하면 직장에서의 인간관계도 형성되지 않는다. 인간관계를 원활히 하는 것이 교무실에서 마음 편히 있을 수 있는 지름길이다.

(ㄹ) 선배교사에게 귀 기울이는 자세로

교무실에서의 의사소통에 대해 생각해 보자. 먼저 내가 사회인으로서 부족한 점은 없는지 점검해 본다. 예를 들면 인사는 내가 먼저 하는지, 교무실에는 일찍 가는지, 부탁받은 일은 반드시 기일 안에 하는지 등이다. 요컨대 교무실에서 갖춰야 할 자세라고 해서 특별한 것이 아니라, 인간관계에 필요한 최소한의 배려인 것이다. 모르는 것은 묻고, 정해진 시간을 지키며, 동료의 험담을 하지 않고, 말씨와 대답을 적절하게 구사하는지 등을 되돌아보자.

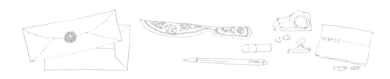

관리직에 대한 연락이나 보고 등 학교 안에서 특히 필요한 것에 관해서는 학년주임 등 가까운 선배가 지도해 줄 것이다. 선배교사의 지도에 솔직하게 귀를 기울이는 자세를 갖춘다면 문제는 없다. 우선은 기본적인 것을 차근히 계속해 나가자. 그것이 동료나 다른 교사에게서 인정받는 밑바탕이 되어준다.

본보기가 되는 교사를 찾아내 발전을 꾀하는 것도 좋은 방법이다.

(3) 일을 통해 대화하고 유대를 구축한다

인간관계에는 역할이 중심이 되는 사회적 관계와 마음을 나누는 감정 교류가 있다. 갑자기 뭐든지 털어놓고 말할 수 있는 동료를 만들려 하면 무리가 따른다. 일단은 역할을 통한 교류부터 시작하자.

예를 들면 아동 관련이나 행사가 많은 일을 맡았다 하자. 학교에선 개인이 아니라 조직에서 일을 진행하는 경우가 많으므로 이 조직을 잘 활용하는 것이 핵심이다.

처음엔 전 담당자에게서 이야기를 듣고 배워서 일을 진행한다. 그렇게 유대가 깊어지면 학급의 고민이나 아이들을 대하는

방법 등 여러 가지 대화를 할 수 있게 된다. 일이 없었다면 구축되지 않는 인간관계라고 할 수 있다.

이런 인간관계가 형성되면 그 뒤에 다른 일도 의논할 수 있다. 본심을 말할 수 있는 동료가 한 사람이라도 있으면 교무실에서 있을 때 마음이 훨씬 편해질 것이다.

교무실에서 어색하지 않고, 뭐든지 말할 수 있는 동료교사가 있을 때는 학급경영이나 아동과의 관계도 좋아지는 경우가 많다. 교무실에서 정보를 주고받을 수 있으므로 아이들에게 문제가 있을 때 유연한 대응을 하고, 스트레스도 능숙하게 처리할 수 있기 때문이다.

교무실과 동료교사를 피하지 말고, 교육실천과 정신적 스트레스 때문에라도 교무실에서의 인간관계 형성에 노력해야 한다. 그러려면 도전하는 마음가짐과 의욕이 필요하다.

▶ 중학교 선생님의 교무실 생활

학교현장은 교장선생님을 필두로 성별도, 나이도 다양한 교원들로 구성되어 있다. 대학을 졸업한 지 몇 년 되지 않은 젊은 교사에게 나이가 제각각인 교무실 안에서 능숙하게 의사소통을 도모해 나가기란 생각처럼 쉽지 않을 것이다. 그러면 어떻게 해야 원활한 의사소통을 할 수 있을까?

(1) 연령이 다른 집단에서의 대화와 협력

1980년대 전후에 사회의 급속한 도시화와 정보화·핵가족화가 진전되어 아이들이 인간관계를 배울 기회가 차츰 줄어들었다. 그중에서도 지역 내의 다른 연령집단에서 노는 것, 갱에이지 체험이 불가능해진 것은 특징적이다. 따라서 아이들은 바라고 바라지 않고와 관계없이 학교에서 접하는 같은 또래와의 교류밖엔 경험할 수 없게 되었다.

사회의 담당자로서 일을 하게 된 젊은 20대 선생님도 그런 영향을 적지 않게 받았으리라 본다. 다른 연령층과의 교류방식을 경험해 오지 않은 터에 느닷없이 다양한 연령의 선생님들이 있는 교사집단에 들어가게 된 것이다. 그 속에서 자신을 어디까지 내보여야 할까? 어떻게 대처해야 좋을지 모르는 것도 무리가 아니다.

그러나 학교는 유기체이고 언제 문제가 생길지 모른다. 나 혼자만의 힘으로는 대처하지 못하는 사건이 일어나기도 한다. 특히 아직 젊고 경험도 적다면 학생들에 대한 자신의 지도가 생각만큼 되지 않는 경우도 많을 것이다.

그런 때에 같은 직장에 있는 선배교사나 동료교사의 협력을 얻으면서 문제를 해결해 가는 것은 매우 중요하다. 따라서 선배교사들과 어떻게 자연스런 의사소통을 하고 원만한 관계를 구축해 나갈지 생각해 보아야 한다.

(2) 의사소통을 하기 위한 터다지기

수업 하나만 놓고 보더라도 직장의 선배·동료교사의 지원이 얼마나 중요한지는 두말할 필요도 없다. 경험이 적기 때문에 나 혼자서는 알 수 없는 것이 많음은 당연한 일이다.

그런 가운데서 선배교사와의 접촉방식에 대한 정보를 조금만 알아도 인간관계가 매우 원만해진다. 예를 들면 되도록 일찍 출근하는 것도 그 하나이다. 그리고 교무실 안을 간단히 청소한다든지, 선생님들의 차를 끓인다든지 하는 등의 잡무를 적극적으로 맡는 것도 좋다.

처음부터 능숙하게 의사소통을 할 수 있는 사람은 없다. 만약 지금 좀처럼 원만한 의사소통이 이루어지지 않아 고민한다면 먼저 이런 것부터 실천해 보자.

그것만으로도 스스로 '주위에 도움이 되고 있다'는 생각이 들 테고, 선생님들로부터도 호감을 얻게 된다. '저 사람을 위해서라면 뭔가 해줘야지' 생각하기도 한다. 즉 의사소통을 위한 터다지기가 이루어진 것이다.

(3) 적극적인 자기표현

학습 및 생활 지도를 하다 보면 어느 교사에게나 뭔가 모르는 일이 생기기 마련이다. 이럴 때는 적극적으로 자기표현을 하도록 노력해야 한다. 먼저 모르는 것을 선배교사에게 물으러 간다든지, 난처한 일이나 고민거리를 의논하러 간다. 흉금을 터놓고 나를 드러내는 것이다. 문제해결을 위해 열심히 뛰어다니는 후배를 모른 체하는 교사는 없으며, 그들은 적극적으로 도움을 줄 것이다.

평소에도 학급경영과 교과지도에 있어서 어려운 일, 고민되는 일을 솔직하게 말하여 주위에 전하는 노력을 하는 것도 중요하다. 수업 때 쓰는, 직접 만든 프린트물을 같은 교과교사에게 보여주기만 해도 다양한 조언을 받을 수 있다.

선배교사들 대부분은 지금 내가 겪는 어려움을 일찍이 경험한 사람들이다. 그리하여 똑같은 경험은 아닐지라도 나와 함께 고민하고 생각해 주는 교사가 있다는 것만으로도 큰 힘이 된다.

또 중학교의 경우는 교과담임제이므로 그 장점을 크게 살리도록 한다. 나의 학급에는 나 말고도 많은 교과담임이 관련되어 있다.

그래서 각 수업시간에 아이들의 태도나 눈에 띄는 일 등을 들을 수 있다. 그것을 놓고 교무실에서 많은 대화가 오갈 수 있고, 나의 학급에 대한 조언 받을 기회를 만들 수도 있다.

이렇게 함으로써 여러 교사와 관계를 맺을 수 있을 뿐만 아니라 내 교과시간 이외의 아이들 모습도 알 수 있으므로 일거양득이 된다.

또한 그런 것을 계기로 교무실 안에서 선배교사에게 편하게 말을 걸 수 있다. "안녕하세요" "감사합니다" 같은 기본적인 인사에서, "선생님 반의 ○○는 오늘 수업시간에 아주 열심히 하더군요" "날마다 늦게까지 부서활동을 하시는군요. 노고가 많으십니다" 등 내가 먼저 적극적으로 말을 건네자. 그렇게 하면 선배교사도 차츰 관심을 보여주게 되고, 교무실 안에서도 원활한 의사소통이 이루어진다.

▶ 선배교사를 대하는 방법

요즘 교육현장에는 40대 이상의 베테랑이 많고 20대·30대 교사는 적다. 전에는 젊은 교사들끼리 밤늦게까지 아이들 이야기를 하거나, 고민 상담하는 모습을 자주 볼 수 있었다.

그러나 요즘은 그럴 기회도 좀처럼 만들어지지 않는 것 같다. 그렇다고 젊은 선생님이 안고 있는 문제가 없어진 것은 아닐 터이다. 오히려 혼자서는 대응하기 어려운 문제들이 많아진 것 같다.

그런 가운데서 서로 의지하려면 같은 세대에 연연하지 말고 선배교사와의 인간관계를 만들어 나가야 한다. 세대가 다르면 가치관과 사고방식이 다른 것은 당연하다. 그런 마음으로 선배교사에게서 배우려는 마음가짐을 다지면 어떨까.

(1) 선배교사는 교육실천의 스승

대여섯 살 차이가 나는 사람과 교류한 적이 없다는 젊은 선생님이 결코 드물지 않을 것이다. 하물며 부모님만큼이나 나이차이가 나는 교사와 같은 학년을 맡거나, 함께 일하게 되면 주눅이 드는 것도 무리가 아니다.

교사는 경험이 많든 적든 학생과 학부모로부터 '선생님'으로 대우를 받지만, 선배교사에게서 배워야 할 것은 배워야 한다. 선배교사라고 어렵게 생각할 필요는 없으며, 선배교사의 실천으로부터 배운다는 겸손한 자세를 갖추는 것으로 충분하다.

예를 들면 어느 선생님의 체육수업은 언제나 창조적인 활동이 많다. 아이들의 운동량도 많고 즐거워 보인다. 이러한 모습이 부러워서 나도 저런 수업을 해보고 싶은 마음이 생겼다면 어려워하지 말고 먼저 말을 건네보자. 자기의 교육실천에 관심을 보이는데 싫어할 사람은 아무도 없다. 그런 것을 계속해 나가면 그 선생님과 대화가 가능해지고, 수업 진행방식이나 아이들에 대한 대응도 배울 수 있을 것이다.

이처럼 수업이나 아이들을 대하는 교사의 업무를 핵심으로 선배교사와의 인간관계를 만들어 나가자. 선배교사의 실천에서 무엇을 배울지는 나의 마음가짐에 달려 있다. 젊은 선생님의 배우려는 적극적인 자세에는 선배교사도 호감이 들기 마련이다.

(2) 선배교사와의 인간관계

① 상대에게 관심을 기울인다.

먼저 인사든 업무연락이든 부탁이나 명령을 받아서가 아니라 스스로 나서서 해나가자. 일상 대화를 소중하게 여기는 것이다.

일상적이고 편안한 이야기라 해도 관심도 없는 상대와의 대화는 이어지지 않을 것이다. 상대에게 관심을 기울이며 깊이 관찰하여 공통 화제를 찾아낸 뒤 먼저 말을 거는 것도 필요하다.

예를 들면 세상 돌아가는 이야기에는 익숙지 않아도 아이들을 화제로 삼으면 좀 더 자연스러울 것이다. 그런 것을 평소 유념해 두면 대화를 이어 나가기가 쉬워진다. 그때 중요한 것은 혼자서만 이야기하지 말고 상대의 말을 들어야 한다는 점이다. 상대의 기분을 이해하려는 자세로 들으면 상대는 안심하고 마음을 열게 된다. 그러는 사이에 상대의 관심분야나 개인적인 화제로 진전되어 대화에 흥이 나기도 한다. 초조해하지 말고 조금씩 거리를 좁혀 나가자.

② '나 메시지'로 내 이야기를 한다.

나는 이런 사람이라는 것을 상대에게 솔직히 말해야만 마음을 터놓고 이야기할 수 있다. 무슨 생각을 하는지 도통 알 수 없는 사람에게 마음을 열려는 사람은 없다. '수업이 생각처럼 되지 않는다' '아이들이 생일을 축하해 주어서 눈물이 나올 만큼 기뻤다' 등 '나는 이렇게 생각한다'는 '나 메시지'로 전달하도록 유념한다. 그렇게 나의 기분을 말함으로써 상대의 마음이 열려 진심이 담긴 교류가 이루어진다.

③ 멋진 선배교사를 찾아낸다.

수업 기술이나 아이들을 대하는 요령이 존경스러운 교사는 인간적으로도 매력 있는 선배인 경우가 많다.

교사라는 직업은 아이들과 학부모에 대한 대응 등 아무리 해도 끝나지 않는 일들로 심한 스트레스를 수반한다. 그런 가운데 모델로 삼을 만한 교사를 만나면, 일에 대한 자세도 달라진다. 특히 젊다는 것은 새로운 만남의 기회도 많다는 뜻이다. 주변엔 선배뿐이기 때문에 그 가운데서 나의 목표가 될 만한 교사가 반드시 있을 것이다.

선배교사가 볼 때도 배우려는 의욕이 있는 새내기 젊은 후배교사는 신선한 존재이다. 많은 정보교환도 가능하고, 교류 자체가 기분 좋은 일이다. 또한 할 수 있는 것은 가르쳐 주고 싶다는 마음도 들기 마련이다.

그런 마음이 있음에도 그다지 교류가 없다면 서로 교류방식을 궁리하여 바꿔 나가는 것이 필요할지도 모른다. 예를 들면 선배교사도 젊은 교사에게 마냥 자기 이야기만 할 것이 아니라 개성을 인정하면서 방법을 보여주는 접촉방식을 권한다. 함께 배워 나간다는 자세가 서로에게 필요하다.

교사라는 일을 통하여 인간적으로 성숙한 본보기 선배교사를 두는 것은 교사로 살아가는 정보를 얻는 셈이다. 젊을 때의 만남은 기나긴 교사생활의 멘토를 얻는 근원이 된다. 그리고 그런 만남의 계기는 다른 누가 아닌 바로 내가 만드는 것이다.

▶ 동료교사와의 좋은 인간관계란?

직장 내의 누군가와 원만하지 않으면 '직장의 모든 사람과도 원만하지 않다' 믿게 되고, '나만 대화에 끼지 못한다' '나 혼자만 따로 노는 느낌이다'라며 사고회로에 악순환이 생긴다. 술을 잘 마셔서 술자리에 자주 끼다 보면 자연스럽게 사이가 좋아지기도 하는데, 술을 마시지 못하는 사람은 그렇지 못하다. 그래서 위와 같은 생각에 젖기 쉽다.

하지만 그것은 술을 마시지 못해서가 아니다. 동료도 그렇게 생각하지 않을 것이다. 다만 어떻게 말을 붙여야 좋을지 몰라 당신이 동료들을 어려워하는 것처럼 주위에서도 당신을 어려워하기 때문이다.

그럴 때는 무작정 기다린다고 뭐가 시작되지 않는다. 어쨌든 빠른 길은 내가 먼저 말을 거는 것이다. 남의 속마음은 바꾸려 해도 바뀌지 않는다. 나를 바꾸는 것이 간단하다.

(1) "안녕하세요?" 인사부터 던져라

인사부터 적극적으로 하자. "안녕하세요. 오늘도 아침부터 덥군요" "안녕하십니까? 어제는 감사했습니다" 등 먼저 선뜻 소리 내어 인사를 하고, 그런 뒤에 반드시 한마디 덧붙인다. 그 한마디에 친근감이 훨씬 늘어나고 이야기도 활기를 띨 것이다.

또한 방과 후의 시간도 중요하다. 예를 들면 교무실에서 하루 일을 정리하며 그날 아이들의 모습을 서로 이야기하면 어떨까? 푸념도 좋고, 약한 소리도 좋다. 이야기를 하는 사이에 반드시 누군가는 친근감을 느끼고 말을 들어주거나, 격려해 주기 마련이다.

동료는 함께 일하는 사람이다. 공통의 화제를 많이 가지고 있다. 바꿔 말하면 가장 가까이 있는 훌륭한 이해자라고 할 수 있다.

방과 후의 시간만으로는 이야기가 끝나지 않을 때도 있다. 그러면 "저녁식사라도 하면서" 또는 "술이라도 한잔하면서 이야기할까요?" 제안이 들어오기도 한다. 이때 비록 술을 마시지 못하더라도 공통 화제가 있으면 그것만으로도 시간은 눈 깜짝

할 사이에 흘러가 버린다.

(2) Give and Take

'Give and Give'나 'Take and Take'의 인간관계는 오래 지속되지 않는다. Give와 Take에 얼마쯤 차이가 있어도 괜찮다. 선배든 후배든 인간관계는 'Give and Take'이다.

이런 일이 있었다. 교무주임이 혼자서 교무회의에 제출하기 위한 자료를 작성하고 있었다. 정확히 말하면 그것은 교무주임 개인의 일이다.

그러나 한 새내기 교사가 "도와드릴까요?" 용기를 내어 말하자, 그는 "고마워요. 많은 도움이 되겠어요"라고 대답했다.

새내기 교사는 일을 도우면서 그 자료에 대한 이야기를 들었다. 만약 돕지 않았으면 알 수 없을 내용이었다.

일이 끝나자, 교무주임은 맛있는 저녁을 사며 다시 한 번 고맙다는 말을 했다. "그때는 회의시간에 맞추기 위한 시간과의 싸움이었기 때문에 정말 큰 도움이 되었어요. 고마워요." 어쩌면 개인적인 일이기도 하고, 대선배였기 때문에 나서서 부탁하기는 어려웠을 것이다.

물론 자기 일이 잔뜩 쌓였을 때는 이렇게 돕는 것은 무리일 것이다. 다만 가능한 때에는 할 수 있는 범위에서 하면 좋지 않을까?

(3) 나를 여는 것에서부터 시작되는 인간관계

세 번째 인간관계 만들기는 나를 여는 것이다. 무슨 생각을 하는지 모르는 사람에게 진심을 말하려면 용기가 필요하다. 무엇을 생각하는지 알 수 없는 사람이란 자기 자신에 대해 말하지 않는 사람이다. 즉 나를 열어야 비로소 상대도 자기 이야기를 할 마음이 내키는 것이다.

물론 모든 것을 다 말해야 한다는 뜻은 아니다. 이야기 주제는 분위기와 대화 상대에 따라 달라야 한다.

나에 대해 말한다는 것은 크게 나누면 '사실·감정·가치관' 세 가지가 있다. 처음엔 나의 사실을 열고, 다음은 감정을 열고, 마지막으로 가치관을 여는 것으로 깊이를 더해 간다.

이와 같이 서로 자기를 열면서 서서히 인간관계가 형성되어 뜻밖에 소통의 문이 열리는 것이다. 물론 하고 싶지 않은 말까지 해가면서 억지로 나를 열 필요는 없거니와 그것을 상대에게 강요해서도 안 된다.

또한 상대가 어렵사리 자기를 열고 나와도 내가 상대를 수용하지 못하면 아무 의미가 없다. 타인을 받아들이지 못하는 사람은 타인으로부터도 받아들여지지 못한다. 내가 타인을 수용하

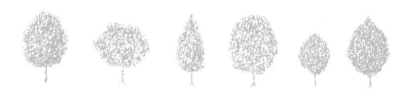

는 정도밖에는 타인 또한 나를 수용해 주지 않는다는 사실을 잊지 말자.

(4) 기회는 날마다 찾아온다, 용기를 내라

학교 현장에선 아이들이 말썽을 많이 일으키는 학교일수록 동료와 처음 만나서 동료의식이 생겨나기까지의 시간이 짧다. 그리고 선생님들끼리의 결속력도 높다.

서로 속마음을 말하지 않으면 아이들 앞에서 하나가 될 수 없기 때문일 것이다. 푸념이나 나약한 소리를 하지 않으면 매일의 생활을 계속할 수 없고, 또 서로 비난하기보다는 협력하지 않으면 일이 어긋나기 때문일지도 모른다. 이렇게 서로 고생을 함께한 동료와의 유대는 신기할 만큼 강한 법이다.

아이들이 말썽을 부리는 학교에서의 동료의식이 서로 의지하고 지지하는 가운데서 시작되는 데 반해, 아이들이 조용한 학교에서의 동료의식은 서로가 서로의 장점을 인정하는 데서 시작된다.

때문에 얼마쯤 시간이 걸리기는 하지만 어느 쪽이든 한번 구축된 동료의식은 그리 쉽게는 허물어지지 않는다.

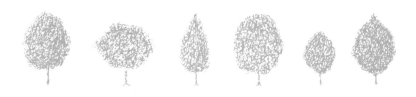

다음 직장으로 전근을 가도 정보교환이나 자료교환 등 여러 가지 면에서 유대를 다질 수가 있다. 또한 공통 화제가 있으므로 제자 이야기에서부터 당시 고생했던 이야기, 일화 등 몇 시간을 함께 있어도 이야기가 끊이질 않는다.

동료와의 인간관계를 구축하려면 계기와 타이밍이 중요하다. 기회는 날마다 찾아온다. 마법이 일어나느냐 않느냐는 당신의 용기 있는 행동에 달려 있다.

(5) 학생들 앞에서 동료교사 험담은 금물

혹시 당신은 아이들 앞에서 다른 동료교사를 화젯거리로 삼지 않는가. 절대로 아이들 앞에서 다른 교사의 험담을 늘어놓지 말라.

존경하고 신뢰해야 할 학교 선생님을 담임교사가 농담의 대상으로 삼거나 부정한다면 아이들은 말할 수 없이 곤혹스러울 것이다. 몇 번이나 반복해서 그런 얘기를 듣다 보면, 아이들은 자신들도 모르는 사이에 정말 그 선생님이 그럴지도 모르겠다는 생각을 하게 된다.

가정을 한번 생각해 보라. 아버지가 아이를 나무라며 예의범절을 가르칠 때, 어머니가 나서서 "당신도 늘 약속을 지키지 않으면서 무슨 자격으로 아이를 가르치는 거예요?" 아버지를 나무라는 경우가 있다. 이렇게 되면 아버지의 권위는 추락한다. 아이는 아버지가 아무리 바른말을 해도 더 이상 귀담아듣지 않을 것이다.

아이들이 정말 사랑스럽다면, 아이들 앞에서 다른 선생님의 험담을 늘어놓아서는 안 된다. 꼭 해야 할 말이 있다면 아이들이 없을 때 본인에게 직접 말해야 한다.

어느 곳에도 완벽한 사람은 없다. 다른 선생님에게 결점이 있다 하더라도 아이들 앞에서는 좋은 선생님으로 치켜세워 주어야 한다. 그것이 좋은 선생님의 기본적인 예의이다.

요즈음 아이들은 선생님이 자신들과 친구처럼 놀아주기를 원한다. 그런 마음은 저학년일수록 더욱 강하다. 그런 탓인지 선생님도 교사의 권위를 내세우기보다는 아이들과 사이좋게 교류하기를 더 원한다. 정말 바람직한 경향이다. 선생님과 학생이 모두 친구처럼 어울려 원만한 교육이 이루어진다면 더 이상 바랄 것이 없다.

담임선생님과 아이들이 믿음으로 맺어진 반의 분위기는 매우 밝고 화기애애하다. 그와 반대로 담임선생님과 아이들의 믿음의 고리가 끊어진 학급 분위기는 소란스럽고 협조도 잘 이루어지지 않으며 학업 성적도 뒤처진다.

동료교사에 대한 공연한 개인감정으로 아이들에게 선생님에 대한 불신을 심어준다면, 그 교사는 말할 수 없이 큰 오류를 범하는 것이다.

답은 분명하다. 허물이 많이 눈에 띌수록 더욱 감싸주고 칭찬하라. 그것은 따뜻한 시선이 되어 당신에게 되돌아올 것이다.

▶ 교직원 내부에 파벌이 있을 때 그 대처법

대부분의 교사는 성실하고 열의가 있으며, 아이들을 위해 열심히 노력한다. 그러나 교내 여러 문제를 둘러싸고 의견이 대립하여 서로가 왠지 서먹서먹하고, 때로는 반목하는 경우도 있다. 또 조합 등의 단체나 개인적으로 취향이 맞는 사람들의 모임이 힘을 지니는 경우도 있다. 그렇게 되면 교내 분위기가 껄끄러워진다.

이럴 때는 하나의 그룹에 기울지 말고, 전체와 원만하게 균형을 이뤄 가면서 관계를 형성해야 한다.

(1) 걷잡을 수 없는 폭력, 힘으로 제압될까

실제로 이런 예가 있었다. A선생님이 새로 부임한 학교는 그 지역에서도 말썽이 많기로 유명한 학교였다.

염색한 머리에 미니스커트는 말할 것도 없고, 흡연과 부탄가스 흡입도 일상 다반사였다. 교내 곳곳에 기물이 부서져 있고, 몇몇 3학년 학생은 후배들에게 폭력을 행사하기도 했다.

그런 시끄러운 교내 분위기 속에서 신참인 A교사 등은 회의 때 의견을 내놓을 처지가 못 되었다. 그때까지 학교를 휘어잡던 일부 학생지도 담당교사들이 문제행동을 반복하는 학생들을 하나에서 열까지 힘으로 제압하려 하고 있었기 때문이다.

그들에게는 '자기들이 강한 지도를 하지 않으면 이 학교는 무너진다' '강력한 지도가 아니면 이곳 아이들을 다루지 못한다'는 강박관념에 가까운 신념이 있는 것 같았다.

한편 A교사를 포함한 다른 교사들은 '힘으로 하는 지도만으로는 안 된다' '학생 하나하나의 생각을 듣는 것부터 시작해야 한다'는 전혀 상반되는 생각을 가지고 있었다.

즉 학교 전체가 이른바 '강경파'와 '온건파'로 나뉘었던 것이다. 각자의 주장이 있었기 때문에 좀처럼 하나로 뭉쳐지지 못하고 서로 반목하는 상황이었다.

(ㄹ) 둘 다 수용하라

일반기업 등과는 달라서 학교현장은 관리직인 교장과 교감이라는 극히 소수의 지도자와 대다수의 추종자로 구성되어 있고, 수직적인 관계가 희박한 집단이라고도 할 수 있다. 대학을 갓 졸업한 새내기 선생님도, 교직경력이 수십 년에 이르는 베테랑 선생님도 교사라는 점에선 수평적 관계이다.

이와 같이 상사와 부하의 관계가 아니기 때문에 하나의 조직체로서의 의식이 좀처럼 생겨나기 힘든 측면이 있다. 그러므로 역할관계가 모호해지고, 서로의 주의주장 아래 집단화하는 경우가 있다.

의견이 대립하면 서로 으르렁거리는 상황으로까지 발전하기도 한다. 그런 가운데서 새내기 선생님이 제삼자적인 위치, 중립적인 위치에 서기란 매우 힘든 노릇이다. 그러나 그런 가운데서도 되도록 양자와 의사소통을 해가면서 원만하게 관계를 형성해 나가야 한다.

앞의 예처럼 '지도적' 교사와 '지원적' 교사가 있어서 집단화되어 있는 경우에는 양자와 공감적으로 관계해야 한다. 어느 쪽으로도 함부로 뛰어들어서는 안 되며, 거꾸로 어느 쪽으로부터도 좋은 점을 배우도록 해야 한다.

구체적으로는 자기 학급의 상황을 그들이 일상적으로 이해할 수 있도록 적극적으로 나서서 수업과 교실을 공개하고, 각 교사에게서 지원을 받을 수가 있을 것이다.

중요한 것은 양자에게 의논해 가면서 조언을 받는 것이다. 그렇게 함으로써 어떤 하나의 측면에 기울어진 견해·사고방식을 갖지 않고, 다면적인 사고와 견해를 가질 수 있게 된다.

지적 내용에 따라서는 자신에 대한 비판 같은 것도 있을지 모른다. 그러나 진취적인 마음가짐으로 받아들여야 할 것이다.

예를 들어 '지도적' 교사에게서 '○○의 지도에 관해서는 좀 더 엄격하게 해야 한다'는 조언을 받았을 때는, '강하게 지도하지 못하는 내가 무능하다'고 생각하지 말아야 한다. '확실히 지금은 그러지 못하지만 앞으로도 계속해서 못하지는 않을 테고, 또 경우에 따라서는 확실한 지도를 해 보이겠다' 생각하자.

한편 '지원적'인 교사에게서 '아이들 한 명 한 명을 좀 더 존중하고 그들의 생각을 들어야 한다'는 조언을 받았을 때도 마찬가지이다. '아이들을 존중하지 않기 때문에 아이들이 마음을 열고 말하지 않는 나는 무능하다' 생각지 말고, '앞으로 아이들 하나하나와 튼튼한 관계를 맺어 나가자' 생각하자.

즉 양자와 공감적으로 관계해 나가는 가운데서 각각의 좋은 면, 자신이 이해할 수 있는 것을 받아들이면 된다.

▶ 가치관이 다른 교사를 어떻게 대할까

'열 사람이 모이면 열 가지 생각이 있다'는 말처럼 사람은 저마다 개성이 있기 마련이다. 학교에도 많은 선생님이 있는 가운데 서로의 교육관이 다른 것은 결코 드문 일이 아니다. 그러나 학교는 협동으로 일해 나가는 곳이다. 가치관이 다르다는 이유로 처음부터 포기하기보다는 사고방식을 살짝만 바꿔 보면 어떨까?

(1) 가치관이 다른 교사가 있어야 하는 곳이 바로 학교

학급경영 방침으로 '지도'의 측면을 강조하는 교사도 있는가 하면, '지원'의 측면을 내세워 학생과 수용적으로 관계를 맺어 가려는 교사도 있다고 앞서 말했다. 방과 후의 부서활동에 의미를 두고 열심히 학생을 지도하는 교사도 있고, 또 매일의 교과지도야말로 가장 중요한 것이라며 수업에 매진하는 교사도 있다.

이처럼 저마다 잘하는 분야가 있는 것은 당연한 일이다. 모든 교사가 똑같은 생각을 갖고 교육활동에 나서는 것이 오히려 비현실적이라고 할 수 있다. 다양한 사고를 가진 교사가 많이 존재하는 가운데 협동하면서 서로의 장점을 찾아내고, 또 미흡한 분야를 메우면서 학교 전체로서의 교육실천을 해나가는 것이 중요하다.

그러나 자칫하면 학생과 학부모에 대한 대응방식을 둘러싸고 교사들끼리의 대립이 일어나는 수도 있다. 그러면 '저 선생님은 나와는 사고방식이 다르다', '가치관이 다르기 때문에 함께 협력해 나가기가 어렵다'는 식으로 생각하기 쉽다. 그럴 때는 나의 사고방식 틀을 조금 바꿔 보는 노력을 해야 한다.

(ㄹ) 사고방식의 수정

어느 누구와도 가치관이 딱 맞아 떨어져서 매사 원만하게 흘러가는 경우란 없다. 학교에서도 모든 교사의 가치관이 하나같이 똑같은 법은 없다.

그렇지만 각 아이의 발달을 돕는, 저마다의 개성을 기른다는 교육의 목적을 생각해 볼 때, 가치관이 다른 교사끼리 서로 으르렁거리는 것은 바람직하지 않다.

그러므로 비록 가치관이 다르더라도 서로의 장점을 찾아내가면서, '아이들을 위해 무엇을 할 수 있을까'라는 발상으로 매일의 교육실천에 임하도록 해야 한다.

다만 가치관이 다른 상대를 바꾸는 것은 결코 쉬운 일이 아니므로 차라리 나를 조금만 바꾸겠다고 생각하는 것이 중요하다. 먼저 가치관이 다르다는 것 때문에 부정적이 된 부분은 어디인지 내 안에서 명확히 한다. 상대의 어떤 점에 부정적인 생각이 드는지, 왠지 어딘가 다르다고 느끼는 근원은 무엇인지에 대해 되도록 구체화한다.

그리고 나 자신의 부정적인 감정을 일으키는 사고 습관은 없는지 점검하도록 한다. 나에게 그런 면이 있다면 그것들을 수정해 본다. 그렇게 하면 틀림없이 훨씬 마음이 편해질 것이다.

구체적인 예를 들어보겠다. 문제행동을 되풀이하는 학생에 대해 A교사는 문제행동의 내면에 있는 감정적 부분에 주목하여 수용적으로 학생과 접촉해 나가려 했다.

그에 반해 평소 가치관이 다르다고 느끼던 선배인 B교사가 '선생님의 그런 무른 방법으론 아이들은 절대 변하지 않아요. 더 엄격한 지도를 해야만 합니다'라고 회의시간에 강한 어조로 지적했다.

A교사는 충격을 받았고, 우울에 빠졌다. A교사의 마음속에는 '지금까지 내가 해온 지도방법은 잘못되어 있었는지도 모른다', '나는 교사로서 능력이 부족한지도 모른다'는 부정적 사고가 생겨나기 시작했다.

그러나 '지도가 잘못되었다' '나에겐 교사로서의 능력이 없다' 같은 A교사의 생각에는 지금까지 살아오는 가운데 무의식중에

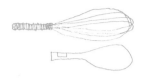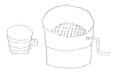

몸에 밴 사고 습관(소심하여 무슨 일이 있을 때 필요 이상으로 자신을 비하하는 등)이 들어 있다고 할 수 있다. 객관적으로 보면 비논리적이고 독단적인 부분이 있음을 알 수 있다.

여기서 '지도가 잘못되었다' 생각하는 대신에 'B교사에게서 혹독한 지적을 받은 것은 아직 지금 단계에선 결과가 나오지 않았기 때문이지 앞으로도 줄곧 그러리라는 보장은 없다', '문제행동은 좀처럼 줄지 않고 결과가 나오지 않은 것은 사실이지만, 그렇다고 나에게 교사로서의 능력이 없는 것은 아니다'는 식으로 사고방식을 전환해야 한다. 그러는 편이 A교사에게 훨씬 건설적이고 건강하다고 할 수 있다.

이런 형식으로 내 사고 습관의 틀을 수정해 나가면 마음이 매우 편안해진다. 그렇게 함으로써 가치관이 다른 교사에 대해서도 포기하지 않고 협동해 나갈 수 있는 힘이 축적되는 것이다.

▶ 이해되지 않는 지시는 어떻게 해야 할까

조직에서 일할 때는 도리에 맞지 않는 지시를 받을 때가 있다. 이해되지 않을 때는 이해가 될 때까지 가르침을 받는 것이 제일이다. 그래도 이해가 되지 않을 때에는 어떻게 해야 할까?

(1) 이해되지 않는 지시의 이면

어떤 학교에서 운동화 도난사건이 자주 일어났다. 학부모가 학교에 항의를 하는 지경에까지 이르렀다. 교사가 교감선생님에게 그 사실을 보고했을 때 교감선생님은 이렇게 대답했다. "그 아이는 운동화에 이름을 제대로 썼나요? 자기의 신발장에 정확히 넣었나요? 만약 그렇지 않았다면 학교에는 책임이 없습니다." 교감선생님은 그 아이에게 잘못이 있어서 잃어버린 것이 아니냐고 주장한 것이다. 덧붙여서 앞으로 그 아이는 신발을 주머니에 넣어 교실 안으로 갖고 들어가 본인이 책임지고 관리하게 하라는 지시를 내렸다.

한편 담임이 볼 때는 학교 신발장에 마음 놓고 신발을 넣을 수 없는 것 자체가 문제라고 생각해서, 먼저 누구나 마음 놓고 지낼 수 있는 학교로 만들려면 어떻게 해야 할지를 생각했다.

즉 서로가 지키고자 하는 것이 다르기 때문에 이러한 일이 벌어졌다고 할 수 있다. 이해되지 않는 지시의 이면에는 '그 사람이 지키려는 것은 무엇인가?'가 들어 있다. 그러나 좀 더 깊이 들어가 보면 방법은 달라도 목표는 같은 경우도 있다.

바꿔 말하면 겉마음과 속마음이다. 젊은 교사의 경우, 상대의 속마음과 겉마음 가운데 '겉마음'을 주장하는 쪽이라 '이해되지 않는다'고 느끼는 때가 자주 있다. 이럴 때는 상대의 속마

음을 듣고 속시원히 이해가 되기도 한다.

위와 같은 경우에 '아이의 운동화가 없어졌다고 해서 변상해 줄 수 있는 것도 아니다'라는 것이 교감선생님의 속마음이 아닐까? 상대에게 책임 추궁을 당하기 전에 예방선을 치고 자기 책임을 강조했다고도 할 수 있다. 더 나아가면 교감선생님도 '모두가 마음 편히 신발장에 신발을 넣을 수 있는 학교'를 지향한다고 본다. 다만 지금 당장 할 수 있는 일은 학생 본인에게 부탁하는 것밖에 없었던 것이 아닐까?

(ㄹ) 이해되지 않는 지시에 대한 스트레스의 대처

문제는 그런 속마음 자체에 이해가 가지 않을 때이다. 예를 들면 말로는 아이들의 장점을 발달시켜야 한다고 하면서 속마음은 획일적인 교육을 강요하는 경우이다.

이것만은 교육관·가치관이 다르기 때문에 서로 대화를 해도 결말이 나지 않는다. 새내기 교사가 주장하면 할수록 '그것은 이상론이다'라며 경험이 적음을 지적하고, 일소에 부칠 수도 있다.

그러면 모든 지시 가운데 이해가 가는 기준이란 무엇일까? 학교의 기준은 오직 한 가지 '아이들에게 좋은가, 나쁜가'이다. 그러므로 아이들에게 좋다고 판단되면 용기를 내어 자기주장을 하면 된다.

다만 자기주장을 하는 한편으로 지시에는 따라야만 하는 상황도 있다. 그런 스트레스는 학교현장에서 그냥 지나칠 수 없다. 그러므로 이번엔 스트레스를 어떻게 피할 것인가가 아니라 피할 수 없는 스트레스를 어떻게 처리할까가 중요한 문제로 떠오른다.

그러려면 평소 마음의 힘을 충전해 놓아야 한다. 그 방법의 하나로서 이해관계가 없는 교사 간의 교류는 매우 유효하다. 만약 같은 학교 안에 그런 동료가 없을 경우엔 각종 연수나 연구회에 참가하여 만들어도 좋을 것이다. 동료를 만들어 교류함으로써 소프트(심적 보호)와 하드(기능)의 양면을 동시에 얻을 수가 있다.

소프트 측면으론 나의 착실한 실천을 인정해 주는 사람, 괴로울 때 그 고통을 받아줄 수 있는 사람. 하드 측면으로는 교육실천에 활용할 수 있고, 서로 자극을 주고받을 수 있는 연수를 함께해 나갈 수 있는 동료이다.

이런 동료의 존재는 오랜 교원생활의 심리적 받침대가 된다. 또한 언제나 시행착오를 되풀이해 가면서 교육실천을 공유함으로써 '지금 여기서' 교사로서 지니고자 하는 기능도 배울 수 있다. 그런 가운데서 이해되지 않는 지시가 있어도 주어진 범위 내에서 연구하여 '나니까 할 수 있는' 깊이 있는 대응도 할 수가 있게 된다.

(3) 고난이라 여기지 말고 시련이라 생각하자

정신없이 학생과 맞부딪쳐 나가야 하는 신참 시절에 잘해 낸

사례를 연구회에서 보고했을 때, '그것을 최초의 기적이라고 한다'는 말을 들었다. 당시엔 최초의 기적이란 '기적이니까 다시는 일어나지 않는 일'이라고 이해했다.

그러나 한참 뒤에 그 해석이 잘못되었음을 알았다. '최초의 기적'이란 '항상 처음이라는 자세로 정신없이 학생과 맞부딪쳐 나가면 기적은 일어난다'는 뜻이었다.

교사는 경험이 풍부해질수록 자신을 되돌아보지 않게 된다. 그렇게 되지 않기 위해서도 좀 더 많은 사람과 교류하여 자신의 교육실천과 교육에 대한 자세의 수정과 확대를 계속해 나가자. 그리고 여러 지시 가운데 이해되는 부분과 이해되지 않는 부분을 명확히 하고, 이해되지 않는 부분이라도 폭넓은 교육실천을 익힘으로써 유연하게 대응할 수 있게 하자.

비록 어렵고 무리인 지시를 받더라도 고난이라고 여기지 말고 시련이라고 생각하기 바란다.

▶ 교장·교감선생님을 대하는 방법

학교의 교장이나 교감과는 평소 이야기를 나눌 기회도 별로 없고, 왠지 늘 평가받는 듯한 기분이 들어서 어떤 자세로 대해야 좋을지 모른다는 고민을 자주 듣는다.

교사들은 많든 적든 관리직의 평가를 받는다. 그런 그들에게 의견을 말한다든지 속을 드러내고 말하기는 쉬운 일이 아니다.

그러나 같은 직장에서 근무하는 대선배이기도 한 관리직과의 관계는 매우 중요하다.

(1) 교장 교감선생님과의 친근감

중학교 현장에선 보통 수업이든, 행사 때이든 학년별로 움직이는 경우가 많다. 그러므로 새내기 선생님의 경우, 교장이나 교감선생님 같은 관리직과 마음을 터놓고 대화를 한다든지 자기 생각을 전할 기회는 그리 많지 않다.

관리직과 직접 얼굴을 맞대는 교사회의 같은 데서도 자기의 의견을 말하기란 매우 어려운 일이다. 본디 학년별로 움직이기 때문에 얼굴을 대할 일도 적고, 뭔가 보고할 것이 있어도 학년주임 등이 하므로 직접 대화할 필요가 없는 경우도 있을지 모른다.

관리직은 새내기 교사의 처지에서는 나이로 보아도 가장 동떨어져 있다. 또 학교를 관리하는 자리와 학생의 전면에 나서서 평소 지도하는 위치에는 당연히 차이가 있다. 아무래도 교육실천을 체크당하거나 평가를 받는 듯한 기분이 든다. 그렇기 때문에 '나의 부족한 점을 지적받으면 곤란하다'는 심리가 작용하여 막상 이야기를 나누게 되면 왠지 솔직한 대화는 하기 어려운 경우도 있을 것이다.

그러나 관리직과의 접촉 방식에 관한 그런 사고의 틀을 조금 수정해 보면 어떨까? 교장이나 교감도 교사로서의 대선배이고, 내가 모르는 세계를 많이 알고 있는 선생님들이기도 하다.

교사로서 지도상 어려운 점이 있으면 자신감과 의욕을 잃게 되고, 스스로의 지도력을 탓하며, 자칫하면 고립감마저 느끼기도 한다. 그런 어려운 상황일 때 문제해결에 도움을 주고, 앞으로 교사로서의 성장을 도와주는 것도 관리직 선생님들이다.

그러므로 말하기 어렵다는 이유를 내세워 거리를 두지 말고 나의 교사로서 성장적 측면에서도 적극적으로 내 이야기를 하고, 의논을 해가면서 접촉해 나가기를 권한다.

(ㄹ) 적극적으로 도움을 청한다

지도하는 가운데 어떤 문제가 생겨서 나 혼자서는 도저히 대처할 수 없을 정도로 문제가 커진 단계에서 비로소 관리직에게 의논을 청하는 경우가 가끔 있다.

그러나 중요한 것은 평소 도움을 받을 수 있도록 미리 터를 다져놓는 일이다. 일상적이고 정기적인 보고·연락·상담 같은 정보제공과 의견교환이 있음으로써 관리직의 다른 시각에서의 판단을 받는 경우도 있다.

즉 한 사람의 교사로서 관리직에게 과제이해에 도움이 되는 의견이나 적절한 판단을 내리기 위한 정보를 평상시 전해 두는 것이 필요하다. 그러려면 '교장선생님, 교감선생님 또는 평가자'

라는 경직된 시각을 바꿔야 한다. 평상시 내 쪽에서 먼저 정보 발신을 하면서 한 사람의 선배교사에게서 적극적으로 조언을 받고 있다는 자세를 갖는 것이 중요하다.

예를 들면 교과지도에서 수업시간에 쓸 보충학습지 또는 학습지도안 등을 보인다. 사람은 감추지 않고 솔직하게 말하는 사람을 받아들이기 마련이다. 그런 가운데서 자기의 고민이나 힘든 점 등도 되도록 숨김없이 말하도록 해보자.

관리직은 나보다 몇십 년이나 많은 경험을 쌓은 선배교사이므로 지금까지의 경험을 바탕으로 조언해 준다.

그런 오고감을 통하여 학급경영이든 교과지도든 살아 있는 기초지식을 배울 수 있다. 또 나의 지도 속에 존재하는 부정적 생각이나 잘못된 방향성을 일깨워 주기도 한다. 그렇게 함으로써 학교의 방침을 더욱 의식하고 교육실천을 할 수 있게 됨을 실감할 수 있다.

현재의 학교 관리직과는 인연이 있어서 같은 환경에서 근무하게 된 것이다. 관리직과의 협조적인 관계를 형성하기 위해서라도 언제나 선배인 관리직에게서 배워야 한다. 슈퍼비전(supervision), 즉 선배교사에게서 나의 지도방법에 대한 시사점을 받음과 동시에 적절한 수정을 받고 있다는 겸손한 자세로 임했으면 한다.

또한 평소의 교제는 젊은 교사가 교사생활의 고비를 맞이할 때마다 아주 큰 힘이 되어 되돌아올 것이다.

학부모를 설득하는 선생님의 지혜

만일 학부모가 막무가내로 나온다면,
만일 당신이 교직의 보람을 잃어버렸다면
당신은 어떻게 첫마음을 되살릴 것인가.

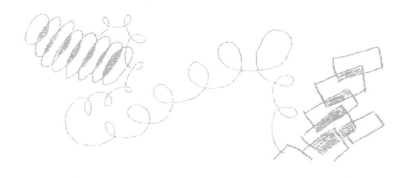

1장　교사에게 학부모는 어떤 존재인가

▶ 학부모가 교사를 어리다며 무시할 때

학부모가 수업의 진행방식이나 숙제 등에 관하여 세세한 주
문을 해오는 경우가 있다. 그래서 어떤 젊은 교사들은 왠지
'교사가 어리니까' 신뢰하지 못해서 이러저러한 주문들을 쏟아
놓는다고 생각하기도 한다. 노련한 교사보다 나이가 어린 것은

사실이지만 학부모의 신뢰를 받으려면 어떻게 해야 할까?

예나 지금이나 학부모의 가장 큰 관심사는 자기 자녀이다. 요즘은 지역의 연고도 희박해지고, 주위의 눈을 의식하는 일도 없어선지 자기주장을 직접 내세우는 부모가 많다. 새내기 교사에 대해서도 따뜻하게 지켜봐 주는 분위기가 예전만 못한 것 같다.

따라서 학부모가 담임에게 요구하는 것이 무엇인지를 알고, 그에 맞게 대응해 나가는 것이 학부모와의 신뢰관계를 구축하는 핵심이다.

(1) 학부모가 바라는 것

학부모가 가장 불안하게 생각하는 것은 교사가 어리고 경험이 적어서 혹시 제대로 가르치지 못하지는 않을까 하는 점이다. 학습과 생활 모두 교사에게 기대하는 것은 지도력이다.

그와 동시에 자녀가 선생님을 좋아하는지, 학교가 즐거운가 하는 것도 있다. 학교가 즐겁고 선생님을 좋아하여 열심히 공부하는 자녀의 모습을 보여주는 것이 학부모의 신뢰를 받는 핵심이라고 할 수 있다.

그러나 이것은 그리 쉬운 문제가 아니다. 베테랑 교사도 힘들게 매일의 수고를 거듭하고 있는 것이기도 하다. 그러므로 다음의 요점을 따라 가능한 것부터 자기 힘으로 해보자.

(ㄹ) 교사의 노력은 하나하나 학부모에게 전달된다

부모가 자녀에게 기대하는 '학습'의 무게는 전보다 훨씬 늘어
났다. 그러므로 아이들이 열심히 공부하는 모습이 가정에 전달
되게 해야 한다. 그것이 학부모로부터 학교에 대한 이해와 협
력을 얻기 위한 지름길이다.

예를 들면 초등 저학년의 경우, 구구단 노래를 자기들이 만
들어서 열심히 연습하는 모습, 아이들의 짧은 글짓기, 잘 정리
한 수학공책 등 '지금 무엇을 배우고 있는가?' '아이들이 어떤
점을 힘들어 하는가?'를 가능한 범위 안에서 알림장 등을 통
해 알리도록 한다.

이 경우에 처음엔 날마다 소식을 보내더니 어느 날 사라져
버렸다고 한다면 역효과가 나고 만다. 일주일에 한 번이라도 지
속적으로 계속해야만 학부모의 신뢰를 얻을 수가 있다. "우리
담임은 아이가 학교에서 어떻게 생활하는지 잘 알 수 있게 해
주고, 젊어선지 의욕이 있어." 이렇게 젊음을 평가해 주는 경우
도 있다.

여기서 중요한 것은 아이의 노력을 다면적으로 포착하여 전
달하는 것이다. 물론 바탕이 되는 것은 평소의 수업태도나 다
른 아이와의 관계이다.

재미있는 수업, 알기 쉬운 수업을 연구하여 실천해 나가면
아이들을 통해 학부모에게 자연스레 전달되기 마련이다.

아이가 학교에서 있었던 일을 즐겁게 이야기하면, 담임의 노

력이 학부모에게 전해진다. 또 "선생님이 알 때까지 차분하게 가르쳐 주셨어요" "처음엔 못했는데 도와주셨어요" 등 저마다 아이에게 맞는 대응을 할 수 있으면 아이의 만족감으로 이어진다.

이와 같이 젊지만 모든 아이들을 소중히 여기고, 수업을 소홀히 하지 않으면 교사의 노력이 학부모에게 고스란히 전달되어 우호적인 관계가 이루어질 것이다.

(3) 학부모의 신뢰를 얻어라

나아가 유념해야 할 것은 아이들끼리의 인간관계이다. 집단 생활에서 문제는 늘 따라다닌다. 괴롭힘이나 왕따 문제도 많아서 학부모는 자녀의 학교생활에 민감해져 있다. 교사와의 상담을 원하는 학부모도 많아지는 것 같다.

이때 중요한 것은 아이들이나 학부모의 말을 충분히 듣는 것이다. 문제가 생기는 첫 번째 이유는 '선생님은 아무것도 해주지 않는다'고 생각하기 때문이다. 실제로는 아무것도 하지 않는 것이 아닌데도 그렇다.

구체적인 대응으로는, 학부모나 아이의 호소가 있을 때는 시

간을 두고 차분하게 이야기를 듣는다. 시간이 없을 때는 이유를 말하고, 언제 이야기를 할 수 있는지 약속한다. 그리고 상대가 호소하고 싶어하는 바를 먼저 받아들이는 것이 중요하다. 그런 다음, 구체적으로 눈에 띄는 대응을 해나간다.

그 뒤 아동과 보호자가 이해했는지 여부를 확인하는 것도 필요하다. "이러면 될까(요)?" 하는 확인을 하면서 대응해 나가야, 교사는 대응했다고 생각해도 상대가 그렇게 생각하지 않는 경우를 미리 막을 수가 있다. 개별 문제에 어떻게 대응해 주었는가 하는 점이 교사에 대한 신뢰감으로 이어진다.

아이들의 인간관계에 바탕이 되는 것은, 말할 것도 없이 교사의 학급경영이다. 교사는 3월 첫째 날부터 아이들 하나하나가 재미있게 느낄 만한 모둠을 의도적으로 만들어 나가야 한다.

모둠 만들기의 기본은 규칙과 관계이다. '친구가 싫어하는 행동을 하지 않는다', '친구의 말은 끝까지 듣는다', '청소는 성실하게 한다' 등 학급에 반듯한 규칙이 정착되어 있으면 아이들은 안심하고 생활할 수가 있다. 따라서 집단따돌림 등도 일어나지 않고, 수업도 원만하게 진행되어 학습의욕을 높일 수가 있다.

다른 한편으로 아이들끼리의 인간관계가 희박하면 온정 넘치는 분위기는 나오지 않는다. 이럴 때는 놀이를 통해 아이들이 학급의 여러 친구들과 접할 기회를 만들어야 한다.

요즘 아이들은 자기들끼리 인간관계를 만들어 나가는 능력이 약하다. 그러므로 교사가 인원수와 장소, 방법을 결정하여 아이들이 안심하고 친해질 수 있게 만들어 주는 것이 좋다.

이와 같이 학교에서의 지도와 도움을 명심하면 아이들의 모습을 통해 학부모의 신뢰를 얻을 수가 있을 것이다.

또한 아이들의 신뢰를 얻기 쉬운 것도 젊기 때문이라고 할 수 있다. 현재 지니고 있는 자원을 충분히 살리고, 학부모가 아이들을 생각하는 마음도 충분히 헤아려서 아동지도에 진지하게 임하는 자세를 소중히 여기고 공부를 계속해 나가기 바란다.

▶ 문제학생 행동을 학부모에게 어떻게 전달해야 할까

중학교의 한 새내기 선생님은 고민이 있다. 전부터 소문은 있었지만 이번엔 직접 도난을 당한 학생의 호소를 바탕으로 조사한 결과, 돈을 훔친 본인도 사실을 인정했다. 그 학생은 초등학교 때부터 문제행동이 있어서 집에선 학교로부터의 연락에 매우 신경질적인 반응을 보인다. 이럴 때 어떻게 전달해야 좋을까?

본디 교사와 학부모의 관계는 적군도 우군도 아니지만, 이런 경우에 별 뜻 없는 말 한 마디가 학부모를 적군으로도, 또 우군으로도 만들 수 있으므로 정신을 바짝 차려야 하는 상황이다.

자기 자녀의 문제행동에 대한 이야기에 학부모는 감정적이 되는 경우가 많다. 다양한 가치관과 교육관을 지닌 학부모와 의사소통을 도모하는 것은 매우 어려운 일이다. 따라서 평소에 실제로 전달할 때의 요령들을 익혀두도록 하자.

(1) 교사는 학생의 변호인이 되어야 한다

학부모에게 문제행동을 전할 때는 두 가지 사항을 말하게 된다. 하나는 사실, 그리고 다른 하나는 당시 아이의 감정이다.

작전상으론 사실에 대해서는 본인이, 감정에 대해서는 담임이 전달하는 것이 좋다. 즉 가장 좋은 것은 학부모에게 당사자인 아이가 사전에 자기가 저지른 일의 사실을 말하게 하는 것이다.

그러나 부모에게 꾸중을 들을 것이 뻔한 행동을 자기 입으로 말하려면 용기가 필요하다. 그러므로 먼저 담임이 본인과 차분하게 대화를 나누는 것이 중요하다.

문제행동이란 결국 주위 사람을 불행하게 하는 형태로밖엔 자기의 욕구를 채우지 못하는 상태이다. 또 이런 문제행동을 일으키는 아이를 '불행한 아동'이라고 말한다.

그럼에도 교육현장에선 그런 불행한 아이를 동정하기는커녕 나무라기 일쑤이다. 그렇게 되지 않기 위해서도 먼저 그 아이의 말을 차분히 들어야 한다. 그리고 그 아이의 처지에서 생각해 본다. 문제행동을 바로잡기 전에 그의 배경에 있는 괴로운 감정을 이해해야 한다.

다음으로 행동의 무엇이 잘못되었고, 어떻게 했어야 좋았는지에 대해 말한다. 이때 본인이 자기 입으로 말하게 되면 모든 일이 술술 풀린다. 아이가 이해한 단계에서 집으로 돌아간 뒤에 곧장 그 사실을 직접 부모님에게 전하기로 약속한다.

그리고 시간을 예상하여 그 아이 집으로 전화를 걸어서 이번엔 담임이 다시 한 번, 사실의 경과와 당시의 아이 감정을 전한다. 즉 학생에게 교사는 고마운 이해자이고, 변호인도 되는 것이다. 잘못하여 과정 중간에 학부모가 보호자가 되게 해선 안 된다.

(ㄹ) '나는 이런 사람'이라는 것을 전달해 둔다

또한 학부모에게 학부모회나 학급간담회 또는 가정통신문을 이용하여 직접적으로 교사의 가치관과 교육관을 전해 두는 것도 중요하다.

학년 초의 학급간담회에서는 먼저 교사가 사실과 감정과 사고(가치관·교육관)에 대하여 말한다.

"아이들이 정말 좋아서 교사가 되었습니다." 이렇게 시작하

자. 그다음에 이 학교에 부임해 온 지 몇 년째이고, 어떤 학과를 담당하는지 사실을 말한다. 나아가 "이 학급의 담임이 되어 무척 기쁩니다. 모두 귀엽고 착한 아이들입니다" 이렇게 감정을 말하고, "따돌림은 절대로 용서하지 않습니다. 즐겁게 학교생활을 할 수 있는 학급으로 만들고 싶습니다. 그러기 위해서도 서로의 장점을 인정하는 인간관계를 형성해 나가야 한다고 봅니다" 등의 자기 생각을 말한다.

또한 아이의 문제로 걱정이나 고민이 있으면 언제라도 학부모와 진심으로 대화할 수 있는 관계를 만들기 원한다는 것도 말해 둔다. 더불어 가정통신문에도 학급에서의 생활상에 대해 사실과 감정과 생각을 때에 맞게 전달한다.

평소 담임교사는 이런 사람이라는 것을 알려두면 무슨 일이 있어도 서로 대화하기 편한 관계를 구축할 수가 있다.

(ㅋ) 교사의 마법은 아이에게 사랑이 밑받침될 때

사례를 하나 소개하겠다. 여학생 A는 도벽이 있어서 친구들 사이에서도 소문이 나 있었다. 가게에서 현금을 훔치고, 친구 지갑에서 돈을 빼간다. 훔친 돈으로 친구들에게 한턱내는 행동을 되풀이한다.

어느 날, 같은 학원에 다니는 B가 "지갑에 있던 만 원을 A가 훔쳐갔다"고 호소해 왔다. 즉각 교사회의가 열렸다. 정보수집과 사실확인 뒤에 지도방침과 대응책, 역할분담이 이루어졌

다. 유감스럽게도 A가 훔친 것은 틀림이 없었다.

남자가 없는 가정에서 자란 A는 남자교사에 대한 공포증이 있었다. 때문에 A의 문제를 K여선생님이 맡게 되었다. A는 K선생님 앞에서 "훔치지 않았다"고 강변했다. 이렇게 되자 '훔쳤다'와 '훔치지 않았다'는 논쟁이 계속되었다.

이런 현실에서 지도하기란 말처럼 쉽지가 않다. 물건을 훔치는 것은 애정을 훔치는 것과 같다. K선생님은 내가 만약 A였다면…… 하고 그 학생을 이해하려 하자, 스스로도 생각지 않았던 말이 튀어나왔다.

'훔치지 않았다'고 주장하는 A를 꼭 안아주면서 말한다.

"훔치지 않았구나."

"네."

"그렇구나…… 혹시 문득 정신을 차리고 보니 네 지갑에 없었던 돈 만 원이 있었던 것은 아니니?"

"네."

"놀랐겠구나…… 그래, 훔친 것이 아니로구나. 지갑을 열어보니 그 안에 만 원이 들어 있었던 거로구나. 알았다."

그러자 A는 "엄마에게 혼날 것이 무섭다"며 울기 시작했다. 꾸지람을 듣고 미움을 받는 것이 무섭다는 것이다.

그래서 어머니에게는 A가 사실을, K선생님은 A의 속마음을

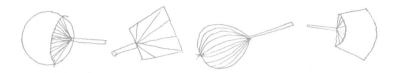

전달했다. 그와 동시에 A가 어머니를 얼마나 사랑하는지, 그리고 항상 어머니에게 사랑을 받고 싶어한다는 것도 전했다. 그랬더니 그때까지는 강한 피해의식을 보이던 어머니가 눈물을 흘리면서 아이를 꼭 끌어안았다.

피해의식이 강한 부모의 대부분은 문제행동의 원인을 외부에서 찾는 경향이 있다. 그러나 친구나 학교 탓으로 돌리고, 자기 문제로 받아들이지 않는 동안엔 아무런 해결이 나지 않는다.

그런 경우에는 사실과 감정을 분명하게 구분하여 전달함으로써 조금씩이나마 자기 자녀와 진실하게 마주할 수 있도록 교사가 중재자가 되어주어야 한다. 아이에 대한 사랑이 밑받침될 때, 교사는 그 진가를 발휘하는 것이다.

▶ 사고·문제로 학부모와 상의할 때

학교에서의 사고나 부상 등으로 학부모에게 연락을 해야만 하는 경우가 있다. 그럴 때, 학부모가 어떻게 나올지 알 수 없으므로 교사는 여러 사항을 충분히 고려하여 대응해야 한다. 특히 친구와 자주 싸우고, 교사에게서 꾸지람을 듣는 일이 많은 아이의 학부모는 학교에서 걸려온 전화에 "또야?" 이런 반응을 보이기 쉽다. 학부모가 저항감을 갖지 않도록 연락하고, 협력을 구하는 의사소통을 하려면 어떻게 해야 좋을까?

(1) 전화를 할까, 대면하여 말할까

사람은 상대의 말보다 표정이나 몸짓, 목소리의 톤 같은 비언어적인 메시지로 더 많은 것을 받아들인다고 한다. 험상궂은 얼굴로 '사랑합니다' 말해 봤자 참뜻은 전달되지 않는 것이 비언어적 의사소통이다. 학부모와의 의사소통도 직접 얼굴을 보고 표정이나 몸짓으로 상대의 감정을 느끼면서 말을 주고받는 것이 기본이다.

다만 실제로는 학교에서 전화로 대응해야 하는 경우가 많다. 상황에 따라 전화 대응이 좋은 경우도 있고, 직접 대면하고 이야기를 나눠야만 하는 경우도 있는데 그런 판단이 중요하다. 대표적인 예를 두고 배려해야 할 점을 생각해 보자.

(2) 신속히 의견을 종합해 신중히 대응한다

조퇴나 결석, 다쳤을 때의 연락 등은 전화로 할 때가 많다. 그러나 '무슨 조퇴 정도를 가지고'라고 사무적으로 대하지 말고, 아이의 현재 상태나 기분을 물은 뒤 그것을 부모에게 전하고, 학부모 형편도 배려한다.

또 어떤 이유를 불문하고 결석을 한 아이의 가정에는 반드시 전화로 상태를 묻는다. 사소한 일이지만 학부모는 '우리 아이를 소중히 여기고 있구나' 느끼며, 그런 감정이 쌓이면 학부모와의 우호적인 관계형성으로 이어진다.

또한 다쳤을 때의 연락도 주의해야 한다. 자칫하면 교사에 대한 신뢰가 한순간에 무너지기 십상이다.

얼마 전에 한 아이가 청소시간에 친구와 장난치다가 넘어져서 손가락을 다친 일이 있었다. 보건교사에게도 보였고, 본인도 괜찮다고 해서 다친 상황을 전화로 알리고 집으로 돌려보냈다.

그랬는데 저녁에 학부모에게서 연락이 왔다. 집에 와서도 아파하기에 병원에 데리고 갔더니 골절이었다는 것이다. 학교의 대응을 심하게 나무라는 듯한 어조에 기분이 상했지만, 학교의 대응이 충분치 못했던 점도 있어서 깊이 사과를 했다.

이와 같이 부모는 끔찍이 여기는 자녀가 다치면 감정적이 된다. 따라서 학부모의 심정을 충분히 배려하여 가능하다면 직접 만나서 사과하는 대응이 필요하다. 또한 담임의 판단뿐만 아니라 보건교사나 학년주임, 관리직 등 여러 사람의 눈으로 보고 판단하는 것도 꼭 필요하다.

(3) 싸움, 물건이 없어졌을 때는 부모의 심정 잘 헤아려서

학교에서 일어나는 문제에 가해자와 피해자가 있는 경우도 있다. 그러므로 아이뿐만 아니라 부모끼리 오해를 부르지 않도록 세심한 주의를 기울여 대응해야 한다.

특히 가해자 부모의 경우 '무슨 그 정도의 일로 연락을 다 해서 귀찮게 하느냐'는 반응을 보이거나 부모의 책임을 피하기 위해 담임에게 책임을 전가하기도 하므로 부모의 감정에 휘말리지 않도록 유의해야 한다.

학부모로부터의 호소가 있으면 자기감정을 서둘러 말해 버리기 쉬운데, 그것이 나중에 문제가 되는 경우도 있다. 먼저 차분하게 아이의 말을 듣고, 사실을 정확히 파악한 뒤에 학부모에게 말하도록 한다.

그리고 학부모의 불안한 마음이나 항의내용을 차분하게 받아들여야 한다. 그러려면 학부모를 탓하지 말고 아이에게 가장 바람직한 방법을 생각하여 함께 대응해 나가려 한다는 자세를 보여야 한다.

평소 아이의 좋은 점 등도 말해 가면서 해결 방법을 제안하면 학부모도 자기 자녀가 일방적으로 공격당한 것이 아님을 깨닫고 침착하게 해결책을 강구하게 된다.

자기 자녀가 문제를 일으킨다는 것은 부모에게 상상 이상으로 괴로운 일이다. 냉정하게 받아들이기 어려울 수도 있다. 그러므로 교사는 부모와 자기의 감정에 휘둘리지 말고 부모의 심정을 이해하는 여유를 보여야 한다.

(4) 문제행동 해법, 학부모와 함께 생각하는 자세로

문제행동이 거듭될 때, 학부모에게 학교에 나와달라고 직접 전화를 하는 경우도 있다. 이때에도 '호출'이 아니라 바쁘시겠지만 자녀를 위해 학교에 나와주셨으면 한다는 '부탁'을 전하는 것이 중요하다.

전화로는 간단히 용건만 말하고 약속을 잡는다. 또한 다른 교사들에게 신경쓰지 않으면서 차분하게 대화할 수 있는 곳을 확보한다든지, 학부모보다 나이가 위인 학년주임이나 학생지도 교사 등이 함께 자리하게 하는 등의 배려도 필요하다.

부모를 탓하는 것이 아니라 어디까지나 아이를 위한 대화라는 것을 알리고 문제 해결 방법을 함께 생각한다는 자세로 임해야 한다. 그러기 위해 담임은 아이가 노력하고 있는 점, 좋아진 점 등에 대해서도 학부모에게 전달할 수 있도록 준비해 놓는다.

이와 같이 짧은 시간에 할 수 있는 것들을 학교와 가정에서 축적하여 협력관계를 구축하면서 아이의 문제행동에 대응해 나가는 것이 중요하다.

아이의 문제행동에 대한 대응은 보통 오랜 시간이 걸린다. 그러나 조금씩 느린 발걸음이라도 교사와 학부모가 서로를 격려하면서 협력하고, 우호적인 관계형성에 최선을 다한다면 반드시 해결 가능하다.

▶ 학부모와 상담할 때 유의할 점

학부모가 교사에게 상담을 요청한다는 것은 교사를 신뢰한다는 뜻이다.

전화로 학부모의 상담요청을 받은 교사가 있다. 만나서 이야기하고 싶다고 하는데 무슨 내용의 상담을 해올지 몰라 불안하다. 상담을 어떻게 진행해야 좋을까.

나이가 어리다고 해서 물러설 필요는 전혀 없다. 학부모가 교사인 나에게 상담요청을 해온 것임을 먼저 받아들여야 한다.

상담 내용에 따라 다르지만, 유의할 점은 과도하게 떠맡아선 안 된다는 것이다. 자신의 영역을 넘어선다는 생각이 들면 학년주임이나 관리직과 의논해야 한다. 또 혼자서 쉽게 판단하고 결론을 말해선 안 될 때도 있으므로 주의한다. 상담할 때의 주의점에 대해 알아보자.

(1) 대응 기본자세는 수용과 공감

상담 기술에만 얽매이면 일이 엉뚱하게 꼬일 수 있다. 학부모는 무슨 생각으로 학교에 발걸음을 했을까? 고민을 안고 끙끙대다가 의지할 마음으로 찾아온 경우도 있을 것이다. 상담이라는 형식을 취하면서 어떤 하소연을 하러 올 수도 있다. 대응의 기본자세는 '수용'과 '공감'이다.

괴로운 가슴속을 누군가에게 말하면 속이 훨씬 후련해진다.

또 고민을 들어주는 사람이 자기를 수용하고 공감해 주기만 해도 상당부분 치유된다. 그런 가운데서 해결의 실마리 또는 해결 방법을 스스로 찾을 수 있으면 상담의 목적을 달성한 것이다.

사람들은 대부분 상담을 하러 온 단계에서 이미 자기 내부에 답을 갖고 있다. 그러므로 그때 그 자리에서 문제를 안고 있는 학부모가 바라는 방향으로 문제를 해결할 수 있도록 교사와 학부모가 공감하고 함께 생각하는 것이 중요하다.

학부모와 학교의 연대는 중요하지만 연대란 같은 편이 되어야 비로소 성립하는 것임을 잊어선 안 된다.

(ㄹ) 학부모가 마음 편히 말할 수 있도록

상담을 하러 온 학부모가 '이야기를 더 해야겠다'라는 마음이 내켜서 자기 생각을 정리하거나, 뭔가를 깨달을 수 있는 상황을 만드는 것이 중요하다.

그러려면 설령 이치에 닿지 않는다고 생각되는 부분이 있어도 일단은 수용해야 한다. 그리고 마지막으로 '대화를 나누길 잘했다' 단계를 지향한다. 사람은 상대가 비판이나 반박하지 않고 들어주면 '이야기를 더 해야겠다'는 생각이 든다.

"우리 아이가 요즘 아침이면 어찌나 미적거리는지 학교 보내기가 무척 힘이 들어요. 이대로 그냥 놔두면 학교에 안 다니겠다고 할까봐 걱정이에요."

이런 상담에 대해 "밤에는 몇 시쯤 자나요? 학교에선 특별히 문제가 될 만한 일은 없습니다만"이라고 받는 것과, "자녀가 아침에 미적거리고 있어서 어머니께서 매우 걱정이 되시겠군요" 하고 받는 것은 다르다. 후자가 '더 이야기해야겠다'는 마음이 들게 하지 않을까? 학부모는 자신이 중요하다고 생각하는 부분을 되풀이해 말하는 선생님에게서, '나의 괴로운 심정을 알아주는구나' 느끼기 때문이다.

다만 반복하는 것과 단순히 '예, 예' 하는 것은 다르므로 배려가 필요하다. 즉 말꼬리를 잡지 말고, 감정을 받아들여야 한다. 그렇게 되면 상대도 조금씩 마음이 편해져서 '말하기를 잘했다'는 기분이 들게 된다.

(3) 구체적 기술, 명확화와 지지와 질문

여기서 구체적인 기술에 대해서도 잠깐 알아보자. 앞에서 말한 것처럼 기술에만 얽매이면 진정한 온기가 전달되지 않으므로 주의해야 한다.

비언어적 의사소통도 중요한 자기표현이다. 그러므로 학부모의 비언어(표정이나 손의 움직임 등)가 호소하는 바를 받아들여야 한다. 듣는 자세도 팔짱을 끼거나 다리를 꼰다거나 하지 말고 몸을 앞으로 살짝 내밀고 고개를 끄덕이면서 집중하는 게 좋다.

그중에 명확화('눈물이 났어요'라는 말에 대해 '그 눈물은 후회의 눈물인가요?'라는 '눈물'이 지니는 의미의 명확화가 있다)

[표-2] 열린 질문과 닫힌 질문

	열린 질문	닫힌 질문
정의	화자의 자유로운 응답을 촉구하는 질문. 한 마디로는 대답할 수 없는 것. 이런 질문에 대한 응답은 길어지고, 화자는 주체적으로 발언할 수가 있다.	화자의 응답이 한정되어 있어서 '예' '아니오' 또는 한 마디나 두 마디로 대답하게 되는 질문. 청자의 의도에 따라 화자의 정보를 끄집어 낼 수가 있다.
형태	어떤, 어떻게, 어째서, 무엇을, ~해 주지 않겠습니까?	~입니까? ~합니까?
유효성	화자에게 이야기의 실마리를 제공하고, 상담이 시작되는 계기를 만드는 데 도움이 된다. 화자에게 하고 싶은 말이 있어 자유롭게 말하고 싶어하는 경우에는 화자를 만족시킨다. 지나치게 막연한 것에 주의한다.	화자는 쉽고 짧게 대답할 수 있으며, 청자는 필요한 정보를 빠른 시간에 수집할 수 있다.
예	어떤 일로 곤란합니까? 좀 더 자세하게 말해 주지 않겠습니까? 어째서 그렇게 되었다고 생각합니까?	오늘은 아침밥을 먹었습니까? 어제는 몇 시쯤 잤습니까? 언제부터 아침시간이 괴로워졌습니까? 누구와 가장 많이 이야기를 나눕니까?

와 지지(상대의 말에 대해 맞장구치거나 고개를 끄덕이며 긍정·승인의 의사를 보인다), 질문(표 참조)이 중요하다. 이런 것들을 구사할 수 있게 되려면 많은 경험이 필요한데, 평소 아이들과의 상담활동을 통해 의식적으로 사용함으로써 조금씩 익혀가야 한다.

유능한 선생님은 학부모의 이야기를 들으면서 불안한 마음을 이해하고, 문제를 정리한다. 또한 문제해결을 위해 학교에서 할 수 있는 것과 가정에서 할 수 있는 것도 정리한다. 지금까지의 생활 속에서 할 수 있었던 것에 관해서는 '지지'를 보낸다.

이렇게 함으로써 학부모는 선생님에게 처음 전화하던 때의 불안한 마음을 조금이나마 해소하고, '상담하기를 잘했다'는 생각으로 학교를 나설 수 있을 것이다.

▶ 교사가 자신감을 잃었을 때의 주문

아이들은 날마다 제멋대로 활개를 치고, 그에 휘둘리다 보면 교사는 지쳐버리고 만다. 또 계획적으로 도전한 일이 생각처럼 잘 되지 않고, 평가도 받지 못해 자신이 교사의 적성에 맞지 않은 것은 아닐까 우울해질 때가 있다.

(1) all or nothing 발상에 주의한다

이런 기분이 들 때 주의해야 할 것은 all or nothing의 발상에 빠지는 것이다. 좋았을까 또는 나빴을까, 선 아니면 악, 흑 또는 백의 절대적 이분법 발상으로 정하려 드는 것이다.

교육실천은 여러 요소가 복합적으로 얽혀서 이루어진다. 최종적으로 스스로는 부정적이라고 느낀 일도 '처음부터 끝까지 전체가 엉망이었다, 아이들에 대한 대응 전체가 잘못되었다, 모든 아이들과 원만히 되어 나가지 않는다'는 경우는 없다.

또 아이들이나 학부모와의 인간관계에서도 잘못된 것이 '나일까, 아니면 아동·보호자일까' 이런 발상도 마찬가지이다. 인간관계의 말썽은 '반드시 어느 한쪽이 좋은 사람이고, 다른 한쪽은 나쁜 사람'인 경우는 드물다. 둘의 관계성 속에서 말썽이 일어나는 원인, 말썽이 지속되는 원인이 있는 것이다. 그 원인을 찾아내면 개선점도 발견할 수 있다.

사람은 감정적이 될 때 all or nothing의 발상에 빠지기 쉽다. 이 발상에 한번 빠지면 같은 곳을 계속해서 맴돌아 감정은 악화하기만 할 뿐, 아무리 생각해도 문제해결의 실마리는 보이지 않는다.

이럴 때는 푸념도 좋고, 신세 한탄도 좋으니 누군가에게 속을 드러내 후련해질 때까지 이야기를 하든지, 알코올 또는 운동 등으로 마음껏 발산하면 어떨까. 먼저 기분전환이 중요하다. 그런 다음에 문제를 냉정하게 바라보아야 한다.

(ㄹ) 문제를 해결하려 한다

냉정해졌을 때 문제를 순서대로 되짚어 본다. 이때 각 사건을 '좋다, 나쁘다' 평가하지 말고, 일어난 일이나 사실을 되도록 감정이입 없이 돌이켜 본다. 시간별로 내용을 종이에 써 나가는 것도 좋다. 그렇게 함으로써 문제를 어느 정도 대상화할 수 있고, 또 다음 단계에서 정리가 가능하다.

그런 다음 '잘한 점은 어디고 개선해야 할 부분은 무엇인가?'를 하나씩 점검해 나간다. 부분별로 초점을 맞춰서 정리해 나가는 것이다. 기록한 내용을 형광펜으로 표시하는 것도 좋다. 긍정적인 행동·대응, 중도적인 것, 부정적인 행동·대응 등으로 분류해 나간다.

이때 중요한 것은 자신의 인간성이나 성격으로 원인을 귀속시켜 생각하지 말고, 행동이나 태도의 수준에서 생각해야 한다는 점이다.

'본성이 좋지 않아서 친구가 없다'가 아니라 '내가 말을 거는 일이 적어서 친구가 잘 생기지 않는다'는 식이다. 인간성이나 성격은 여간해선 바꾸기 어렵지만 행동과 태도는 마음먹고 조심하면 얼마든지 고칠 수 있기 때문이다.

그 뒤 긍정적인 행동·대응은 꾸준히 의식적으로 노력해 나간다. 또한 부정적인 행동·대응은 앞으로 어떤 행동·대응으로 고쳐 나갈지를 검토한다. 맨 먼저 해야 할 일부터 순서대로 순위를 매긴다. 앞의 세 가지 행동·대응은 메모 등을 하여 다이어리 등에 끼워 넣고 한 달 단위로 의식적으로 행동해 보자.

이와 같은 문제는 본인이 강하게 의식하지 않으면 좀처럼 개선되지 않는다. '시간이 흐르면 어떻게 되겠지' 하는 막연한 자세는 현명하지 못하다.

(3) 마주치는 문제를 회피하지 말라

가끔 자신감을 잃으면서도 열심히 실천에 도전하는 젊은 선생님들은 오히려 괜찮다. 여러 가지 문제에 맞닥뜨려 그 대응방법을 배우는 과정이기 때문이다.

가끔은 초보적인 문제로 심하게 고민하는 중견교사도 있다. 그들은 대개 이런 일은 처음 겪는다고 말한다. 새삼스레 동료에게 선뜻 묻기도 어렵다는 것이다.

그에 반해 매사 자신만만하게 교사일을 하고, 이미 베테랑이 된 듯이 아동과 동료를 대하는 젊은 선생님이야말로 걱정이다.

마침 좋은 조건이 두루 갖춰져서 문제에 맞닥뜨리지 않았을 뿐인지도 모르기 때문이다. 그러므로 배워야 할 시기에 제대로 배울 기회를 놓치는 것은 어리석은 일이다.

교사는 당면한 문제를 피하기에 급급해하지만 말고, 그런 문제는 앞으로도 반드시 마주친다는 생각으로, 그것에 대응하는 나름대로의 기술을 확실하게 익혀두어야 한다.

▶ 교직의 보람을 느끼지 못할 때

교사는 매일 많은 일에 쫓긴다. 그런 가운데서 일어나는 사건들을 음미할 여유도 갖지 못하는 것이 현실이다. 그래도 가르치는 일에 보람을 느끼는 선생님은 존재한다. 교실로 들어가 그들의 비법을 캐내어 보자.

(1) 가르치는 보람
한 조사에 따르면, 교사가 느끼는 교직의 보람에는 다음 네 종류가 있다.

① 아동과의 관계와 직장환경의 만족감
아이들의 존경을 받고, 교무실 분위기는 화기애애하며, 직장에 마음을 터놓을 동료가 있다는 것에서 만족감을 강하게 느

낀다.

② 대외적인 평가의 만족감

자신의 교육실천이 주위로부터 인정받거나 자신이 이끈 위원회나 부서활동이 좋은 평가를 받음으로써 만족감을 강하게 느낀다.

③ 일의 내용에 대한 만족감

나름대로 창조적으로 일에 매진하고 있다, 자신의 능력이 교육실천 속에 발휘되고 있다, 사회적으로 가치 있는 직업에 종사하고 있다고 실감함으로써 만족감을 강하게 느낀다.

④ 교직의 대우에 대한 만족감

급여가 안정적이고 복리후생이 충실하며, 능력을 인정받아 승진하는 것에서 만족감을 강하게 느낀다.

이들 네 가지 가운데 만족감을 얻으면 교사로서의 보람을 높게 느낀다. 인간으로서 살아가기 위한 기본적인 것에서 자아실현으로 이어지는 것까지 있는데, 이런 것들에서 현재 자신이 바라는 바를 만족시켜 가는 것이 중요하다.

(ㄹ) 가르침의 보람을 실감하기 위하여

지금은 보람을 느끼지 못한다 해도 본디는 뜨거운 열정을 안고 교사가 되었을 것이다. 그래서 교직의 보람이 없는 것이 아니라 매일 분주한 가운데서 다만 느끼지 못할 따름이라고 생각한다. 그것을 재인식하기 위한 방법을 몇 가지 소개한다.

① 동료교사와의 일체감을 형성한다.

동료나 가까이에 앉은 마음 맞는 교사와 식사를 함으로써 걱정거리나 매일의 고생담, 안도할 만한 일 등을 서로 이야기한다. 나 혼자만 힘들고 어려운 것이 아님을 알기만 해도 훨씬 마음이 편해지고, 다른 사람들도 모두 열심히 하고 있으므로 나도 그래야겠다는 의욕을 얻게 된다.

또 교사들이 운영하는 지역의 연구회 등에 참가하는 것도 좋다. 연수내용도 도움이 되지만 이해관계가 적은 동료교사가 생긴다는 것은 큰 의지가 된다.

② 내가 할 수 있는 일을 확인한다.

하고자 했던 일을 달성했으면 스스로에게 상을 준다. 예를 들면 꽃이나 갖고 싶었던 물건을 사는 것이다.

또한 동료교사와 지금까지 노력해 온 일들에 대해 대화를 나누는 것도 좋다. 이때는 달성한 성과를 자만할 것이 아니라 노력해 온 일, 그 과정에서 느낀 것 등을 솔직하게 이야기해야 한다.

그렇게 함으로써 자신이 노력해 온 일의 의미를 명확하게 의식할 수 있게 된다. 대화의 내용에 대해서는 서로 평가하지 말고, 어디까지나 상대의 노력을 인정하는 것이 중요하다. 가능하다면 "아이에 대해 꾸미지 않은 배려가 참 좋게 보입니다"와 같은 말로 칭찬할 수 있으면 좀 더 멋질 것 같다.

③ 관심분야를 넓힌다.

시간이 날 때, 학교 바깥의 대형 교육기관 대회에 참가해 보는 것도 좋다. 여러 자극을 받고, 다양한 교사와 만남으로써 자신의 교육실천을 되돌아보게 되어 새로이 의욕을 다질 수 있다.

또한 교육기관의 것만이 아니라 영화나 연극 등을 보러 가는 것도 좋다. 그렇게 함으로써 감성이 자극된다.

(3) 가르침의 보람은 스스로 유지해 나간다

매일 바쁜 일에 쫓기는 학교에서 교사는 스트레스가 쌓여 교직의 보람을 느낄 여유도 별로 없다.

그러므로 자신의 보람을 스스로 의식할 수 있도록 의도적인 노력이 필요하다. 운동선수와 마찬가지로 '동료의식 유지'란 것은 교사라는 전문직에 있는 사람의 전제이다.

(2)에서 말한 것처럼 젊은 교사는 마음을 터놓을 수 있는 또

래 동료교사가 있어야 한다. 같은 직장에 있으면 더욱 좋겠지만, 만약 없다면 신입교사 연수 동기도 괜찮고, 조금 떨어진 학교에 근무하는 대학동창도 괜찮다.

그런 또래 관계와 (2)의 ①~③ 내용을 함께할 수 있으면 서로에게 정신적인 측면에서 의지가 될 수 있어 자연스레 교직의 보람도 느끼게 될 것이다.

교사의 기술은 교실에서만 이루어지는 것이 아니다. 학부모는 물론 동료교사와의 관계 속에서도 꽃피운다. 뿐만 아니라 처음 교단에 설 때의 그 부푼 기대감을 계속 유지하며 보람을 구할 수 있다면, 당신은 최고의 교사가 될 것이다.

▶ 학부모는 학교와 교사를 어떻게 생각하나

(1) 학교와 교사에 대한 불만

학교나 교사에게 문제가 일어나면 비난하는 여론이 높다. 그런 보도를 대하면 학부모의 학교에 대한 불신과 불만이 높아지고 있음을 실감한다.

그런데 그런 의식은 일반 학부모가 공통적으로 지니는 것일까? 구체적인 통계수치는 없지만 충분히 만족해하는 학부모는 적을 것 같다.

(2) 두 가지 유형의 '곤혹스런 학부모'

그러면 대응하기 힘든 '곤혹스런 학부모'는 어떤 특징을 갖는 것일까?

가장 큰 특징은 학교 및 교사와 적절한 관계를 성립하지 못한다는 점에 있다. 적절한 거리를 유지하지 못한다는 관점에서 생각하면 '곤혹스런 학부모'는 '지나치게 관여하는 유형'과 '무관심한 유형'으로 나눌 수 있다.

'지나치게 관여하는 유형'의 대표는 지도가 충분치 않고, 세세하게 챙겨주지 않는 데 대해 불만을 토로한다든지, 학교의 일에 대해 이런저런 요구를 하며 관계를 계속하는 학부모이다. 학교로서는 그때마다 충분한 대응을 하는 것 같은데도 여전히 학부모가 자기중심적인 요구를 계속해 오기 때문에 모두 대응할 수가 없게 된다. 학교에는 많은 학생이 있으므로 모든 아동과 학부모의 요구에 끝없이 대응할 수는 없다.

'무관심한 유형'은 학교일에 전혀 관여하지 않으려는 학부모이다. 지도상 필요 때문에 학부모의 협력을 얻거나, 학부모회 등에서 일정 역할을 맡아줘야 하는데 연락을 할 수가 없다든지, 연락을 해도 관심을 보이지 않는 학부모가 있는 것도 학교 측에서 보면 골치가 아프다.

이와 같이 '곤혹스런 학부모'가 늘어나는 원인으로 다음과 같은 배경을 들 수 있다.

(3) 학교와 교사의 권위 저하

첫 번째 원인은 학교와 교사의 사회적 지위의 저하이다.

지난날 교사는 높은 위신을 지녔었다. 학부모는 자녀에게 선생님의 말씀을 잘 들으라 가르쳤고, 교육의 전문가인 선생님에게 주문이나 요구할 마음을 먹기도 어려웠다. 그러나 요즘은 교사와 동등한 학력을 지닌 학부모도 많아졌고, 여러 교육문제가 보도를 통해 밝혀지면서 학교의 가치는 흔들리고 있다.

따라서 학교에 대한 계속된 주문과 불신을 나타내는 '지나치게 관여하는 유형'과, 학교를 경시 또는 무시하고 학교의 일을 기피하는 '무관심한 유형'의 학부모가 눈에 띄게 되었다. 겉으로는 전혀 다르지만, 이런 행동들은 모두 학교와 교사의 권위가 저하된 것이 한 원인이라고 볼 수 있다.

(4) 학부모의 의식 변화

곤혹스런 학부모가 늘어난 두 번째 원인으로 학교의 위신 저하와 동시에 진행된 다양한 의식의 변화가 있다.

예를 들면 납세자로서의 권리의식이 높아져 공적인 서비스에 대한 요구라는 행동으로 이어진다. 학교에 바라는 서비스는 학부모의 가치관에 따라 달라지므로 다양한 요구가 학교로 향하게 된다.

또 높아진 개인주의 의식은 자기 자녀에 맞는 지도와 교육을 요구한다든지, 남이야 어찌 됐건 내 자식만 잘되면 그만이라는 행동으로 이어지기 쉽다. 이런 원리는 집단지도를 중심으로 하는 학교교육과는 애당초 융합하기 어렵다.

이리하여 '지나치게 관여하는 유형'은 개인의 요구 주장이라는 형식으로 더욱 학교에 관여하게 되고, '무관심한 유형'은 학교교육의 경시와 기피, 자녀 교육 자체에 대한 무관심으로 점점 더 학교와의 관계가 희박해진다.

(5) 충분한 학교측의 대응이 요구된다

지금까지 학교를 둘러싼 주위환경과 학부모의 변화에 대해 알아보았다. '곤혹스런 학부모'가 늘어나는 원인으로 학교와 교사측의 문제도 생각해야 할 것이다.

오늘날 대부분의 초·중학생이 보습학원이나 예체능 학원에 다닌 경험이 있다. 사설교육기관은 학부모나 아이의 요구에 맞춰 콘텐츠를 제공한다. 이런 서비스에 익숙해져 있는 학부모는 학교가 어지간히 요구를 들어주거나, 지도상황을 설명해 주지 않으면 부족함을 느낄 가능성이 높다.

물론 아이의 전인적인 성장을 목표로 하는 학교교육은 운동기능이나 예술적 재능 육성, 학습능력 향상 같은 특정 능력의 신장을 지향하는 사설교육기관과 다른 부분이 있는 것은 당연하다. 그렇다 해도 '서비스업' 성격의 측면을 전연 무시할 수는 없다.

수익자인 학부모의 요구를 전혀 알아채지 못하고, 학교측의 논리와 형편만 내세우는 교사는 학부모측에서 보면 사회일반의 감각을 갖추지 못한 '사회성이 떨어지는 교사'로 보인다. 학교로 상담하러 온다든지, 문제의 개혁을 바랄 때 그와 같은 부적절한 대응을 받으면 '지나치게 관여하는 유형'의 학부모는 보다 공격적이 되어 문제점을 따지게 된다. 또 학교와 거리감을 느끼는 학부모는 기대하기를 포기하고 '무관심한 유형'의 학부모가 되기 쉽다. 학교측의 대응 여하에 따라서도 '곤혹스런 학부모'의 증가 여부가 좌우된다.

'곤혹스런 학부모'에 대응하는 것은 학교로서도 인적·시간적 비용이 막대하다. 따라서 그런 상황이 발생하지 않도록 예방적 조치를 어떻게 취하는가가 중요하다.

문제가 생기기 어려운 체질로 만드는 데 열쇠가 되는 것이 바로 '원활한 의사소통'이다. 학교와 학부모 사이에 충분한 의사소통이 없고, 서로의 입장만 주장해서는 문제가 쉽게 발생할 뿐만 아니라 확대도 쉽다. 또한 학교측으로부터의 보고가 정기적으로 이루어지지 않으면 설령 뛰어난 실천을 한다 해도 학부모에게는 전달되지 않는다.

교장과 교감으로서 반드시 해야 할 것은 그러한 원활한 정보교류가 각 교사의 능력과 개성에 따른 것이 아니라 학교의 직무로서 행해지는 상황을 만들어 내는 것이다.

학부모는 만능교사를 원한다. 교단에 첫발을 내딛은 젊은 교사일수록 관리직과의 협조를 통해서 학부모를 잘 이해하고 때로는 설득하는 일을 마다하지 않아야 할 것이다.

▶ 자기중심적인 학부모

(1) 영어 발음이 나쁜 교사를 바꿔 달라
"영어교사의 발음이 나쁘다고 딸이 수업받기를 싫어해요."

중학교 1학년 학부모에게서 전화가 왔다. 학생은 외국에서 살다 왔는데 영어교사의 발음이 무척 귀에 거슬린다는 것이다. 잠깐은 참았지만 더는 못 참겠고, 단어와 문장을 읽는 방식도 이상하다고 한다. 당장 영어교사를 바꾸지 않으면 학교에 나가지 않겠다고 한다는 것이다.

(ㄹ) 교사의 지도방식을 점검하는 기회로 삼자

까다로운 문제이다. 터무니없이 자기중심적이다. 그러나 자녀의 솔직한 느낌을 바탕으로 한 문제라는 면에선 당치 않은 요구는 아니다.

교장과 교감이 맨 먼저 해야 할 일은 해당교사의 수업참관이다. 여럿이서 수업에 들이닥치면 무슨 일인가 싶어 아이들에게 불신감을 주게 되므로 교장과 영어과 주임 정도의 참관이 적당하다.

두 번째로, 수업참관의 느낌과 판단을 포함하여 곧바로 해당학생과 접촉을 해야만 한다. 이것은 오히려 참관 전에 알리는 것이 좋다. 학교가 학부모의 호소에 곧바로 대응한다는 자세를 보이는 것은 매우 중요하다.

세 번째로, 교사에게 주지시킨다. 하나를 보면 열을 안다고 그 아이는 국어교사도 실력이 없다, 수학교사는 문제를 못 푼다 등 연쇄적으로 여러 이야기를 하지 않는다는 보장이 없다. 요즘 학부모의 눈은 날카롭다. 다시 한 번 교사의 지도방식에

경종을 울리고 바로잡는 좋은 기회로 삼자.

▶ 대인관계가 원만치 못한 학부모

(1) 기본 교양을 갖추지 못한 학부모도 있다

사교성이 부족하다기보다는 사회생활에 필요한 기본이 없는 부모가 있다. 학교에 와도 인사도 하지 않고 수업참관 때 교실에 들어와도 떠들거나 태연히 껌을 씹는다. 남의 말은 듣지 않고 자기 말만 끝날 때까지 하는 학부모. 또 덮어놓고 교육은 모두 학교 책임이라고 여기는 부모……

요즘 타인과의 관계에서 자기중심적이고 자기주장이 지나치게 강한 학부모가 특히 눈에 띈다.

(2) 기회 있을 때마다 대화로 푼다

그럼 이런 학부모에게 어떻게 대처해야 좋을까?

학교에는 많은 학생들이 있다. 특정 개인의 생각을 일일이 듣고 받아주다 보면 학교로서의 질서를 유지할 수가 없으며, 학교교육의 목표를 실현하지도 못한다. 이런 학부모에 대해서는 교장측에서 학교생활과, 학부모로서의 규칙을 알도록 설득하는 수밖에 없다. 자기주장이 강한 부모가 많아서 어렵겠지만 기회가 있을 때마다 대화해야 한다.

다음과 같이 말해 보자.

"어머님, 자녀가 인사를 하면 어떻게 하십니까?"

"……"

"학교에선 자녀가 사회에 나가서도 원만히 살아갈 수 있도록 인사에 대해 지도하고 있습니다. 인사를 나눔으로써 인간관계가 시작되지요. 어머니께서 학교에 오셨을 때는 가볍게 눈인사를 하시면 됩니다. 자녀는 부모의 태도로부터 많은 것을 배우니까요. 어머님, 자녀교육을 학교와 함께하시면 어떨까요?"

선생님과 학부모가 공감하며 더불어 실천하는 학교교육이 이루어질 때, 훌륭한 참교육의 장이 열리지 않을까.

3장 극성 학부모의 요구사례 그 대응법

사례 1 방학숙제를 하지 않았다고 혼내지 마세요

요즘은 학부모의 가치관이 다양해져서인지 학교에 대해 바라는 것도 다양해지고 있다. 숙제 하나를 보더라도 "가족끼리 즐겁게 보내고 싶으니 이번 주말에는 숙제를 내지 말아달라" 하는가 하면, "숙제를 더 많이 내라" 하기도 하고, "연습문제가 아니라 사고력을 기를 수 있는 내용으로 숙제를 내달라" 하는 등 내용까지 세세하게 요구하는 학부모도 있다.

초등학교 6학년인 지윤이 어머니는 이렇게 불평을 한다. "우리 아이가 상처를 받으니까 아이들 앞에서 꾸중하지 말아주세요." "공개수업 때 우리 아이가 손을 들었는데 한 번밖에는 지명받지 못했어요. 두 번 시키는 아이도 있었는데 불공평해요."

그런 지윤이 어머니가 여름방학 전에 학교를 찾아와 다음과 같은 요구를 했다.

"방학엔 학원특강도 있고 숙제가 많아서 바쁘니까 우리 아이는 여름방학 숙제를 제출하지 않겠어요. 하지만 그런 일로 우리 아이가 학급에서 겉돌지 않도록, 개학해서 숙제검사할 때 꾸중하지 마세요."

이 문제를 교장선생님과 의논했더니 학부모와의 관계가 껄끄러워지지 않기를 바라선지 학부모의 요구를 받아들이는 것이 좋겠다고 한다.

그래서 개학 뒤 숙제검사는 간결하게 끝내고 제출하지 않은 다른 아동에게도 특별히 심한 꾸중은 하지 않기로 했다. 교사로서 이것이 과연 잘하는 일인지 혼란스럽고 이해가 되지 않는다.

▶ 이렇게 대응하면 어떨까

개인주의·이기주의·자기중심주의의 전형적인 사례이다. 집단학습(교육)을 기본으로 하는 현재의 학교교육은 이와 같은 자기중심적인 주장으로 인해 무너지기 십상이다. 무엇보다 다른 대부분의 아이들은 이런 일이 지속되면 결국은 숙제나 과제를 하지 않게 될 것이다. '그럴 때 학교는?' '교사와 아동의 관계는?' '수업은?' 이렇게 생각하면 무서워진다.

이 아이만 예외로 취급하면 다른 문제가 발생할 것이다. 한두 번은 넘어갈 수 있겠지만, 6학년이라는 나이의 정서발달을 고려하면 아이의 장래를 위해서라도 그대로 두는 것은 잘못됐음이 분명하다.

학교와 교사는 깊이 생각하여 방학의 의의, 과제의 목적 등을 아동과 학부모에게 잘 설명하고, 과제를 진지하게 해냄으로써 얻는 성취감을 체험하게 해야 한다.

사례 2 학교의 학습지도 방법이 좋지 않다

"1학기 성적이 나빴던 것은 교과담임의 교수방법이 나빠서였다. 현수도 수업이 이해가 안 간다고 하므로 사회와 과학교사가 어떻게 수업을 하는지 우리에게 참관하게 해달라." 중학교 3학년인 현수 어머니가 담임에게 이렇게 요구한 것은 10월이었다.

1학년 때에도 여름방학이 되자마자 곧, "수학성적에 대해 교과담임이 설명해 달라"는 전화를 했었다. 방학이었으므로 교과담임이 현수 어머니에게 전화를 한 것은 이틀 뒤였다.

어머니는 성적표를 본 뒤로 줄곧 '현수의 학력이 제대로 평가되고 있지 않다'고 생각했으며, 교과담임의 연락이 늦은 것과, 전화로 설명을 할 때의 교과담임의 답변 방식에 화를 냈다. 그래서 이번엔 교과담임이 직접 자료를 보이면서 어머니에게 설명했더니 불만스럽기는 했지만 평가에 이해하는 것 같았다.

그 일을 떠올린 담임은 교장·교감과 의논하여 교무주임의 입회 아래 현수 어머니에게 수업참관을 하게 했다. 참관 뒤에 어머니는 "이런 교수방식으론 현수가 이해하지 못하는 것이 당연하다"면서 그 뒤로도 사회와 과학시간에 교실 뒤에서 참관을 계속했다.

어느 날, 현수의 어머니가 화를 내면서 교무실로 뛰어들어 왔다. "교정을 지나가고 있는데 3층에서 '또 왔다!' 외치는 아이들의 소리가 들렸습니다." 현수 어머니의 화는 가라앉지 않았고, 그 교실로 가서 "조금 전에 나를 비웃은 게 누구지?"라며 노기등등했다. 말리러 들어온 교사들에게 현수 어머니는 "이 학교는 교과지도도 못하는 데다 생활지도도 제대로 못한다"며 학교에 대한 불만을 털어놓았다.

담임을 비롯한 학교 교직원들은 현수의 어머니가 다시 지도 방법 등에 이의를 제기하러 나타나지 않을까 불안해한다. 학교에서도 반항적이지 않고, 부모에게도 얌전히 따르는 현수에게 교사는 앞으로 어떻게 대해야 좋을지 걱정이 크다.

🔲 이렇게 대응하면 어떨까

현수 어머니가 학교에 불신을 갖기 시작한 것은 1학년 때 요구한 것에 대한 학교의 대응방식이 원인이다. 처음 전화가 왔을 때 부모와 면담하여 설명해야 했다. 당시에 신속하고 정중한 대응을 했으면 불신이 싹트는 일은 없었을 것이다. 이런 불신감은 진로를 결정해야 하는 3학년이 되면서 이러한 사태로 폭발한 것 같다.

이 단계에선 어쨌든 정중하게 대응하고, 현수 본인에게도 설명하는 것이 중요하다.

사례 3 **학생 폭력의 책임은 교사에게 있다?**

중학교 3학년인 상민이가 교사를 폭행하는 충격적인 일이 일어났다. 집으로 연락하여 부모로 하여금 학교로 찾아오도록 했다.

학교로 온 아버지에게 먼저 교장실에서 이번 사건의 경위를 전했다. 체육시간에 운동화를 준비하지 않은 상민이가 같은 반 준호의 운동화를 멋대로 신은 것, 신발이 없어져서 어쩔 줄 몰라 하던 준호가 체육교사에게 "운동화가 없어졌다"고 한 것, 상민이가 준호의 신발을 신은 것을 알게 된 교사가 모두의 앞에서 꾸중한 것, 그러자 상민이가 수업장소를 벗어나려 했으므로 교사가 그것을 제지하려고 어깨를 잡는 순간, 상민이가 교사를 때렸다는 것 등을 설명했다.

그러자 상민이 아버지는 버럭 소리치며 불만을 터뜨렸다. "우리 아이는 '선생님이 나를 세게 붙잡았다. 벗어나려고 팔을 흔들다 보니 어쩌다 그것이 닿았을 뿐이다' 말하는데 그것을 폭력이라고 하다니 어이가 없다. 학생의 말은 전혀 믿지 않고, 자기들 편한 대로 주장만 한다. 게다가 그 교사는 체육수업과 부서활동 때 늘 체벌을 한다더라. 복장이 갖춰지지 않았다고 때리고, 연습을 게을리한다고 무릎을 꿇린다. 선생의 폭력은 괜찮고, 학생의 벗어나려는 행동은 안 되느냐? 모두 교사에게 책임이 있다."

당시의 상황을 설명하려 했지만 흥분한 아버지에겐 통하지 않았다. "이번 일만 해도 먼저 손을 댄 것은 교사가 아니냐?

이 교사는 아들을 눈엣가시로 보는지 항상 우리 아이에게만 심하게 대한다고 한다. 우리 애가 그렇게 미우냐. 다 보는 앞에서 혼나 아이의 자존심은 엉망이 되었다. 인권침해다. 교육청에 민원을 내러 가겠다"고까지 했다.

옆에 앉아 있던 상민이는, 아버지가 교사를 혼내는 모습에 기운을 얻었는지 약간 의기양양한 표정마저 띠고 있다.

학생 앞에서 일을 더 복잡하게 만들고 싶지 않은 담임은 아버지의 억지에 한마디도 반박하지 않았다. 함께 있던 교감도 뭐라고 하기가 어려워 곤혹스러워하고만 있다.

▶ 이렇게 대응하면 어떨까

문제가 발생했을 때, 대개 자신의 탓으로 돌리는 사람이 있는가 하면 남 탓으로 돌리는 사람이 있다. 그 문제가 발생한 것에 대해 '내 실수가 원인'이라고 생각하는 사람과, '상대 잘못이 원인'이라고 생각하는 사람으로 나뉘는 것이다.

이 사례의 아버지는 교장실에서 교사들을 일방적으로 공격하여 아들에게 아버지의 존재를 과시하고 있으므로 이럴 때는 설명도, 변명도 역효과이다. 되도록 메모를 하면서 들어주는 것으로 조금은 억제 효과가 있을 것이다.

교육청에서도 이런저런 많은 민원에 힘들겠지만 이와 같은 문제에선 당사자의 설명을 잘 듣는 것이 기본이다.

사례 4 때린 학생을 당장 불러다 놓고 무릎 꿇려라

중학교 2학년인 용현이는 전부터 담배를 피우고 가게에서 물건을 훔치는 등의 문제행동이 있는 학생이었다. 또 학교에서도 사소한 일로 동급생에게 폭력을 휘두르거나, 학교 기물을 부수거나 하여 지도를 받은 적도 있었다. 때로는 교사에게 폭언을 할 때도 있었다. 그때마다 본인이 순순히 받아들이도록 잘 타일러 왔다.

어느 날 오후, 용현이의 어머니에게서 전화가 걸려 왔다. "우리 아이가 맞았으니 당장 학교로 달려가겠다"라는 내용이었다. 어머니의 학창 시절을 아는 교감은 그 어머니도 중학교 때부터 문제행동을 계속하다가 나중엔 경찰서 신세를 진 적도 있다고 가르쳐 주었다.

얼마 안 있어 어머니가 용현이를 데리고 학교로 왔다. 교사는 생활지도 담당교사와 함께 상담실에서 자세한 이야기를 듣기로 했다. 그에 따르면 용현이는 '건방지다'는 이유로 상급생에게 멱살을 잡혔고, 배를 세 번쯤 맞았다는 것이다. 때린 아이들은 3학년 세 명으로 곧바로 이름을 지목했다. 그중에는 용현이가 전에 폭력을 휘두른 학생의 형도 포함되어 있었다.

이야기를 하는 동안 어머니는 "지금 당장 그 아이들 셋을 불러다 무릎 꿇리고 빌게 하라" 말했다. 그래서 "그 학생들에게 연락하여 물어보겠습니다. 먼저 사실을 확인하게 해주십시오.

그런 다음 조치를 취하겠습니다. 그러나 무릎을 꿇리는 것은 좀 그렇군요"라고 달래듯이 대답했다.

그런데도 어머니는 물러서지 않고 연거푸 "지금 당장 이리로 불러서 무릎 꿇게 하라"고 강력 주장했다. 어머니는 나아가 "내가 그 아이들의 집으로 가도 되지만, 그렇게 하면 부모들 싸움이 되어 일이 더 커질지도 몰라요. 그래도 괜찮겠어요?" 협박조로 말했다. 무릎 꿇리는 것에 대해서도 "우리 아이가 전에 때렸을 때는 1 대 1이었으니까 그것은 싸움이죠? 그런데도 우리 아이는 선생님에게 빌었어요. 이번 일은 집단폭력이니까 무릎 꿇리는 정도는 당연하죠. 그러지 않으면 그 아이는 반성하지 않을 테고 다시 그러지 않는다는 보장도 없잖아요?"라고 강한 어조로 말했다.

▶ 이렇게 대응하면 어떨까

학부모의 이러한 언행은 "아이들끼리의 싸움이 어른 싸움 된다"고 해서 예로부터 좋지 않은 일로 여겨 왔다. 더구나 틈을 주지 않고 학교로 찾아와서 상대 학생을 "지금 당장 불러다 무릎을 꿇리라" 하고, "그 아이의 집으로 직접 찾아갈 수도 있다"는 협박도 하고 있다.

이 자리로 관계자를 불러다 사죄하게 하는 것은 적절하지가 않으므로 하지 않는 것이 좋다. 당사자들의 사정 이야기를 들어서 평소의 감정을 말하게 한 뒤에 사죄하게 해야 한다. 그렇더라도 아이들에게 결코 무릎 꿇게 해서는 안 된다.

사례 5 따돌리는 아이들을 처벌해 달라

교무실에서 수업준비를 하고 있을 때였다. 초등학교 4학년으로 가벼운 발달장애가 있는 지우의 어머니에게서 전화가 왔다. 전화 목소리는 매우 흥분되어 있었다.

"평소와 같이 아이를 등교시켰는데 얼마 안 있어 아이가 이웃사람에게 이끌려 더러워진 옷차림으로 울면서 집에 돌아왔다. 아마도 누군가가 떠밀어서 넘어지는 바람에 옷을 버린 것 같다. 오늘은 등교할 수 없을 것 같아 쉬겠지만, 내일부터가 걱정이다. 학교에서 제대로 학생지도를 해주지 않으면 내일부터 등교시킬 수가 없다. 따돌리는 아이들을 처벌해 달라"는 내용이었다.

그래서 "잘 알겠습니다. 아이들의 이야기를 듣고 조치하겠습니다" 대답하고 전화를 끊었다. 그리고 지우와 같은 동네에 살고 있는 아이들에게 그날 아침의 등교 상황을 물어보았다. 아이들의 이야기는 다음과 같았다.

지우는 걸어가다가 뭔가를 발견하고는 그것에 정신이 팔려 있다가 다른 아이들보다 늦은 것을 알고는 따라가려고 뛰기 시작했다. 거의 다 따라왔을 때 그만 발을 헛디뎌 넘어졌다. 어제 내린 비로 생겨난 물웅덩이에 굴렀다. 옷이 더러워졌다. "흙

투성이가 되었구나" 말하면서 다른 아이가 손을 내밀었는데 지우는 그때야 울기 시작했다. 마침 자녀를 유치원에 데려다 주고 돌아오던 이웃집 아주머니가 그 모습을 보고 지우를 집으로 데려갔다는 것이다.

이런 사정을 알고 나서 지우의 어머니에게 전화를 걸었다. 그러자 어머니는 "그렇지 않아요. 누가 우리 지우를 떠민 거라고요. 지우를 데려다 주신 분이 '아이들이 둘러싸고는 뭐라고 하고 있었다' 하더라고요. 평소 늘 그렇듯이 따돌림당하고 있었던 것이 틀림없어요. 아이들은 자기들끼리 말을 맞춘 거라고요. 조사를 다시 해주세요"라며 막무가내였다.

그래서 "떠밀어서 넘어진 거라고 지우가 그러던가요?" 묻자, "묻지 않아도 뻔해요. 혼날까 봐 사실을 말하지 않는 거죠"라고 하여 무슨 말을 해도 소용이 없었다.

▶ 이렇게 대응하면 어떨까

어머니에게는 발달장애가 있는 지우가 '따돌림당하는 아이'라는 의식이 있고, 무슨 일이 있으면 집단따돌림과 결부시키는 경향이 있다. 그러므로 어머니의 심정이 되어 맨 처음 전화를 받았을 때, "그렇습니까? 얼마나 가슴이 아프셨습니까? 떠민 것이 사실이라면 용서할 수 없는 일입니다. 신속하게 확인하고 지도를 하겠습니다" 말하여 어머니를 진정시키는 것이 가장 중요하다. 또 담임도 어머니와 마찬가지로 걱정하고 있다는 느낌을 주는 것도 잊지 말아야 한다.

사례 6 우리 아이를 다른 반으로 옮겨주세요

10월 어느 날 아침, 중학교 1학년인 진희 어머니에게서 전화가 왔다. 흥분한 목소리에 거친 말투로 보아 심상치 않은 일임을 알 수 있었다. 어머니는 "딸을 학교에 보낼 수 없다"고 한다. 일단 오후에 학교로 찾아오도록 말하고 전화를 끊었다.

오후에 진희 어머니가 학교로 왔다. 자리에 앉자 어머니는 곧 이야기를 시작했다. "선생님, 진희를 2반으로 옮겨주세요. 1반엔 가고 싶지 않다고 하네요." 이유를 물으니 지금까지 사이가 좋았던 친구들에게서 무시당하고, 욕을 듣기도 하므로 1반은 싫다, 2반에는 친한 친구가 있으므로 2반으로 옮겨주면 학교를 다니겠다는 것이다. 진희 본인에게 확인했더니 말없이 고개를 끄덕인다.

그래서 먼저 "시간을 좀 주십시오" 말했다. 그런데도 어머니는 "그보다 언제 반을 바꿔 줄 거죠? 그때까지 진희를 학교에 보낼 수 없어요"라고, 아침에 전화로 하던 주장을 되풀이할 따름이다. 교사는 이렇게 부탁했다. "학기 중에는 학급을 바꾸기가 어렵습니다. 진희에게 전혀 도움이 되지 않아요. 상대 학생들의 말을 들어볼 시간을 주십시오."

이튿날, 진희를 무시했다는 유리와 미나에게 사정을 물었다.

진희는 초등학교 때부터 또래 친구들의 우두머리로서 유리와 미나에게 이런저런 명령을 내리고, 때로는 무시하는 등 매우 제멋대로 행동했던 모양이다. 유리와 미나는 인내의 한계점에 이르러 지금까지 진희에게 당한 일을 되갚아 주었을 뿐이라고 주장했다.

사태를 겨우 파악했다고 생각할 즈음에 관내 교육청에서 학교로 문의가 왔다. 진희 어머니가 교육청에 "진희의 반을 바꿔 달라"고 직접 민원을 낸 것이다. 그래서 어제에 이어 다시 어머니를 만나서 상황을 전달했지만 "그런 지나간 이야기를 되풀이해 봤자 소용없으니 어쨌든 반을 바꿔 주세요"라고 주장을 굽히지 않는다.

진희가 친구들과 화해하는 것이 먼저라는 교사의 생각은 도무지 받아들이려 하지 않는다. 어머니의 머릿속엔 진희가 바라는 "2반으로 가겠다"는 해결방법을 고분고분 들어주지 않는 학교에 대한 불만으로 가득 차 있다.

▶ 이렇게 대응하면 어떨까

진희 어머니는 학교로 전화하기 전까지 '2반으로 바꾸는 것이 최선의 해결책'이라고 굳게 믿었다. 그 생각을 담임으로부터 보기 좋게 거절당했다고 생각하는 것 같다.

이 경우에 진희만 학급을 바꾸면 어떻게 되는지, 어떤 장점과 단점이 있는지를 함께 생각해 보는 것이 좋다. 진희가 어떤 이유로 괴로운 상황에 처했는지 알게 되면, 어머니도 좀 더 나은 해결방법을 함께 생각하게 될 것이다.

사례 7 괴롭히는 학생을 전학시켜 달라

중학교 3학년인 승재 어머니는 담임에게 전화를 걸어왔다.

"우리 승재가 학교에 다니지 않겠대요. 학교에서 영우가 괴롭히는 것이 원인입니다."

승재가 이렇게 말했다고 한다.

"학교에서 영우랑 그 애와 친한 아이들이 괴롭혀요. 신발을 감추기도 하고, '뚱보'라고 놀리고, '쟤를 끼워주지 말자'고 해서 따돌림당하고 있어요. 피구할 때도 내게만 일부러 세게 공을 맞혀요. 어제는 청소시간에 영우가 '걸레질은 승재에게 시켜. 다른 사람은 하지 마!' 하고 나 혼자서 걸레질하게 했어요. 자주 그래요. 나는 이제 영우가 있는 학교엔 다니고 싶지 않아요."

어머니는 말한다. "전부터 이런 일이 있었지만 그때마다 우리 아이를 설득했어요. 전에도 선생님께 '괴롭히는 영우 패들을 어떻게 해달라'고 했지만 선생님은 아무 조치도 해주지 않았어요. 이건 승재에게 너무 가혹하지 않나요? 괴롭히는 영우를 다른 학교로 전학시켜 주세요."

교사는 이렇게 대답했다. "어머니가 말씀하시는 것 같은 그런 집단따돌림은 없습니다. 저도 유심히 살피고 있고, 영우랑 그쪽 아이들에게도 지도를 하고 있습니다. 승재에 대해서 그 아이들도 해명할 말이 있는 것 같으니 전학할 필요는 없을 것 같습니다만……."

"잘 알겠어요. 학교가 이런 자세로 나온다면 이제 교육청으로 가야겠군요. 괜찮죠?"

"아닙니다. 아직 이야기가 끝나지 않았고, 이런 일은 저 혼자서 결정할 문제가 아닙니다."

"어쨌든 교육청으로 가겠어요."

"……"

대화가 되지 않았다.

그 뒤 교육청에서 "어머니의 말이 모두 옳다고 생각하지는 않지만, 이런 민원이 들어오는 것 자체가 학교의 서툰 대응 때문이 아니냐"는 요지의 연락이 교장 앞으로 왔고, 교사는 교장에게서 주의를 들었다.

승재 어머니에게 처음 연락이 왔을 때 교사는 승재 본인에게 사정을 듣고 나서 지도를 했으며, 그 뒤에도 유심히 살피면서 지켜보고 있었다. 그런데도 승재 어머니는 자기 아이의 말만 듣고 다른 아이들을 비판하고, 교사의 설명도 듣지 않은 채 교육청에 민원을 냈다. 교사는 이 일로 앞으로의 지도에 자신감을 잃게 되었다.

처음 소식을 접했을 때 "꼼꼼히 조사하여 필요한 지도를 하겠습니다만, 변화가 없으면 다시 연락을 주십시오. 승재에게도 그렇게 말씀해 주세요. 감사합니다"의 식으로 대응한다. 나중에 다시 전화가 왔을 때도 "말씀하시는 것과 같은 그런 집단따돌림은 없습니다." "그 아이들도 할 말이 있다는군요." "전학할 필요까진 없습니다" 등의 말은 하지 말고, "저도 주의를 기울인다고 기울여 왔습니다만 전화로는 말씀드리기 곤란하니 학교로 오시지 않겠습니까?" 이렇게 하여 학부모의 흥분을 가라앉히고 어찌된 일인지 알아볼 시간을 확보한 뒤에 직접 만나 얘기하는 것이 바람직하다.

사례 8 지난해 담임보다 잘 가르치지 못한다

K교사는 임용 3년째이다. 작년과 올해는 초등 4학년 담임을 맡았다. 조금씩 직무에 익숙해지고, 학부모와의 관계형성 요령도 생기기 시작했다고 자신감을 갖게 되었다.

그런데 1학기 말의 간담회 때, 그런 자신감이 무너지는 사건이 생겼다. 학교일에 대해 협조적이고, 교사와의 관계도 좋다고 생각했던 신영이 어머니와 상담할 때였다. "지난 3학년 때의 담임에 비해 현재 담임이 수업을 못한다"는 것이었다. 깜짝 놀라 허둥대는 K교사에게 신영이 어머니는, 3학년 때 담임과 K

교사를 비교하기 시작했다.

"특히 과학 수업에서 작년 선생님은 실험도 꼬박꼬박 시켰고, 아이들도 수업을 흥미 있고 재미있어 했어요. 그런데 선생님은 실험은커녕 설명도 어렵게 할 뿐이어서 아이들은 이해하지도 못한 채로 교과서 진도를 나가는 것 같더군요."

K교사는 점점 침울해졌고, 간담회 시간이 길게만 느껴졌다.

급기야 신영이 어머니는 K교사가 없을 때 학교에 와서 교장선생님에게 '담임을 바꿔 달라' 요청하기에 이르렀다. 어머니들 사이에서 K교사의 무능력이 이야깃거리가 되는가 싶자, K교사는 점점 자신감을 잃게 되었다. 아이들의 얼굴을 보고 있어도 뒤에서 비난하는 학부모의 모습이 떠올라 K교사는 신경이 날카로워졌다.

선배교사에게 도움을 청하여 2학기 때는 수업준비를 지금보다 철저히 하는 등 열심히 노력했다.

2학기 말의 학부모회는 개별간담이 아니라 학급간담이어서 K교사는 지난 1년 동안 아이들의 성장과 학급의 모습을 전달했다. 그러나 그 뒤의 의견교환 시간에 신영이 어머니가 "선생님의 노력은 알겠지만, 나는 학교에는 별 기대를 하지 않아요. 공부는 학원에서 시키거든요" 하는 것이 아닌가.

개별적인 만남도 아니고 전체가 모인 곳에서 그런 말을 들었으므로 K교사는 가르치는 일에 대한 의욕을 완전히 잃고, 이렇게 한 마디 던지고 싶을 정도였다. "대체 나에게 어쩌라는 말입니까?"

이렇게 하면 어떨까

예전 같으면 이런 발언은 공적인 자리에서는 없었다. 물론 K교사의 미숙함도 있지만, "학교에는 별로 기대하지 않는다"는 말은 그 사람의 견해이자 느낌이다. 그것을 전체가 있는 곳에서 공공연하게 말하는 것은 '다른 사람'을 의식하지 않거나, 남을 업신여기는 것이 목적인 사람의 행동이다. 무리한 항변은 하지 말고 선배교사와 의논하거나 상담을 받아서 새 학년부터는 새로운 마음으로 열심히 하기 바란다.

사례 9 **왜 소지품 조사를 철저히 하지 않는가**

휘민이는 활발한 성격의 중학교 3학년생이다. 어느 날, 잔뜩 풀이 죽어서 담임인 Y교사를 찾아와서 이렇게 말했다.

"선생님, 제 휴대전화가 없어졌어요……."

학교로 휴대전화를 가져오면 안 되고, 부득이한 이유가 있어서 가져왔을 때는 사전에 허가를 받고, 등교한 뒤에는 담임에게 맡기는 것이 학교의 규정이다. 그것을 지키지 않아 겸연쩍어서인지 휘민이는 평소답지 않게 태도가 온순했다.

Y교사는 휘민이가 규정을 지키지 않은 것에 대해선 나중으로 미루고, 어떤 경위로 없어졌는지를 물었다. 그러자 "가방에

넣어서 사물함에 두었는데 점심시간에 보니까 없어졌어요. 친구 지완이하고 동빈이에게는 아침에 휴대전화를 가져왔다고 이야기했기 때문에 알고는 있지만, 그 아이들이 가져간 것은 아니에요"라는 것이었다.

Y교사도 그 두 아이에게 물어보았다. 다른 아이들에게 말한 것 같지도 않고, 또 그 아이들이 가져갔을 가능성도 없어 보였다. 그날 오전에는 이동교실 수업이 두 시간 있었다. 그 시간에 늦거나 일찍 교실로 돌아온 아이들이 있는지도 조사했지만 단서를 잡을 수가 없었다. 동시에 다른 학년에도 알아봐 달라고 요청했지만 이렇다 할 만한 정보는 얻지 못했다.

그 뒤 휘민이 부모님에게 알리려고 전화를 했다. 어머니에게 휴대전화가 학교에서 없어진 것을 설명했다. 어머니는 뜻밖에도 "어째서 더 철저히 소지품 조사를 하지 않는 거죠? 소지품 검사를 한다든지 해야죠? 남의 물건을 훔쳐가는 학생을 그냥 놔둘 작정인가요?" 분통을 터뜨리는 것이었다.

"규정을 위반한 휘민이에게도 잘못이 있다"는 말은 도저히 꺼낼 엄두가 나지 않았다. "학교에서 모든 아이들의 소지품 검사를 하기는 어렵습니다. 물론 남의 물건에 손을 대서는 안 된다는 것은 가르쳐야지요." 그러고는 어머니에게 어떻게 하기를 바라는지 물었지만, 어머니는 "그건 학교에서 처리할 문제가 아닌가요?"라고 말을 붙이지도 못하게 했다.

이튿날, 휘민이의 사물함에는 사라졌다던 휴대전화가 멀쩡하게 돌아와 있었다.

▶ 이렇게 대응하면 어떨까

없어졌던 물건이 돌아왔다는 것은 대응이 잘못되지 않았음을 말해 준다. 다만 어머니가 감정적이 되어서 도무지 이야기를 들어주지 않는 냉정함은 곤혹스럽다. 이런 경우에 아버지와도 함께 이야기를 하는 것이 좋다.

그러나 1 대 1의 상황에서 한쪽이 감정적일 경우에 그것에 대한 반론은 불에 기름 붓는 격일 때가 많으므로 피해야 한다. 제삼자가 있으면 이야기가 원만하게 끝나는 경우도 많다. 이럴 때, 부모보다 나이가 위인 교사에게 함께 자리해 줄 것을 부탁하는 것도 하나의 방법이다.

사례 10 좋아하는 것만 먹여도 잘 큰다?

초등학교에 입학하여 하루하루를 즐겁게 생활하는 1학년생 건우가 급식시간엔 애를 먹인다. 반 친구들과 즐겁게 이야기를 하며 보내고는 있지만, 거의 먹으려 하지 않는 것이다. 학급에선 "남겨도 괜찮지만, 싫어하는 것도 한 번은 먹자"는 지도를 하고 있으므로 건우에게도 다른 아이들과 마찬가지로 그렇게 말했지만, 그래도 거의 입에 대지 않는다.

걱정이 되어서 학부모에게 급식 상황을 전달했더니 이런 대답이 돌아왔다. "싫다는 것을 굳이 억지로 먹일 필요는 없지 않은가요? 집에선 좋아하는 것만 먹이니까 선생님도 이해하시고 그렇게 해주시면 될 것 같은데요."

건우는 급식시간엔 밥이나 요구르트 등을 조금 먹을 뿐, 고기·생선·야채·우유는 전혀 먹지 않는다. 점심을 먹지 않고 하루를 보내도 괜찮을까 걱정이 되어서 하루의 필요한 영양에 대해서도 설명했지만, 어머니는 "아침과 저녁에 맛있는 것을 많이 먹으니까 본인이 먹고 싶지 않다면 저흰 상관없어요" 하는 것이다. 어쩔 수 없어서 한동안 상황을 지켜보게 되었다.

5월이 되자 개별상담이 있었다. 건우의 부모님은 "그날의 가장 마지막 순서로 해달라"는 요청이 있어서 그렇게 일정을 짰다. 그랬더니 "우리 아이가 집에서 저녁으로 먹는 것을 가져왔으니 선생님도 드셔보세요" 말하고는 웃으며 도시락을 내미는 것이었다. 도시락에는 튀김만두와 샌드위치가 들어 있었다.

교사는 그것을 먹어보고 깜짝 놀랐다. 만두피에 싸인 것은 초콜릿과 딸기였다. 샌드위치에는 잼과 젤리가 들어 있었다. 저녁식사라기보다는 간식이었다. 놀라는 교사에게 어머니는 말했다. "우리 아이는 지금까지 이렇게 먹고 컸지만 특별히 문제는 없답니다. 좋아하는 것만 먹여도 다 자라니까 앞으로도 우리 아이에게는 급식지도를 하지 말아주세요."

학교교육에 처음 '급식'을 넣을 때는 영양부족에 대한 보충의 의미가 컸지만, 먹을거리가 넘치는 요즘에는 그 목적의 대부분은 상실하고 있다. 그렇지만 아동의 영양면에선 지금도 효과를 올리고 있다.

이 사례 속에서 부모가 '먹이는 방법'은 아동의 성장과 건강에 지장이 있을까 봐 염려된다. 어머니에게 "확실히 영양은 있을 것 같지만, 날마다 먹이는 것은 좀 그렇습니다. 잡곡 등 여러 가지 음식을 골고루 먹이는 것도 필요하지 않을까요?" 말하고, 아울러 건우 본인에게도 지도를 하는 것이 좋겠다.

사례 11 잘 깨지는 물건을 놓아둔 학교가 나쁘다?

학교의 규정에는 휴대전화를 포함하여 수업에 필요치 않은 물건은 가져오지 못하도록 되어 있다. 또 휴대전화로 인한 말썽이 급증하고 있기도 해서 휴대전화에 대한 학교의 지도방침을 학부모에게도 계속해서 알리고 있다.

중학교 3학년인 진호는 자기 기분에 따라 기쁠 때는 매우 기쁜 표정을 짓는 학생이다. 그런 반면에 자기의 기분을 받아들이지 못해 문제를 일으키는 경우도 많다.

그런 진호에게 부모님은 며칠 전, 오랫동안 갖고 싶어하던 새로 나온 휴대전화를 사주었다. 신이 난 진호는 휴대전화를 학교로 가져와서 쉬는 시간에 모두에게 자랑도 하고 게임을 하기도 했다. 종례시간에 그것을 알게 된 담임교사는 수업에 필요치 않은 물건을 가져와선 안 된다고 확인시키고, "나는 너를 믿고, 또 오늘은 이미 돌아갈 시간이니까 전화기를 맡아두지는 않겠다. 하지만 다음에 다시 가져오면 학교에서 보관했다가 부모님께 직접 돌려드리겠다"고 했다.

그러나 이튿날에도 진호는 휴대전화를 학교로 가져와서 수업시간에 문자를 주고받았다. 그래서 교과담임이 그 자리에서 주의를 주었더니, 성가시다고 화를 내면서 교실을 나갔다.

학급담임은 진호를 비어 있는 과학실로 데리고 갔다. 그리고 어제의 약속을 상기시키고 지도하는 가운데 "약속대로 휴대전화를 이리 다오. 부모님께 직접 돌려드리겠다"고 했다. 그러자, 그럼 부모님께 휴대전화를 빼앗길 것이라고 생각한 진호는 흥분하여 진열장의 유리를 깨고, 접시저울이 든 상자를 던지는 등 많은 기물을 부수었다. 그러나 담임의 오랜 설득 끝에 담임이 준비한 봉투에 휴대전화를 일단 넣을 수 있었다.

담임은 진호의 부모님에게 연락하여 방과 후에 학교로 오시게 했다. 그리고 진호의 휴대전화를 돌려주면서 "휴대전화를 사줄 때는 부모님과 함께 사용규칙을 정하셔야 합니다" 말하고, 학교의 방침에 대한 이해와 협조를 요청했다. 이어 지도할 때의 진호 태도를 전하고, 함께 과학실로 가서 부서진 것을 실제로 보여드렸다. 그랬더니 부모님은 엉뚱하게도 "지도할 때,

주위에 부서지면 안 되는 물건들을 놓아둔 학교에 책임이 있다"고 강한 어조로 말하는 것이었다.

생각지도 않던 말이지만 진호에 대한 대응으로 곤혹스러워하던 부모님이 어딘가 도망갈 곳을 찾고 싶었거나, 학교 측에 책임을 씌우고 싶은 기분이 들었을 가능성을 생각했다. 그래서 "결코 책임을 지시라는 말은 아닙니다. 함께 생각해 보기로 하죠" 말했더니 며칠이 지나 부모님은 사죄의 전화를 걸어왔다.

▶ 이렇게 대응하면 어떨까

"결코 책임을 지시라는 말은 아닙니다. 함께 생각해 보기로 하죠." 이 대응이 좋은 결과를 낳은 것 같다.

보호자에게만 책임을 묻지 않고 "함께 생각해 보자"라는 자세를 보인 것은 참고할 만한 대응이다.

사례 12 **저 학생을 당장 퇴학시켜라**

고등학교 1학년인 수애는 2학기가 되어 수업시간에 휴대전화를 빈번하게 사용하거나 잡담을 하고, 심지어는 자리를 비우는 일도 있어서 교과담임에게서 자주 주의를 들었다. 그러나 좀처럼 개선을 보이지 않아 생활지도 담당교사가 수애를 불러서 상담하게 되었다.

그때 수애는 학교를 그만두고 아르바이트를 하면서 좋아하는 춤을 추고 싶다는 이야기를 했다. 사실은 중학교 때부터 학교에 잘 나오지 않았으며, 등교했다 해도 보건실 등에서 하루를 보낸 모양이다. 본디 공부를 좋아하지도 않았고 고등학교에 가고 싶지도 않았지만 "부모님이 강제하여 학교에 왔는데 매일매일의 수업이 괴로워서 죽겠다"는 것이다.

마침 그즈음에 수애 어머니가 학교에 전화를 걸어 불만을 토로했다. "수애와 같은 1학년인 예원이는 술 마시고 담배도 피우고, 가게에서 슬쩍슬쩍 도둑질도 한다는데 그런 학생을 왜 그냥 놔두나요? 그런 아이 때문에 우리 수애가 학교를 그만두겠다고 말하는 거라고요. 만약 우리 아이가 잘못되면 다 예원이 탓이니까 그 아이를 퇴학시켜야 합니다."

나는 수애와 대화하면서 들은 수애의 속마음을 어머니에게 전하고, 수애가 왜 학교를 그만두고 싶어하는지 대화를 할 필요가 있다고 했지만, 어머니는 "그런 말로 책임 회피를 하면 교육청에 민원을 내겠다" 말하는 것이었다.

그래서 수애를 다시 불러서 사정을 물었더니, "'춤을 추고 싶으니 학교를 그만두어야겠다'고 해도 엄마는 반대할 것이 뻔하다. 그래서 얼마 전에 말다툼을 하여 별로 사이가 좋지 않은 예원이를 핑계로 '동급생인 예원이가 싫어서 학교를 못 다니겠다'고 어머니에게 말했다"고 했다.

수애의 이 말을 듣고 어머니는 "그 아이가 없어지면 학교를 다닐 수 있는 거지?" 말했다고 한다. 그래서 다양한 방법으로 예원이의 사생활을 조사하여 학교로 전화를 한 것이었다.

일주일 뒤에 수애의 어머니에게서 다시 전화가 왔다. "예원이 문제는 어떻게 처리되었나요?" 교사는 말했다. "예원이에게 사실 확인을 한 뒤에 필요하다면 학교에서 지도를 하겠지만 곧바로 퇴학시킬 수는 없습니다." 그랬더니 어머니는 "그럼 교육청에 민원을 낼 테니까 그런 줄 아세요. 됐어요"라며 전화를 끊어 버렸다.

대체 어떻게 대응해야 좋겠는가.

▶ 이렇게 대응하면 어떨까

수애는 정신발달 측면에서 미성숙하여 아직 자신과 타인의 생각과 언행의 차이를 받아들일 줄 모르며 완성되어 있지 않다. 부모와 자녀의 대화도 부족하다. 그러나 그렇다 해도 "동급생 ○○가 싫다"는 것은 고교생이 학교에 다니기 싫다는 이유가 될 수 없다는 것을 어머니가 알아야 한다.

이와 같은 일방적인 이유에서 "어느 학생을 퇴학시켜 달라"는 요구를 학교가 받아들일 수 없는 것은 당연하다. 교육청에서도 이야기는 듣겠지만 수애 어머니가 대답할 말은 없을 것이다.

부모에게서 다시 요구가 있을 때는 부모님 모두 학교로 오게 해서 수애와 진지하게 대화하기를 요청하는 것이 하나의 방책일 것이다.

감각있는 선생님의 학습능력 놀이지도

왕잡기 피구

새 학년이 시작되었는데 내내 딱딱한 수업만 하는 것은 따분하다. 체육이나 학급시간을 활용하여 놀이나 운동경기를 즐기자. 살짝 변형한 피구는 어떨까?

■ 놀이방법

① 팀 나누기는 보통 피구와 같다.

　각 팀은 왕을 1명씩 정한다. 왕은 심판에게만 살짝 신고한다.

② 왕이 누구인지 상대 팀은 모르게 한다.

③ 맞은 사람의 숫자와는 관계없이 왕이 맞은 순간 그 팀은 지게 된다.

■ 핵심

왕을 밝히고 어깨띠를 두르고 노는 방법도 있다. 누구를 왕으로 삼을지가 놀이의 작전이 된다. 처음엔 피구를 잘하는 아이를 왕으로 삼지만, 하다 보면 눈에 띄지 않는 아이를 왕으로 세우거나, 왕을 다 함께 지키는 등 여러 가지 궁리를 하게 된다.

이런 작전을 짜게 함으로써 강한 아이만 활약하는 피구가 아니라 팀의 작전을 중시하고 다 함께 즐기는 피구가 되게 할 수 있다.

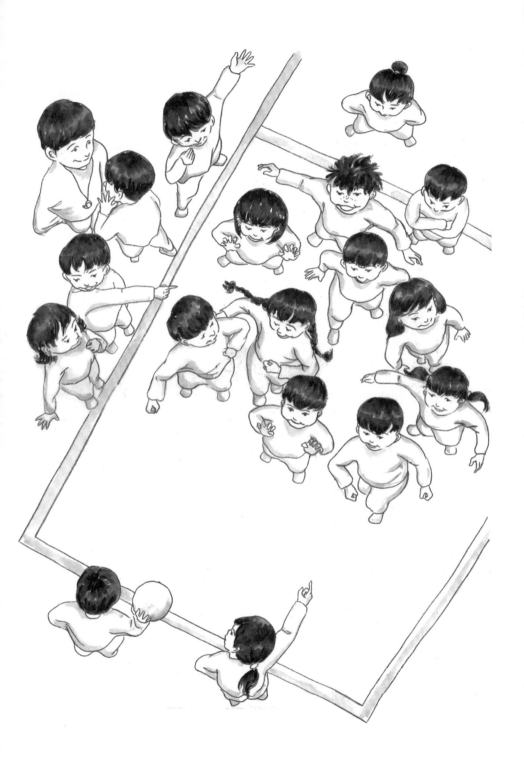

척척박사 놀이

답이 여러 개인 주제를 조별로 생각한다. 생각한 것 가운데서 답을 고르면 되는데, 다른 조와 똑같은 답이면 점수는 낮다. 다른 조와 다른 답을 생각해 내다 보면 학급 분위기가 아주 활기를 띤다.

■ 놀이방법

① 출제자는 10가지 정도의 주제(예를 들어 주제가 '동물'이면 답은 개·고양이·기린 등)와 점수표를 준비한다.

② 나온 문제의 답을 조별로 의논하여 종이에 쓰고, 출제자의 지시에 따라 1조부터 차례로 종이를 들어 대답해 나간다.

③ 유일한 답을 냈을 때는 10점, 2개 조가 같은 답이면 5점씩, 3개 이상의 조가 같은 답이면 0점이다. 마지막으로 합계점수가 높은 조가 이긴다.

■ 핵심

주제를 정할 때, '축구선수 이름'이나 '프로야구 팀 이름'처럼 남자아이가 잘 아는 분야와 '그룹의 가수 이름'이나 '카레의 재료' 등 여자아이가 잘 아는 분야를 고루 준비한다. 그래야 여자와 남자 모두 지혜를 모아 즐겁게 의논할 수 있다.

처음엔 교사가 출제를 맡고, 텔레비전의 퀴즈 프로그램처럼 분위

기를 돋운다.

주제는 학교에서 다루는 것이 아니어야 재미있다.

탑쌓기

활기찬 학급 분위기를 만드는 데 효과적이다. 얼마나 높이 쌓을 수 있을까? 저마다 물건을 가져와서 높이 쌓는다.

■ 놀이방법

① 진행자가 "준비, 땅!" 하고 외친다. 그 소리에 맞춰 조별로 사물함이나 책상 속의 소지품을 꺼내 그것으로 책상 위에 탑을 쌓는다.
② 진행자가 종료를 선언한다. 조별로 탑쌓기를 중지하고 자리에 앉게 한다. (①~②의 시간은 1분에서 1분 30초가 바람직하다.)
③ 조별로 높이를 측정한다(교사용 직각삼각자 등으로 잰다).
④ 높이를 칠판 등에 기록하고 평가한다.

■ 핵심

저마다 궁리하여 자기의 물건을 가져오는 것이 재미있다. 교과서·공책·책가방·실내화·리코더 등.

높이뿐만 아니라 여러 종류를 쌓았는지, 모두 물건을 내놓았는지도 평가하면 더욱 재미있다.

익숙해지면 제한시간을 짧게 한다. 곧 무너질 것 같을 때는 "몇 초 이상 버틸 것"이라는 조건을 붙여도 좋다.

진실 또는 거짓

조별로 단결력을 기르는 놀이이다.

모두 진행자의 지시에 따라 잡히지 않도록 도망다니는 놀이이다. 잡으러 다니는 쪽과 달아나는 쪽 모두 단결하여 자기편을 지킬 수 있을까?

■ 놀이방법

① 팀을 둘로 나눠서 서로 마주 보게 하고, 진행자(교사)가 가운데 선다. 두 팀을 '거짓 팀'과 '진실 팀'으로 나누고, 대표가 '진실' 또는 '거짓'의 어떤 문장을 읽는다.

② 거짓을 말하면 '거짓 팀'이, 진실을 말하면 '진실 팀'이 상대를 쫓아가 붙잡는다. 다만 안전선을 넘으면 붙잡을 수 없다.

③ 몇 번 계속하여 붙잡힌 사람의 수가 많은 팀이 이기게 된다.

합동 조를 만드는 등 반 아이들 모두가 한꺼번에 참여할 수 있게 하면 좋다.

또한 저학년은 '진실'과 '거짓'을 판단하기 어려우므로, '고양이 팀'과 '쥐 팀'으로 나누어 '고양이' 또는 '쥐'라고 하면 알기 쉽다.

지도상 주의해야 할 점은 진실과 거짓의 수가 마지막에는 똑같아지도록 짜는 것이다.

약한 아이나 더딘 아이에게는 같은 팀의 아이가 적절한 지시를 하거나, 함께 행동하게 하여 단결력을 심어준다.

흩어지면 죽는다

이 놀이는 남녀 아이들이 사이좋게 지내게 하는 데 효과적이다.

의자 위에 몇 명이 올라갈 수 있을지를 겨루는 놀이이다. 처음엔 넓어서 편하지만 점점 좁아져서 올라가서 버티는 방법을 궁리해야 한다. 작은 의자에 어떻게 하면 모두 올라갈 수 있을까?

■ 놀이방법
① 각 조별로 자기들의 의자를 이어 붙여놓고 그 위에 올라간다.

② 30초를 넘기면 성공으로 판정하고, 의자를 한 개 없앤다.
③ 30초가 지나면 다시 의자를 한 개 뺀다. 이것을 되풀이한다.
④ 마지막까지 전원이 다 올라간 조가 이긴다.
⑤ 놀이와 놀이 사이에 작전타임을 둔다.

■ 핵심

의자 수가 줄어들면 그냥 서는 것만으론 모두 올라가지 못한다. 서로 손을 잡거나, 어깨를 감싸안으면서, 때로는 몸집이 큰 사람 위에 작은 사람이 올라타기도 하여 한 사람도 떨어지지 않도록 버틴다.

남녀를 의식하던 마음은 없어지고 자연스럽게 협동하게 된다.

의자가 아니라 뜀틀이나 신문지 등으로도 할 수 있다.

좋아해, 싫어해?

저학년과 고학년 구분 없이 즐길 수 있는 놀이이다. 지도력을 기르는 놀이로서 사회를 보는 진행자가 내는 문제와 빠른 속도의 진행이 중요하다. 정답에 연연하지 않고 분위기를 띄울 수 있다.

■ 놀이방법

① 대표 1명 뽑는다. 그가 자기 등 뒤에 붙은 카드에 적힌 것(물

건·인물 등 뭐든지 좋다)을 퀴즈 방식의 질문을 듣고 맞춘다. 진행자의 즐거운 유도질문이 분위기를 한층 돋운다. 물론 팀으로 나눠서 겨루게 해도 좋다.

② 대표자가 문제를 내기 전에, 모두가 큰 소리로 "좋아해요, 싫어해요?" 말하고 시작한다. 대표자는 "좋아합니다", "싫어합니다"의 어느 한 가지를 말한 뒤 놀이가 시작된다.

③ 진행자는 적당한 때를 보아 "그럼 그것은 무엇이죠?" 묻는다. 대표자가 틀리면 진행자는 다시 질문을 한다.

■ 핵심

종이에 적힌 것은 무엇보다 대표자와 관계가 있는 물건이나 인물이 좋다. 예를 들면 '어머니', '담임선생님', '100만 원' 등이다.

또 진행자뿐만 아니라 다른 아이들도 질문하게 하면 더욱 재미있어 한다.

풍선 배구

풍선으로 하는 배구이므로 쉽게 즐길 수 있고, 규칙도 얼마든지 바꿔 가면서 할 수 있다. 운동기술이 뛰어나고 서투르고를 가리지 않고 큰 소리를 내어가며 놀 수 있다. 이 놀이는 겉도는 아이를 모두에게로 끌어들이는 효과가 있다.

① 바닥 중앙에 청테이프를 붙여 라인을 만들고, 두 조가 서로 마주 보고 배구를 한다.

② 풍선이 라인에서 나가거나, 정해진 횟수 내에 상대편의 코트로 넘기지 못하면 1점을 잃는다. 규칙(패스 횟수, 서브 방법, 득점 등)은 즐겁게 놀 수 있어야 한다는 조건 아래 의견을 조율하여 결정한다.

■ 핵심

간단히 즐길 수 있는 배구이다. 특히 규칙을 다 함께 즐길 수 있어야 한다는 전제 아래 얼마든지 바꾸는 것이 가능하다.

서브가 들어가지 않으면 풍선을 손에 들고 상대의 코트로 던져 넣어도 된다든지, 시간이 없을 때는 8점제로 하거나, 5회 이내에 상대편 코트로 보내기로 하는 등 규칙을 자유롭게 정한다. 고립된 아이도 함께 즐길 수 있도록 배려한다.

스무고개

암시를 바탕으로 진행자가 갖고 있는 카드의 정답을 맞히는 놀이이다. 날카로운 질문과 암시를 바탕으로 정답을 결단할 타이밍을 조 대항으로 다투는 놀이로서 조회나 종례 때 즐길 수 있다. 생각지 않던 아이가 활약하기도 한다.

■ 놀이방법
① 진행자가 답을 적은 카드를 준비한다.
② 1조부터 순서대로 질문을 한다(예: 빨간색인가요? 15센티미터
   쯤 되는 긴 물건인가요?). 전체 20개까지 질문할 수 있다.
③ 답을 알았으면 조원 전체가 일어서서 답한다. 답이 틀렸으면
   그 조는 실격이다. 다른 조가 문제의 정답을 맞힐 때까지 구경
   만 한다.

■ 핵심
다양한 분야에서 답을 준비한다(생물·인물·먹을거리 등). 최근에
배운 것들을 넣으면 즐거움이 배가된다.
아울러 구체적인 답과 추상적인 답을 골고루 섞으면 집중력이 높
아진다(예: 지명, '감사합니다'라는 말, '꿈' 등).
잘 알려진 고유명사도 재미있다(몇 글자입니까? 5글자입니다. 먹
는 건가요? 네. 답은 '켄터키 치킨').

숫자빙고

누구나 아는 빙고놀이이다. 공책 등에 네모 칸을 그리고 숫자를 쓰는 동안 가슴은 두근두근, 빨리 빙고를 외칠 수 있을까 설레는 마음이다. 빠르고 쉽게 할 수 있어서 이내 분위기가 즐거워진다. 수업에 들어갈 때 도움되는 놀이이다.

■ 놀이방법

① 공책 등에 9칸(3×3)짜리 네모를 그리게 한다.

② 그 칸의 원하는 곳에 0에서 9까지 숫자를 넣는다.

③ 교사(진행자)가 숫자를 하나씩 말한다(카드를 만들어서 통에 넣고 뽑는 것도 좋다).

④ 나온 숫자에 ○표를 하여 가로·세로·대각선의 3개가 맞으면 "빙고!"를 외친다.

■ 핵심

네모 칸이 3×3의 9개면 간편하게 할 수 있다. 교사가 숫자를 말해도 좋고, 아동(또는 조)이 말하게 해도 좋다.

이때 숫자에만 연연하지 말고 어떤 주제로 쓰게 해도 좋다. 봄에 피는 꽃이라든가, 축구 선수의 이름 등 궁리하기에 따라 재미도 다채로워진다.

조 대항으로 하면 분위기가 더욱 달아오른다.

철로놓기

조별로 구성원 모두의 소지품을 되도록 많이 꺼내와 길게 늘어놓는다. 가장 긴 철로를 놓은 조는 어느 조일까? 이 놀이는 야외에서 즐기기에 알맞다.

■ 놀이방법

① 넓은 들판에서 조별로 모인다. 신호에 따라 조별로 구성원 각자가 자기의 물건을 길게 늘어놓는다. 철로를 놓는 것과 비슷해서 이런 이름이 붙었다.

② 자기의 물건이면 무엇을 놓아도 상관없다. 어떻게 늘어놓으면 더 길어질까? 단, 늘어놓은 물건은 반드시 연결되어 있어야 한다.

③ 진행자가 종료 신호를 내면 모두 원래 위치로 돌아온다. 과연 어느 조의 철로가 가장 길까?

■ 핵심

저마다 자기 물건 중에서 어느 것을 꺼내오는지가 재미있다. 배낭·물통·과자·손수건·연필·양말·신발·윗옷 등.

어떻게 놓으면 더 길게 될지 궁리를 하게 된다.

또한 그냥 길게 놓기만 하는 것이 아니라 팀원의 참신한 생각을 평가하여 '무거운 철로', '굵은 철로' 등의 기준을 설정하는 것도 재미있다.

이때 강요 때문에 개인적인 물건을 놓는 일이 없도록 유의한다.

누구일까요

"와, 귀엽다!", "○○에게도 저런 때가 있었어?" 졸업이나 학년이 끝날 즈음에 학급아동의 옛날 사진을 통해 친근감과 동료의식이 높아지는 놀이이다.

■ 놀이방법
① 학급 아이들 각자 어릴 적 사진 2장을 준비한다.
② 백일 때의 사진 등 알아보기 어려운 사진이 첫 번째 암시, 2~4세 때의 다른 사진 한 장이 두 번째 암시가 된다.
③ 조별로 의논하여 그 사진이 누구인지 맞힌다. 첫 번째 암시로 맞히면 5점, 두 번째 암시는 3점 등으로 한다. 조 대항으로 득점을 겨룬다.

한 아이 한 아이의 어릴 때 사진을 실물화상기를 통해 화면에 비춘다. 스캐너나 디지털카메라로 찍어서 비추어도 괜찮다. 태어났을 때의 몸무게나 짧은 일화를 덧붙이면 더욱 흥미로워진다. '이런 때도 있었구나'라고 서로에 대한 공감대가 넓어지고, 지금까지의 성장을 되돌아보게 된다.

사진의 주인공이 포커페이스를 유지하는 것이 무엇보다 중요하다.

집중 카운트다운

아이들은 무슨 까닭인지 "앞으로 ○초입니다"라는 식의 말을 들으면 이내 다 함께 세기 시작한다. 아무리 시끄럽게 떠들 때에도 모두 한목소리로 카운트다운을 하면 아이들은 단번에 교사에게 집중하게 된다!

■ 놀이방법

① 교사의 말이 약간 길어질 때나 아이들이 떠드느라 집중력이 떨어졌을 때 하면 효과적이다. "이제부터 20초 뒤에 중대한 이야기를 하겠어요. 다 함께 셉시다" 하고 크게 "시~작!" 소리와

함께 카운트다운을 시작한다.

② "20, 19, 18……" 손바닥을 치면서 수를 세면 분위기가 더욱 고조된다. "3, 2, 1, 네 그림!" 이때 집게손가락을 입술로 가져와서 세우고 조용히 하라는 신호를 보내 집중시킨 다음, 이야기를 시작한다. 물론 작은 목소리로 한다. 아이들의 집중에 대한 평가도 함께한다. "○조가 가장 빨랐어요" 등등.

■ 핵심

와글와글 떠들고 있으므로 "지금부터 ○초 뒤에"라는 말은 크게 해야 한다. 집중한 뒤에는 작은 목소리로 말한다. 이러한 변화가 중요하다.

처음에는 20초 뒤로 하다가 익숙해지면 10초, 7초, 5초로 짧게 줄여 나간다.

숫자를 셀 때, 손뼉을 치거나 춤을 추거나 하면 더욱 집중한다. 0초가 되었을 때 색다른 소리, 버저 소리나 타악기 소리 등 재미난 소리로 신호를 보내는 연구를 하는 것도 좋다.

친구 찾기

자기 생각을 목소리와 몸짓으로 나타내면서 같은 생각을 하는 친구를 모으는 놀이이다. 누군가가 나와 똑같은 생각을 한다는 것이 왠지 기쁘고 즐거워서 감정적인 일체감이 생긴다.

■ 놀이방법

① 손을 높이 올려서 가위바위보를 한다. 같은 것을 낸 친구를 찾아 모인 다음, 손잡고 앉는다.

② 이번엔 좋아하는 계절이 같은 친구끼리 모인다. 시작 신호와 함께 저마다 좋아하는 계절을 큰 소리로 외치면서 모여 손잡고 앉는다. 이 밖에도 '좋아하는 과일', '좋아하는 과목', '좋아하는 색깔' 등의 주제가 있다.

③ 이번엔 좋아하는 것이 되어서 모인다. 예를 들면 강아지를 좋아한다면 강아지가 되어서 걷는다. 움직임과 울음소리만으로 강아지를 표현하고, 같은 강아지끼리 모여서 손잡고 앉는다.

④ 마지막에는 모두가 하나의 원을 이룰 수 있는 것을 말한다. 2학년 3반이라면 "2학년 3반인 사람" 전원이 손을 잡는다. 그리고 "모두 2학년 3반 친구들입니다!" 외치고 박수를 치면서 끝낸다.

■ 핵심

무리지은 다음에는 어떤 모둠이 생겼는지를 학급 전체에 소개한다. 또 같은 무리에 끼이지 못한 아이도 있으므로 그 아이가 무엇을 선택했는지를 모두에게 소개한다.

도넛놀이

언제 어디서나, 아무 준비 없이도 이내 할 수 있다. 어느 정도의 연습이 필요하지만, 성공했을 때 얻어지는 일체감은 각별하다. 스킨십이 이루어지므로 인간관계를 유연하게 하는 데 다시없는 놀이이다.

■ 놀이방법
① 전원이 몸이 닿을 정도로 가까이 서서 원을 만든다. 모두가 오른쪽을 향하고 앞사람 어깨에 두 손을 얹는다. 팔꿈치가 약간 굽어질 정도로 가까이 선다.
② "시~작!" 소리와 함께 모두 엉거주춤 앉는 자세로 뒷사람의 무릎에 앉는다. 이 자세를 했으면 전체가 손을 천천히 떼면서 "○학년 ○반 야호!"라고 한쪽 주먹을 들면서 구령을 한다.
③ 학급대항으로 일제히 하고, 오랫동안 이 상태를 유지한 학급이 승리를 거두는 놀이로 해도 재미있다. 학년이나 학급의 분위기에 따라서는 남녀 따로 하는 것이 나은 경우도 있다.

■ 핵심
다음 세 가지 점이 놀이를 원만히 운영하는 핵심이다.
첫째, 진행자의 신호에 따라 일제히 호흡을 맞춰서 앉을 것.
둘째, 앉아도 되는 적당한 공간을 찾을 것.

셋째, 남녀가 함께할 때는 남녀를 번갈아 서게 할 것.

처음엔 2개 조 합동으로 한 뒤에 전체가 한다든지, 남녀 따로따로 한 다음에 함께한다든지, 단계를 밟아서 마지막에는 학급 전체가 하면 좋다.

강 건너기 시합

이 놀이는 지도자의 지휘 아래 힘을 합쳐서 놀이를 해야 비로소 성과가 오른다. 또한 팀원끼리 스킨십도 할 수 있으므로 팀의 인간관계를 높이는 데에도 좋다.

■ 놀이방법

① 출발선에서 도착점까지의 20미터를 강으로 간주한다. 각 조는 2장의 골판지를 섬으로 생각하고 그 위에 타면서 도착점까지 나아간다.

② 팀별로 일제히 출발하고, 팀원 전체가 재빨리 '맞은편 기슭'까지 도착하면 이긴다.

③ 골판지에서 밖으로 벗어나면 안 된다. 한 사람이라도 벗어나면 '강물에 빠진' 것이므로 아웃이 되어 출발선부터 다시 시작해야 한다. 아울러 팀원 전체가 한꺼번에 건너지 않아도 된다.

한 팀의 인원수는 5명에서 6명가량이 좋다.

연습시간을 조금 주어서 요령을 익히게 한 다음에 하면 원활하게 진행할 수 있다. 또한 연습하는 동안에 여러 가지 궁리도 할 수 있고, 서로 의견을 주고받으며 단결력도 높아진다.

체육관에서 하는 것이 가장 좋지만, 운동장에서도 할 수 있다. 보통 골판지를 옮기는 것은 섬 위에서 이루어지지만, 특별한 규칙으로 섬 바깥에서 옮기는 사람을 한 사람 두면 놀이의 속도가 빨라진다.

작문놀이

의외의 문장을 지어봄으로써 평소 말이 없던 아이들도 자기 표현을 할 수 있다. 아이들 각자가 쓴 것을 읽게 되므로 아이들도 자기가 쓴 것이 언제 읽힐지 즐겁게 기대하게 되어 열심히 참가한다.

■ 놀이방법

① 아이들에게 메모용지를 1장씩 나눠 준다.

② 아이들을 4줄 정도로 나눈다. 교실이라면 앉은 그대로를 줄로 지정해도 된다. 줄마다 '언제', '어디서', '누가', '어떻게 했다'를 정해 주고 쓰게 한다. 앞뒤가 이어지지 않아도 괜찮고, 놀이로

하는 것임을 덧붙인다.

③ 줄 별로 '언제', '어디서', '누가', '어떻게 했다'를 적은 종이를 순
서대로 한 장씩 받아서 교사가 읽는다.

■ 핵심

아이의 이름은 쓰지 않도록 한다. 또한 상처를 줄 만한 내용은 쓰
지 않게 지도한다.

작문을 시키면 왠지 길게 쓰고 싶어하는 아이가 반드시 나오는데,
짧게 써야 분위기가 고조된다.

읽는 방법에도 연구가 필요하다. 교사는 어떻게 하면 분위기가 즐
거워질 수 있을지 노력한다. 학급 분위기가 가라앉아 있거나 또는
지나치게 교사가 들떠 있으면 역효과가 날 수도 있으므로 주의한다.

그냥 놀이로 끝내게 해도 좋고, 주어와 술어의 학습으로 연결해도
좋다. 아울러 5W 1H(육하원칙) 학습의 연장선상에서 실시해도 되
는 등 다양하게 발전시킬 수 있다.

신문의 부활

조별로 찢어진 신문을 부활시키는 단순한 놀이지만, 완성품
이 확실하게 나오므로 진행하기가 쉽다. 조별로 단결하지 않으
면 빠르고 깨끗하게 복원하지 못한다.

■ 놀이방법

① 조별로 책상을 붙인다. 각 조에 신문지 1장과 셀로판테이프를 나눠 준다. 신문지를 넷으로, 즉 두 번 찢어서 4장이 되게 한 다음 옆 조로 넘긴다.

② 시작 신호와 함께 찢어진 신문을 복원한다. 셀로판테이프는 쓰지 않는다. 원래의 모양대로 맞추기만 한다. 완성한 조부터 교사가 체크해 나간다.

③ 다음은 그 신문을 8장으로 찢어서 다시 이웃 조로 넘긴다.

④ 다음에는 16장으로 찢는데 이웃 조로 넘기지 않고 자기 조에서 복원한다. 이번엔 셀로판테이프로 말끔하게 붙인다. 복원 속도와 완성도의 합계점수로 평가한다.

■ 핵심

① 16장으로 찢을 때 이웃 조로 넘길 줄 알았는데, 갑자기 자기 조에서 복원해야 한다는 생각에 당황하여 아이들은 웅성거린다.

② 신문기사를 자세히 보지 않으면 앞뒤를 맞추지 못하고 뒤집어 놓고서 "복원했다"고 하는 경우가 많으므로 주의 깊게 복원작업에 임하도록 조언한다.

③ 허둥대면 셀로판테이프가 제대로 붙지 않으므로 예쁘게 완성했을 때의 득점도 강조한다. 셀로판테이프를 떼어주는 담당자를 정해서 효율적으로 작업을 진행하는 조가 있으면, 나중에 평가하여 모두에게 소개하기도 한다.

틈새놀이

평소 같은 학급의 급우들끼리는 날마다 얼굴을 맞대기는 하지만, 서로를 깊이 관찰하고 눈여겨보지는 않는다. 의외로 모르는 면도 많다. 그렇다고 "이제부터 주위의 친구들을 꼼꼼히 관찰하자!" 새삼스레 말할 수도 없는 노릇이다. 그럴 때 틈새놀이를 해보자.

■ 놀이방법
① 먼저 널빤지 등으로 10센티 정도의 틈새를 벌린 벽을 만든다.
② 팀을 만든다. 40명의 학급이라면 한 팀에 10명씩 4팀 정도가 적당하다.
③ 한 팀이 출제자가 되고, 팀의 전원이 벽 뒤에서 대기한다. 답변자는 나머지 세 팀. 벽의 앞쪽에서 틈새에 주목한다.
④ 출제하는 팀은 팀원 가운데 한 명을 벽 뒤로 지나가게 한다.
⑤ 나머지 팀은 팀별로 다 함께 협의하여 누가 지나갔는지 맞힌다.

■ 핵심
핵심은 틈새의 폭과 지나가는 속도이다. 이것이 잘 맞지 않으면 전혀 알아맞히지 못하거나, 너무 빨리 맞히는 바람에 재미가 없다. 답을 하는 팀의 반 정도가 맞히고, 반 정도는 풀지 못하도록 조작한다. 하다 보면 요령이 생긴다.

학급활동에서 성공을 거두었으면, 다음 수학여행 때 학급대항 장기자랑에서 해보자. 계절에 상관없이 할 수 있는 놀이지만, 모두 어느 정도 익숙해지지 않으면 실시할 수 없다. 그런 의미에선 2학기 수학여행 때 하는 것이 계절적으로 가장 좋을 것이다. 틀림없이 학급에서 할 때보다 응용할 수 있어서 더 재미있다.

예를 들면 남학생이 치마를 입고 등장한다든지, 가발을 쓰고 등장하는 등이다. 틈새를 만들 널빤지는 직접 들고 가기가 어려우므로 하고 싶은 반은 현장에서 빌리도록 한다. 무대의 막간을 틈새로 이용해도 좋다. 평소 무대에 서고 싶어하지 않는 학생도 무대에 오를 수 있는 기회가 된다.

네가 좋아하는 말은

"네가 좋아하는 말은 무엇이니?" 이런 질문은 별로 발전성이 없다. "노력입니다"라든가 "감사합니다예요"라고 끝나버리기 일쑤이기 때문이다. 그러므로 미리 좋아하는 말을 알아놓고, 그것이 누가 좋아하는 말인지를 알아맞히게 하는 놀이형식이 바람직하다. 그러면 모두 진지하게 생각하고, 말과 인물의 연관성도 좀 더 명확해진다.

또한 교사버전을 만들어 놓으면 아이들도 기뻐한다. "우리 선생님은 평소에도 저런 말씀을 하시니까"라든가 "우리 선생님의 성격으로 볼 때 이 말은 절대 아냐"라고 상당한 추리가 이루어진다. 그만큼 헤어질 때의 아쉬움도 크다.

다른 반에 도전장을

체육관이나 운동장에서의 구기는 쉽게 즐길 수 있는 학급 활동이다. 배구 한 가지만 해도 그 자리에서 학급 인원을 둘로 나누어 할 수 있고, 남녀혼성으로 피구대회를 열면 즐거운 한 시간이 후딱 지나간다. 또 남녀 따로따로 축구나 농구 등을 해도 재미있다.

자기 반끼리만 해서 따분하다고 느껴질 즈음에 다른 반에 시합신청을 하면 분위기는 갑자기 활기를 띤다.

물론 상대 학급의 담임과 먼저 이야기를 해두어야 한다. 아이들끼리의 사이도 나쁘지 않은 반이 좋다.

"애들아, 3반 선생님이 '농구라면 우리 반에게 지지 않을 것'이라고 하는데 우리 한 번 겨루어 볼까?"

이렇게 말하면 아이들은 의욕을 불태운다.

"뭐야? 잘하지도 못하는 주제에 건방지군. 좋아. 보기 좋게 해치워 주지. 그런데 어떻게 해야 한다지?"

"그럼 도전장을 쓰면 되겠구나."

"도전장이요? 어떻게 쓰는데요?"

"'농구 도전장. 3학년 3반 앞/ 오는 ○월 ○일에 체육관에서 겨루자······' 이러면 되지 않겠어?"

"아, 그렇구나."

반쯤 놀이삼아서 한다는 것은 서로 알고 있지만, 거창하게 도전장까지 쓰게 하여 상대 학급이 읽도록 한다. 물론 상대편 학급에서도 답장을 보낼 것이므로 다음 날 정도면 절차는 끝이 난다.

자기 학급 아이들끼리만 시합을 하면 아무래도 노는 것 같아서 진지하게 임하지 않다가도 다른 학급하고는 그렇지 않다. 이기려고 죽을힘을 다해 매달리기 때문에 뜨거운 시합이 전개된다. 더구나 도전장까지 썼으므로 분위기는 놀랄 만큼 고조된다.

남녀로 나누어 각각 팀을 짜서 시합을 벌인다. 위원장의 가위바위보로 시합은 시작된다. 담임들은 이제 시합을 지켜보기만 하면 된다.

어느 쪽이 이기든 아이들은 매우 기뻐한다. 다음 번 시합을 약속하고 즐겁게 끝마치는 것이다.

선물 주고받기

1년을 정리하는 시간. 지난 1년 동안의 감상을 담아 '선물교환'을 하면 어떨까?

2주일 전쯤에 취지를 설명한다. '선물교환'할 물건을 저마다 한 가지씩 준비한다.

■ 규칙

① 되도록 돈이 들지 않고 손으로 만든 것이나 기발한 생각이 돋보이는 것으로서 받은 사람이 기뻐할 만한 것.

② 값비싸지 않은 것.

③ 밖에서 볼 때 그 물건이 무엇인지 알 수 없도록 포장에 신경을 쓸 것.

④ 선물은 전날까지 모으기로 한다.

⑤ 선물에는 편지를 넣는다.

당일에는 아이들에게 사회를 맡기는 것이 좋다.

사회 "이제부터 ○학년 ○반의 선물교환을 시작하겠습니다. 여러분이 내신 선물을 제비뽑기해서 교환하려 하는데, 제비를 뽑을 때 지난 1년을 지내면서 느낀 점을 말씀해 주십시오. 그리고 뽑은 선물을 모두의 앞에서 공개하도록 하겠습니다. 받은 사람은 선물을 모두에게 보여주십시오. 안에 편지가 들어 있으면 그것을 읽어주세요. 그리고 반드시 그 선물에 대한 감상을 한마디해야 합니다. 그러면 제비뽑기로 들어가겠습니다."

(칠판 앞에 책상을 붙여놓고, 그 위에 포장된 선물들을 놓는다. 선물에는 번호표를 붙여둔다. 제비뽑기 상자에도 번호표가 들어 있다)

성호 (지난 1년의 감상을 말한 뒤, 제비뽑기 상자에 손을 넣는다. 번호표를 모두에게 보이고 물건을 받아서 포장을 뜯는다) "손으로 만든 필통이군요. 소중히 쓰겠습니다. 대단히 감사합니다."

민수 "얇아서 도서상품권인 줄 알았는데 복권이네요. 만약 당첨되면 여러분에게 한턱 쏠게요."

준혁 "사진 한 장과 편지가 들어 있습니다. 편지를 한 번 읽어보겠습니다. '휴대폰 사진 중에 네 모습이 있길래 뽑았어.'"

■ 한 걸음 나아가기

선물교환은 여러 가지로 연출이 가능하다. 예를 들면 두 그룹으로 나누어 원을 만들고, 선물을 옆 사람에게 계속 넘긴다. 노래를 하나 정해서 부르면서 리듬에 맞추어 선물을 돌리다가 노래가 끝난 시점에서 들고 있는 것이 자기 것이다.

또 벽을 만들고, 선물에 끈을 달아서 앞에서는 선물은 보이지 않고 끈만 보이게 한 다음 끈을 골라서 잡아당기는 방법도 있다.

다시 태어난다면

만일 내가 다시 태어난다면 다음 세상에선 남자가 좋을까, 여자가 좋을까? 때로는 이런 질문을 아이들에게 내놓아 생각하게 하자.

한 사람씩 앞에 나와서 어느 쪽을 원하는지 대답하고, 그 이유를 설명하는 방식을 쓴다.

또는 직접 말하기가 어려우면 종이에 익명으로 쓰게 한 다음 담임이 발표하는 방법도 있다.

이 밖에도 "어떤 여자(남자)와 결혼하고 싶은가?" 등 다양한 주제를 내놓고 생각하게 하는 것도 좋다. 학교마다 실정에 맞게 주제를 정하면 된다.

여러 가지 자리바꾸기

새 학기가 시작되고 조금 지나 익숙해질 만하면 아이들의 "선생님, 자리바꿔요"라는 목소리가 여기저기서 들려온다. 아이들은 자리바꾸기를 좋아한다. 겨우 자리를 가지고 그러느냐고 생각하겠지만, 아이들에게는 어디에 앉는지, 누구의 짝이 되는지 하는 것은 매우 중요한 문제이다.

<우리에게 자유를>

아이들이 자리바꾸기를 청해 와서, 교사가 묻는다. "그럼 어떻게 자리를 바꿀까?" 그러면 반드시 돌아오는 대답이 있다. '자유롭게'이다. 그리하면 시끄러워지고, 성적이 떨어진다는 공식이 담임의 머리를 스치고 지나간다. "그건 안 돼!" 교사가 단박에 거부하는 것이 보통이다. 아이들이 자유롭게 앉고 싶다는 것은 친구 옆에서 즐겁게 마음껏 이야기를 하면서 지내고 싶다는 의미인 경우가 많기 때문이다.

가끔은 자유롭게 앉는 것도 괜찮을지 모른다. 그러나 정하는 것은 교사이다. 자유롭게 해달라는 아이들의 말을 듣고 잠자코 원하는 대로 따를 수는 없다. 어쨌든 학급이 시끄러워지면 곤란하기 때문이다.

그럴 때 한 가지 조건을 붙인다.

"다른 선생님들이 시끄럽다고 하시면 옐로카드야. 옐로카드 2장이면 선생님이 자리를 정해도 되겠니?"

아이들은 물러선다. 담임이 자리를 정하게 되면 곤란하기 때문이다. 이때, 자유에 대해 토론을 하는 것도 좋다.

마음을 편하게 먹고 이렇게 한번 시켜보면 어떨까. 만약 성적이 좋게 나오면 원하는 것을 들어주겠다는 조건을 붙이는 것이다. 그리고 그렇게 되었을 때는 크게 칭찬하자. 만약 안 되었으면 빙긋 웃으면서 교사가 원하는 대로 자리를 정함으로써 독재자의 기분을 맛보는 것도 재미있을 듯하다.

〈이 영역은 나의 것〉

먼저 학급의 자리를 5개 영역으로 나눈다.

제1영역 창가— 여기는 학생들에게 가장 인기가 있다. 내다 보이는 경치도 좋고, 시원하다.

제2영역 뒷자리— 여기는 되도록 교사의 눈에 띄고 싶지 않은 학생에게는 매우 인기 있는 곳이다. '좀 졸아도 혼나지 않고, 잘만 하면 군것질도 할 수 있다(?)' 생각하는 것은 학생의 착각이다. 상당히 교사 눈에 잘 띄는 곳이다.

제3영역 벽쪽— 왠지 이곳을 좋아하는 학생이 있다. 앉아 주는 것만도 고마운 곳.

제4영역 한가운데— 비교적 어디 앉아도 괜찮은 학생이 선택한다.

제5영역 앞자리— '절대 싫다'는 학생과 '앉고 싶다'는 학생으로 명확하게 둘로 나뉘는 곳이다. 떠들썩한 곳을 피하고 독자적으로 공부하고 싶은 학생에게 인기가 있다.

이렇게 5개의 영역을 저마다 하나씩 고르게 한다. 물론 각 영역별로 제비를 뽑아서 결정하지만, 밀려나면 남은 자리밖에 없으므로 희망영역을 신중하게 생각해야 한다. 갖가지 고민이 교차하는데 그것을 바라보는 것도 즐겁고, 또 희망을 말하게 해보면 뜻밖의 면을 발견하게 되어 재미있기도 하다.

제1영역부터 순서대로 제비를 뽑아서 자리가 결정된다. 마지막으로 떨어진 사람은 남은 자리에 앉음으로써 자리바꾸기가 끝난다.

〈아침 일찍 일어나는 새가 모이를 많이 먹는다〉

이것도 자유로운 자리 배치의 한 방법이지만, 한번 이렇게 선언해 보자.

"아침에 오는 순서대로 원하는 자리를 골라서 좌석표에 이름을 쓰세요. 그러나 한 번 정하면 옮길 수 없다는 걸 명심하도록."

결국 원하는 자리에 앉고 싶으면 일찍 등교하는 수밖에 없다.

다만, 이것은 담임도 약간의 수고가 필요하다. 정한 자리를 옮겨선 안 되기 때문에 아침부터 자리를 지키고 있어야 한다.

〈번호로 고르는 방법〉

주 5일제 수업이 시행되면서 학급활동을 할 시간은 점점 줄고 있다. 게다가 얼마 되지 않는 학급활동 시간은 행사 등의 일정으로 꽉 차서 자리바꾸기에 긴 시간을 쓸 여유가 없는 것이 현실이다. 그러므로 짧은 시간에 할 수 있는 자리바꾸기 방법을 소개한다.

■ 자리 정하기

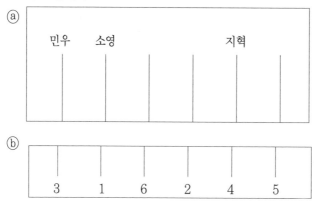

아침에 교실 뒤에 '자리정하기'를 붙여놓고 돌아갈 때까지 이름을 쓰게 한다.

ⓐ부분을 붙여놓고, ⓑ부분은 담임이 갖고 있다.

어떤 자리가 몇 번인지 나타내는 표를 만들어 둔다.

종례시간에 ⓐ와 ⓑ를 이어서 읽고, 회장과 부회장에게 번호부분에 이름을 쓰게 한다. 10분쯤 걸린다. 새로운 자리로 이동하고 종례를 마친다. 그사이에 '서기'에게 좌석표를 깨끗이 쓰게 한다.

〈제비뽑기를 만들어 아침에 교실 뒤에 붙인다〉

여러 가지 크기의 모양을 만들고, 모양 안에 번호를 쓴다.

학생에게 좋아하는 번호와 모양을 고르게 하고, 그 모양 안에 이름을 쓰게 한다. '5번은 왠지 뒷자리일 것 같은 느낌이 든다'거나, '이 모양은 틀림없이 좋은 자리일 것 같다' 등등, 아이들은 이런저런 생각을 하면서 제비를 뽑는다. 아이들의 예상이 얼마나 뒤집히는지 지켜보는 것도 재미있다.

어느 자리가 몇 번인지 나타내는 표를 만들고, 그것을 종례 시간에 칠판에 쓰고, 그 번호의 자리로 이동하여 자리바꾸기를 마친다. 이러면 5분이면 충분하다.

〈자리바꾸기는 시험과 동시에〉

시간도 많고, 어차피 자리를 바꿀 바에는 재미있게 하고 싶다는 생각이 들 때는 이런 방법도 있다. 이것은 학년 초에 좋다.

먼저 학생에게 순서대로 자기소개를 하게 한다. 이때 선전 문구를 잊지 말고 하나씩 내놓게 한다. 예를 들면 "농구를 목숨처럼 생각하는 ○○입니다"라든가, "동방신기의 왕팬 ○○입니다" 등 자신을 나타내는 개성적인 문구 하나를 말하게 한다.

그로부터 며칠 뒤 사진을 복사하여 시험지를 만들고, 그 사진 밑에 이름을 쓰게 하여 채점한다. 물론 "동방신기의 왕팬……" 어쩌고 하는 선전 문구와 함께 이름을 쓰게 하는 것이다. 그리고 전원이 "14점 이상(20점 만점의 경우)을 받으면 자리를 바꾸겠다"고 선언한다. 아이들은 이름과 선전 문구를 필사적으로 외운다.

2, 3회 시험을 치는 동안 자연스럽게 학급원의 이름을 모두

외우게 되는 일석이조의 방법이다.

〈자리바꾸기 우대권을 드립니다〉

이것은 학급에서 놀이시합을 했을 때 쓸 수 있다.

학급에서 놀이(특히 퀴즈 같은)시합을 했을 때, 주스 등과 함께 '자리바꾸기 우대권'을 상품으로 만드는 것이다. 이 우대권이 있으면 자리를 바꿀 때 원하는 자리를 고를 수가 있다.

자리를 바꿨을 때 터무니없이 싫은 자리에 앉게 되는 경우는 흔히 있는 일이다. 그러나 그럴 때, 이 우대권이 있으면 원하는 자리에 앉을 수 있다(마음에 드는 자리일 때는 사용하지 않고 놔둔다. 우대권은 1년간 유효하다).

우대권은 1등에서 10등까지 있고, 1등부터 자리를 고를 수 있다.

다만, 학교에 따라서는 학생의 역학관계상 우대권을 쓰기 어려운 경우도 있을 수 있다. 힘이 약한 학생이 힘센 학생을 물리치고 마음에 드는 자리를 확보하기는 어려운 경우가 있기 때문이다. 그럴 때는 제비를 뽑기 전에 원하는 자리를 고를 수가 있다(또는 한 번 더 제비를 뽑을 수 있다)는 식으로 바꿔보면 어떨까. 학급의 상황을 보아서 규칙을 임기응변으로 정하면 된다.

1년에 한 차례, 놀이시합 때 상품의 하나로 하면 시합 분위기도 크게 고조될 것이 틀림없다!

이와 같이 놀이는 학습과 서로 대립되는 관계가 아니라, 교과수업만으로 다룰 수 없는 인간 교육을 놀이라는 형태로 조화시켜서 아이들이 건강한 사회인으로 성장하도록 돕기 때문에 매우 중요한 교육적 의의를 지닌다.

놀이는 아이들로 하여금 내가 아닌 타인, 그리고 나를 둘러싸고 있는 주변 환경을 관찰하고 분석하여 잘 이해하고 학습하게 한다. 놀이를 하면서 아이들은 때로는 이론을 테스트하기도 하고, 형태를 학습하기도 하며, 공간 관계를 인식하기도 한다. 또 원인과 결과의 관계, 사회적 역할, 가족의 필요성 등을 자연스럽게 배우게 된다. 놀이를 하면서 아이들은 평소에 자신이 느꼈던 욕구불만을 해소하기도 한다.

또래 친구들과의 놀이는 세상을 배우는 기회이자 인간으로서의 능력을 익히는 경험이다.

또한 놀이는 상상을 바탕으로 한 규칙 안에서 이루어지므로 아이들은 놀이 과정에서 여러 갈등 상황을 만나게 된다. 이때 아이들은 다른 사람을 이해하고, 자신의 감정을 조절하며, 타인 또는 주변 상황과 타협하는 방법과 내성을 기른다.

놀이는 짧은 시간에 할 수 있는 사소한 행동이지만 그 안에서 아이들이 얻을 수 있는 것은 실로 무궁무진하다. 반면 실제로 놀이를 접하지 못한 아이들은 정서 및 행동 장애를 보일 우려가 크다.

유능한 교사는 학습능력을 길러주는 적절한 놀이를 통해 아이들이 관계성을 배우고 올바른 사회인으로 자라날 수 있도록 노력해야 한다.

놀이의 교육적 의의를 좀 더 자세히 살펴보면 다음과 같다.

① 놀이는 아이의 사회성을 길러준다.

여럿이 함께 노는 동안에 아이들은 서로 진정한 친구가 되며, 사람을 사귀는 기술을 자연스럽게 익히게 된다. 다시 말해 상대방을 받아들이는 과정에서 양보하고 질서와 규칙(약속)을 지키며 서로의 처지를 배려해 주는 등의 사회생활이 바로 놀이를 통하여 습득된다.

다른 사람들과 성공적으로 어울려 놀기 위해서는 내가 아닌 남의 생각을 이해하고 그 이해를 바탕으로 자신의 생각을 전달하는 방법을 배워야 하므로, 그러한 과정 속에서 사회적 인간으로 성장하게 되는 것이다.

② 놀이는 아이의 지적 발달을 돕는다.

아이들은 놀면서 스스로 많은 것을 배워 나간다. 놀이를 통하여 주위 사물을 인식하여 사회적·문화적 지식 등을 얻은 아이는 일상생활을 보다 즐겁게 만들어 갈 수 있다.

놀이는 학습에 대한 내적 동기를 강화시켜 주며, 기초적인 개념들과 기술을 활용함으로써 문제 해결력과 지적 발달을 촉진시켜 준다. 무엇보다 흥미를 통해 자발적으로 시작된 놀이학습은, 놀이에서 목표로 한 것을 달성하기 위한 행동을 생활화하도록 돕는다.

③ 놀이는 심리적 안정감과 긍정적인 자아관을 갖게 한다.
놀이는 아이들이 가지고 있는 감정과 생각 또는 행동의 긍정적인 면을 확대·발전시켜 줄 뿐만 아니라, 부정적인 면을 축소·근절시킬 수 있는 기회를 제공해 줌으로써 아이들의 건전한 정서 발달을 돕는다.

한성자(韓成慈)
한국외국어대학교 동양어대학 일어과·교육학과 졸업.
독일 빌레펠트대학 어학과정 수료.
한국방송대학교 유아교육학과 졸업. 보육교사1급자격 획득.
A director of HAPPY CHILDREN HOUSE
행복한 어린이집 원장.
한국칼비테학습연구소 선임연구원.
옮긴책 알프레드 아들러 《인생방법 심리학》.

학교가 큰일났다! 선생이 위험하다!
선생님도 수업전략 있어야 성공한다
2 실천편

한성자 지음
1판 1쇄 발행/2017. 5. 5
발행인 고정일
발행처 동서문화사
창업 1956. 12. 12. 등록 16-3799
서울 중구 다산로 12길 6(신당동)
☎ 546-0331~6 Fax. 545-0331
www.dongsuhbook.com
*

사업자등록번호 211-87-75330
ISBN 978-89-497-1634-3 04370
ISBN 978-89-497-1632-9 (전3권)